Josting / Maiwald (Hgg.)

Kinder- und Jugendliteratur im Medienverbund

Kinder- und Jugendliteratur im Medienverbund

Grundlagen, Beispiele und Ansätze
für den Deutschunterricht

hgg. von Petra Josting und Klaus Maiwald
in Zusammenarbeit mit der AJuM der GEW

kjl&m 07.extra

kopaed (München)
www.kopaed.de

Bibliografische Information Der Deutschen Nationalbibliothek
Die Deutsche Nationalbibliothek verzeichnet diese Publikation in der Deutschen Nationalbibliografie; detaillierte bibliografische Daten sind im Internet über http://dnb.ddb.de abrufbar

ISBN 978-3-86736-030-2

Druck: Kessler Druck+Medien, Bobingen

Pfälzer-Wald-Str. 64, 81539 München
Fon: 089. 688 900 98 Fax: 089. 689 19 12
e-mail: info@kopaed.de Internet: www.kopaed.de

Inhalt

Petra Josting / Klaus Maiwald

Einführung: Kinder- und Jugendliteratur im Medienverbund

Literatur ist nicht an das Medium Buch gebunden, und Literatur ist auch kein Medium, sondern lediglich eine Formmöglichkeit eines oder mehrerer Medien (vgl. Fohrmann/ Müller 1995, 8). Die Schrift als Medium der *Technisierung des Wortes* unterliegt seit ihrer Erfindung einem permanenten Entwicklungs- und Veränderungsprozess, der gegenwärtig an der „mikroelektronischen Literalität moderner Gesellschaften" (Jäger/ Switalla 1994, 13) abzulesen ist. Und auch Lämmert, einer der Wortführer einer (selbst)kritischen Germanistik, wies schon 1989 auf dem Bonner Kongress *Sprache - Literatur - Kultur in der Informationsgesellschaft* darauf hin, dass „Literaturwissenschaft als Buchwissenschaft" tatsächlich nur „eine historisch eingrenzbare Epoche" (zit. nach Kübler 1994, 73) ist. Deutlich wird dieser Sachverhalt auch, wenn man z.B. an die fahrenden Sänger im Mittelalter oder die orientalischen Märchenerzähler denkt, die Literatur über Jahrtausende hinweg mündlich tradiert haben. Wenn also Literatur nicht mit Buch gleichzusetzen ist, gilt diese Aussage auch für einen Teilbereich des Literatursystems, nämlich für die Kinder- und Jugendliteratur.

Was den Medienverbund der Kinder- und Jugendliteratur betrifft, so zeigt der Blick in die Geschichte, dass weder das Phänomen noch der Begriff eine Erfindung der unmittelbar vergangenen Jahrzehnte ist. Was jedoch den aktuellen Medienverbund von dem früherer Zeiten unterscheidet, ist das Ausmaß, in dem er sich gegenwärtig präsentiert. Fünf Aspekte sind hervorzuheben:

1. Neben die so genannten alten Medien Buch, Film und Hörspiel sind die so genannten neuen Medien getreten, d.h. Computer, CD-ROM und Internet.
2. Am Medienverbund sind viele Produktionszweige wie z.B. Spielzeughersteller, Bekleidungs- und Lebensmittelbranche sowie Papierindustrie beteiligt, so dass der Kommerzialisierung kaum Grenzen gesetzt sind.
3. Figuren erscheinen inzwischen zeitgleich oder nur in geringem Abstand in den verschiedenen Medien. Außerdem steht oft nicht mehr das Buch am Anfang des Medienverbundes, sondern der Film oder eine Fernsehserie, gelegentlich auch ein Computerspiel.
4. Zeitschriften und Magazine sind im Medienverbund auf dem Vormarsch.
5. Die Popularität des Hörbuchs hat ihren Höhepunkt vermutlich noch nicht überschritten.

Die heutige Kinder- und Jugendlektüre im Medienverbund bzw. die Texte, die Kinder und Jugendliche sich lesend, hörend, sehend oder navigierend aneignen, umfassen ein sehr breites Textspektrum, das den Idealen literaturpädagogischer Erziehung und damit dem kulturellen Kapital der Mittelschicht nur teilweise nachkommt. Viele Texte gehören zur Populärkultur (vgl. Ewers 2002). Man kann den Medienverbund beklagen, man kann speziell die Film- und Serienbegleitbücher – die in Roman-, Bilderbuch- oder Comic-Form als so genannte *Tie-ins* auf den Markt kommen (vgl. Malaka 1996, 16) – als minderwertig, trivial oder platte Unterhaltung abqualifizieren. Andererseits ist jedoch zur Kenntnis zu nehmen, dass der Medienverbund Realität ist und zum Alltag der Heranwachsenden gehört.

Für die Kinder- und Jugendliteraturforschung wie auch für die Deutschdidaktik erwächst daraus die Aufgabe, sich intensiver und forschungsorientierter als bisher mit dem Phänomen auseinanderzusetzen. Noch wissen wir viel zu wenig über die Geschichte der Kinder- und Jugendliteratur im Medienverbund. Ebenso ist die Frage, welchen Beitrag ein medienintegrativer Deutschunterricht zur Förderung von Medienkompetenzen zu leisten vermag, welches lese- oder schreibfördernde Potenzial er beinhaltet, noch weitgehend ungeklärt. Der vorliegende Band greift dieses Forschungsdesiderat auf, selbstverständlich ohne Anspruch auf Vollständigkeit.

Im **Teil I: Grundlagen** führt Bettina Kümmerling-Meibauers Beitrag *Überschreitung von Mediengrenzen: theoretische und historische Aspekte des Kindermedienverbunds* in Begriffe wie Medienverbund, Intermedialität und Medienkompetenz ein und gibt einen Überblick über die Geschichte des Medienverbunds im Bereich der Kinderkultur im 19. Jahrhundert sowie über aktuelle Tendenzen des kinderkulturellen Medienverbunds. Heinz Hengst beleuchtet in seinem Beitrag (*„Buy us all – don't break up the family" : Stichwort Medienverbund – Im Zirkel des Populären*) erstens die Rolle, die Medienverbundsysteme bei der Integration von Kindern in die globalisierte Populärkultur und in die Konsumwelt insgesamt leisten; zweitens identifiziert er den thematischen Kern bzw. die typischen Merkmale, um die herum Medienverbundsysteme organisiert werden. Fragen der didaktischen Verortung, pädagogischer und fachlicher Begründungszusammenhänge sowie des Bezuges der Kinder- und Jugendliteratur im Medienverbund zu Aufgaben und Zielen des (Deutsch-)Unterrichts geht Klaus Maiwald nach (*Ansätze zum Umgang mit dem Medienverbund im [Deutsch-]Unterricht*). Einen Beitrag zur Rezeptionsforschung leistet Caroline Roth mit ihren Ergebnissen der empirischen Studie *Crossmedia-Aneignung: Was bringt der Medienmix den Rezipientinnen und Rezipienten?*, in der sie untersuchte, welchen Nutzen es Jugendlichen bringt, wenn sie sich das Format *Starmania* über verschiedene mediale Gattungen und Kanäle aneignen.

Teil II: Kinder- und Jugendliteratur im Medienverbund bietet in historischer, gattungsspezifischer und didaktischer Perspektive und ausgehend von einem spezifischen Medium Einblicke in verschiedene Medienverbünde: *Kinder- und Jugendtheater* (Regina Pantos), *Kinderfilme* (Ulf Abraham), *Bilder in Bewegung: Animationsfilme und Literaturadaptionen* (Petra Wonsowitz), *Hörbücher* (Karla

Müller), *Hörbuch-Krimis für Kinder* (Mette Börder) und *Geschichten zum Mitspielen: Kinder-CD-ROMs* (Daniel Ammann). Darüber hinaus verdeutlicht Gudrun Marci-Boehncke am Beispiel der *Wilden Fußballkerle* die Facetten medialer Verwertung und deren Mehrwert auf Seiten der Produzenten und Rezipient(inn)en.

Praxisbeispiele für die Grundschule wie auch für die Sekundarstufen I und II werden in **Teil III: Medienverbünde im Deutschunterricht** vorgestellt. Aus einem aktuellen Forschungsvorhaben berichtet Natascha Naujok über *Begleit- und Anschlusskommunikationen beim Einsatz von kinderliterarischen Spielgeschichten im Deutschunterricht der Grundschule*. Goethes Ballade *Der Zauberlehrling* steht im Mittelpunkt des *Medienverbunds als Unterrichtsprodukt – Grundschüler(innen) begegnen dem Zauberlehrling* von Klaus Maiwald und Almut Drummer. In einer 5. Hauptschulklasse erprobte Anita Schilcher das Unterrichtsmodell *'Der Herr der Diebe' (Cornelia Funke): Ein intermedialer Zugang zu einem modernen Klassiker der Kinder- und Jugendliteratur*. Ebenso auf praktischen Unterrichtserfahrungen beruht der *Medienintegrative Deutschunterricht am Beispiel von Astrid Lindgrens 'Ronja Räubertochter'* von Barbara Schubert-Felmy und Kristina Schubert, durchgeführt in der Orientierungsstufe eines Gymnasiums. Im Mittelpunkt des Unterrichtsmodells für die 10. Klasse von Martin Leubner steht *Sonnenallee: Zur kombinierten Vermittlung von Texterschließungs- und Medienverbund-Kompetenzen*. Alice Bienk schließlich stellt ihre handlungs- und produktionsorientierte *Kreation eines Medienverbundes im Rahmen der filmischen Umsetzung von Kurzgeschichten von Andreas Steinhöfel in der Sekundarstufe II* vor.

Wir hoffen, mit diesem Band weitere Forschungen zur Theorie und Praxis der Kinder- und Jugendliteratur im Medienverbund anzuregen.

Essen/ Augsburg, im August 2007

Literatur

Ewers, Hans-Heino: Einleitung: Kinder- und Jugendliteratur, Neue Medien und Pop-Kultur; kinder- und jugendliterarischer Wandel an der Wende zum 21. Jahrhundert. In: Ders. (Hg.): Lesen zwischen Neuen Medien und Pop-Kultur. Kinder- und Jugendliteratur im Zeitalter multimedialen Entertainments. Weinheim [u.a.] 2002. (Jugendliteratur – Theorie und Praxis), 11-30

Fohrmann, Jürgen/ Harro Müller: Einleitung. In: Fohrmann, Jürgen/ Harro Müller (Hgg.): Literaturwissenschaft. München 1995, [7]-12

Jäger, Ludwig/ Bernd Switalla. Sprache und Literatur im Wandel ihrer medialen Bedingungen: Perspektiven der Germanistik. In: Jäger, Ludwig/ Bernd Switalla (Hgg.): Germanistik in der Mediengesellschaft. München 1994, 8-23

Kübler, Hans-Dieter: Medienwissenschaft. Produktanalysen als Grundlage medienpädagogischen Urteilens und Handelns. In: Hiegemann, Susanne/ Wolfgang H. Swoboda (Hgg.): Handbuch der Medienpädagogik. Theorieansätze – Traditionen – Praxisfelder – Forschungsperspektiven. Opladen 1994, [59]-99

Malaka, Bernward: Bücher auf der Überholspur. Verlegerische Arbeit mit Fernsehtiteln. In: JuLit 22 (1996) H. 1, 15-20

Bettina Kümmerling-Meibauer

Überschreitung von Mediengrenzen: theoretische und historische Aspekte des Kindermedienverbunds

1. Einleitung

Intermedialität, Transmedialität, Multimedialität und Hypermedialität sind Schlagworte, die seit Mitte der 1990er Jahre die Debatte über den Zusammenhang zwischen verschiedenen Medien bestimmen. All diesen Begriffen ist gemeinsam, dass sie Manifestationsformen eines umfassenden Phänomens der medialen Interferenzen und Grenzüberschreitungen darstellen. Dass sich verschiedene Medien miteinander vermischen und aufeinander Bezug nehmen, ist keineswegs eine neue Erscheinung, bestimmt jedoch die mediale Wahrnehmung und das künstlerische Schaffen immer mehr.

Bereits seit Beginn des 20. Jahrhunderts zeigt sich in einer Vielzahl kinderliterarischer Texte eine Öffnung gegenüber anderen medialen Ausdrucksformen, die seit den 1980er Jahren stetig zugenommen hat. Mit diesem Phänomen muss sich folglich auch die Kinderliteraturforschung auseinandersetzen, wenn sie sich gegenüber den technischen und digitalen Vermittlungsformen kinderliterarischer Texte nicht verschließen will. Trotz dieser neuen *media awareness* im Bereich der Kinderkultur fehlt es bislang an einem schlüssigen theoretischen Konzept, das diese verschiedenen medialen Artikulationsformen definiert und reflektiert. Im Rückgriff auf aktuelle Untersuchungen zur Medienforschung werden deshalb zunächst wesentliche Begriffe wie *Medienverbund*, *Intermedialität*, *Medienkompetenz* und verwandte Termini erläutert. Die Relevanz dieser Begrifflichkeit wird im zweiten, historischen Teil verdeutlicht, in dem ein knapper Überblick über die Geschichte des Medienverbunds im Bereich der Kinderkultur gegeben wird, wobei sich die Darstellung auf die Entwicklung in Deutschland, England, Schweden und den USA seit Ende des 19. Jahrhunderts konzentriert. In einem letzten Punkt werden aktuelle Tendenzen des kinderkulturellen Medienverbunds aufgezeigt und mögliche zukünftige Entwicklungen angesprochen.

2. Begriffsklärungen

Die Vielfalt und die teils widersprüchlichen Definitionen der wissenschaftlichen Termini erfordern in einem ersten Schritt eine Festlegung der wesentlichen Begriffe. Bei dem nach dem Baukastensystem funktionierenden *Medienverbund* wird ein Leitmedium in andere Medien umgesetzt und gleichzeitig oder mit zeitlicher

Verschiebung auf den Markt gebracht. Dieser Medienverbund wird durch den Verkauf von Nebenrechten auf die verschiedensten Konsumgüterbereiche ausgedehnt (sog. *Merchandising*).

Ausgangsmedium kann dabei ein Buch, ein Comic, aber auch ein Film, ein Hörspiel, ja sogar ein Spielzeug sein. Auffallendes Merkmal der meisten Medienverbünde ist, dass sie alle Sinne ansprechen (vgl. Heidtmann 1992, 176; Paus-Hasebrink 2004). Bei Medienverbundsystemen wird jedoch nicht nur ein Ausgangsmedium in diverse andere Medien umgesetzt, zunehmend ist dabei die Tendenz zu beobachten, dass die jeweiligen Medien Strukturmerkmale anderer Medien aufgreifen und zitieren. Hierbei handelt es sich um ein Phänomen, für das sich der Begriff *Intermedialität* (der den ungenauen Begriff der Adaption ersetzt) durchgesetzt hat. Intermedialität umfasst alle Mediengrenzen überschreitenden Phänomene, die mindestens zwei konventionell als distinkt wahrgenommene Medien involvieren (vgl. Rajewsky 2002, 13). Ausgehend von dieser Bestimmung des Intermedialen ergibt sich die logische Schlussfolgerung, das Intermediale vom Intramedialen abzugrenzen. *Intramedialität* beschreibt Phänomene, die innerhalb eines Mediums stattfinden, mit denen also eine Überschreitung von Mediengrenzen nicht einhergeht. Hierzu gehören etwa Bezugnahmen eines literarischen Textes auf einen anderen Einzeltext (Einzelreferenz) oder eine literarische Gattung/Genre (Systemreferenz). In der Forschung wird dieser Vorgang allgemein als *Intertextualität* beschrieben. Intertextualität ist jedoch nur eine von vielen Manifestationsformen des Intramedialen, denn unter Intramedialität versteht man ebenso Anspielungen eines Films auf einen anderen Film, eines Musicals auf ein anderes Musical, eines Hörspiels auf ein anderes Hörspiel usw.

Wenn man zwischen intermedialen und intramedialen Erscheinungsformen differenziert, muss eine weitere Gruppe von Phänomenen berücksichtigt werden, die man mit den zuletzt genannten Kategorien nicht adäquat erfassen kann. Gemeint sind hiermit medienunspezifische Phänomene wie das Vorkommen eines bestimmten Stoffes oder Motivs bzw. die Umsetzung eines Genres in verschiedenen Medien, ohne dass die Annahme eines Ursprungsmediums relevant ist. So können einzelne Medien auf Stoffe aus der Bibel oder der antiken Mythologie zurückgreifen, die im kollektiven Gedächtnis gespeichert sind. Ebenso kann das ursprünglich literarische Genre der Parodie in anderen Medien verwendet werden. Für diese Tendenz hat sich in der Forschung der Begriff *Transmedialität* durchgesetzt.

Mit der Entwicklung der interaktiven Medien, die sich durch eine besondere Hyperlink-Struktur auszeichnen, hat sich eine weitere Form medialer Repräsentation etabliert: *Hypermedialität*. Darunter versteht man die nicht-lineare Anordnung von Informationen (Text, Bild, Film, Spiel), die durch mehrere Ebenen miteinander vernetzt bzw. verlinkt sind. Ein markantes Beispiel hierfür sind die Fenster von *websites* und *desktop interfaces* im Internet, die durch Anklicken geöffnet werden können und zu einer Verschachtelung der verschiedenen Ebenen beitragen. Typische Merkmale für Hypermedialität sind die geänderten Rezeptionsformen, die man als Interaktivität (der Nutzer greift aktiv in das Geschehen ein) und *bi-stable-oscillation* bezeichnet (vgl. Tapscot 1997). Mit dem letztgenannten Begriff wird darauf hingewiesen, dass der Nutzer mit einer multidimensionalen Oberfläche auf dem Computerbildschirm, konfrontiert wird, d.h. er schaut nicht nur auf ein Fenster, sondern ist auch in der Lage, beim mehrmaligen Anklicken durch mehrere Fenster zu blicken.

Zum Gegenstand der Medienverbund-Forschung gehören folgende Phänomene:

1. Medienkombination, auch *Multimedialität* genannt: Hierbei handelt es sich um eine Verbindung mehrerer Medien wie z.B. beim Bilderbuch (Verbindung aus Text und Bild), Photoroman, Computerspiel oder bei der Oper. Anhand dieser Auflistung wird bereits ersichtlich, dass eine Kombination unterschiedlicher Medien häufig zur Entstehung und Entwicklung neuer, eigenständiger Kunstformen führen kann (vgl. Mackey 2002).
2. *Medienwechsel* (auch: Medientransformation), d.h. Literaturverfilmungen und andere Formen der Umsetzung von einem Medium in ein anderes Medium wie Transformation eines Filmes in einen literarischen Text (*novelization*), Vertonungen, Umsetzung in ein Computerspiel usw.
3. Intermediale Bezüge, d.h. der Bezug eines Mediums auf ein anderes Medium und dessen Ausdrucksformen. Hierzu gehören Erscheinungen wie die *filmische Erzählweise* oder die Einfügung narrativer Elemente in den Film, z.B. durch aus dem Off gesprochene Texte, oder die Integration von Filmsequenzen in Computerspiele.
4. *Remediation*, d.h. die Umgestaltung älterer Medien in neuen (digitalen) Medien (vgl. Bolter/ Grusin 2001). So kann ein Hypertext oder ein E-book als Remediation eines gedruckten Buches eingestuft werden. Auch Computerspiele, wenn sie sich auf bereits vorhandene Brett- oder Kartenspiele beziehen, werden als Remediationen klassifiziert.
5. *Medienkonvergenz* schließlich bezeichnet die zusehende Integration medialer Angebote, Techniken und Rezeptionsformen auf der Produktoberfläche, wie sie z.B. bei multifunktionalen Mobiltelefonen beobachtbar ist.[1]

Abschließend ist hervorzuheben, dass ein bestimmtes Werk durchaus die Kriterien mehrerer Kategorien erfüllen kann. Chris Van Allsburgs *The Polar Express* (1985) ist in seiner Eigenschaft als Bilderbuch eine Medienkombination aus Text und Bild; die Kinoverfilmung von 2004 stellt einen Medienwechsel dar; durch die im Bilderbuch verwendeten Techniken filmischer Erzählweisen (Zoom, Überblendung, Vogelperspektive, Rückblende) lassen sich intermediale Bezüge aufdecken; durch die Verwendung von Computeranimation und anderen digitalen Techniken bei der Filmproduktion handelt es sich hierbei um eine spezielle Form der Remediation.

Viele Kindermedienverbünde zeichnen sich durch das Prinzip der *Serialisierung* aus (vgl. Kümmerling-Meibauer 2001). Das Serienprinzip – ob in der Kinder- und Jugendliteratur oder in den AV-Medien und interaktiven Medien – wird in der Forschung wenig diskutiert und eher negativ eingestuft. Erfolgreiche Medien-

1 Vgl. hierzu den Beitrag von Gudrun Marci-Boehncke in diesem Band.

produkte – ob Kinderbücher, Filme, Hörspiele, Computerspiele oder Spielzeug – bauen auf dem Serienprinzip auf, indem im regelmäßigen Turnus Fortsetzungen oder um weitere Geschichten ergänzte Versionen erscheinen. In Deutschland erfolgreiche Serien im Kindermedienverbund sind u.a. die *Petterson und Findus*-Serie und die Serie über den Weltreisenden und briefeschreibenden Hasen *Felix* für Kinder im Vorschulalter sowie die Serien über *Bibi Blocksberg, Die Wilden Hühner* oder *Die Wilden Fußballkerle*, die sich an Kinder im Grundschulalter richten.[2] Diese Serien liegen in mehreren Medien vor: Buch, Hörspiel auf Kassette oder CD, Film, Computerspiel und Website mit aktuellen Informationen, Fotos, Filmausschnitten und Spielen.

Obwohl das Printmedium Buch weiterhin eine bedeutende Rolle im Alltag des Kindes einnimmt und das Bilderbuch offensichtlich immer noch das erste Medium ist, mit dem Kleinkinder in Berührung kommen, ist die moderne Kinderkultur in eine multimediale Welt integriert: Außer den Printmedien Buch, Zeitschrift und Comics nehmen andere Medienformen immer größeren Einfluss auf die kindliche Medienrezeption (vgl. Greenfield 1987). Die Erweiterung des traditionellen Lese-Konzeptes auf das Verstehen von Bildern, Symbolen und Programmiersprachen mündete in ein Plädoyer für eine multimediale Erziehung des Kindes (vgl. Groeben/ Hurrelmann 2002; Hurrelmann 2003). Durch das Erlernen der medialen Codes und die Anleitung zum kritischen Umgang und Vergleich soll die Bedeutung der Kindermedienkultur für die kognitive und emotionale Entwicklung des Kindes herausgestellt werden. Das von der Kindermedienforschung in die Diskussion eingebrachte Konzept der *media literacy* oder *Medienkompetenz* macht auf die besonderen kognitiven Fähigkeiten, die der Umgang mit Printmedien, AV-Medien und interaktiven Medien erfordert, aufmerksam (z.B. Wahrnehmung von Sprache-Bild-Relationen, Deutung von Szenenwechseln und multimodaler Kombination bei Spielen und Websites; vgl. Gee 2003). Je nach ausgewähltem Medium wird noch weiter spezifiziert, indem zwischen *computer literacy*, *electronic literacy* (vgl. Dresang 1999) und *new visual literacy* (vgl. Kress/ van Leeuwen 1996) unterschieden wird.

Mit der Verbreitung neuer Medien verschwinden die alten nicht, aber sie unterliegen einem Funktionswandel. Die Unterhaltungsbedürfnisse haben sich von trivialer Literatur hin zu Fernsehserien und Computerspielen verlagert. Der Wunsch nach Spannung, Unterhaltung und Abenteuer wird – wie die neuere Leseforschung dokumentiert – zunehmend durch die audiovisuellen Medien Film, Fernsehen und Video sowie die interaktiven Medien erfüllt. Durch den Umgang mit diesen verschiedenen Medien gleichen sich der Medienkonsum und die Medienerfahrung von Kindern und Erwachsenen immer mehr einander an (vgl. Glogauer 1993; Löhr 1999). In der modernen Medienpädagogik wird dieser Akzelerationsprozess trotz vieler Vorbehalte positiv eingeschätzt. Die Debatte um den möglicherweise negativen Einfluss des Medienkonsums auf die kindliche Wahrnehmung hat in den 1990er Jahren eine „Medienpanik" (Drotner 1992) hervorgerufen, die von

2 Vgl. hierzu die Beiträge von Gudrun Marci-Boehncke und von Klaus Maiwald in diesem Band.

ihrer Argumentationsweise her an die *Schmutz- und Schund*-Kampagnen in den 1950er Jahren und die Comic-Debatte in den 1960er Jahren sowie die Ablehnung des kindlichen Fernsehkonsums in den 1970er/80er Jahren anknüpft, inzwischen aber einer sachlicheren Auseinandersetzung gewichen ist.

Bislang liegt keine umfassende und vergleichende Geschichte des Kindermedienverbunds von ihren Anfängen bis zur Gegenwart vor. Der nachfolgende Überblick soll zumindest einige wichtige Etappen in der Entwicklung des Medienverbunds für Kinder aufzeigen. In diesem Zusammenhang möchte ich auf drei Aspekte hinweisen, die hier nicht erschöpfend dargestellt werden können, die aber für weiterführende Studien von Relevanz sind: a) die Historizität der Medien und ihrer technischen Möglichkeiten, b) die Eingrenzung von narrativen Begriffen wie *filmisches Erzählen*, *musikalisches Erzählen* oder *Hypertextualität*, c) die Frage der Nachweisbarkeit der intermedialen Bezüge.

3. Historische Entwicklung

Vorläufer zum Medienverbund für Kinder gibt es bereits im 19. Jahrhundert; hierbei handelt es sich vorwiegend um Transformationen von Kinderbüchern in Form von Dramenfassungen, Balletts und Musikstücken. Populär wurde die von S. Clarke vorgenommene Dramatisierung von Lewis Carrolls *Alice's Adventures in Wonderland* (1865), die 1887 uraufgeführt wurde. Erwähnenswert ist noch E.T.A. Hoffmanns Kindermärchen *Nußknacker und Mausekönig* (1817), das 1870 von Carl Reinecke vertont wurde und zu dem Peter I. Tschaikowsky die Musik für das berühmte Ballettstück (Uraufführung 1892) komponierte. Der unaufhaltsame Prozess der Mediatisierung von Kinder- und Jugendliteratur wurde durch frühe Formen des Medienverbundes um die Jahrhundertwende eingeleitet, als die erfolgreichen Kinderbücher *Little Lord Fauntleroy* (Der kleine Lord, 1886) von Frances Hodgson Burnett und *The Tale of Peter Rabbit* (Die Geschichte von Peter Hase, 1902) von Beatrix Potter durch Lizenzvergabe in Form von Spielen, Kleidung, Geschirr usw. verwertet wurden. Ab 1910 wurden Kinderklassiker als Stummfilme produziert, so gibt es von Carlo Collodis *Le avventure di Pinocchio* (Pinocchios Abenteuer, 1883) zwei italienische Filme aus den Jahren 1911 (Regie: Gaetano Antamoro) und 1912 (Regie: Giorgio Guazzoni). Mark Twains *The Adventures of Tom Sawyer* (Tom Sawyers Abenteuer, 1876) wurde von W.D. Taylor 1917 verfilmt, und von Lewis Carrolls *Alice im Wunderland* erschien schon 1903 die erste Verfilmung von Cecil Hepworth (vgl. Staples 1997).

Mit dem Ausbau des Hörfunks in den 1930er Jahren und den Zeichentrickfilmen der Walt Disney Company, die auf berühmten kinderliterarischen Vorlagen basierten (zuerst in Form von Kurzfilmen oder *shorts* über die später durch Comics populär gewordene Figur Mickey Mouse bis hin zum ersten abendfüllenden Zeichentrickfilm *Snow White and the Seven Dwarfs* von 1937), zeichnet sich der Beginn einer vielfältigen Kindermedienkultur ab. Über Mickey Mouse erschienen ab 1930 Comic-Strips in Tageszeitungen, es folgten Mickey-Puppen und eigene

Hefte. Nebenrechte an den Disney-Figuren wurden seit 1930 weltweit vermarktet. Mit seinen Comics und Filmen (Zeichentrickfilm, Naturfilm) für Kino und Fernsehen übte Walt Disney einen nachhaltigen Einfluss auf das Kindheitsbild und die Erziehungsvorstellungen in den USA zwischen 1930 und 1960 aus (vgl. Sammond 2005).

Doch erst nach 1945 tritt der Kindermedienverbund seinen globalen Siegeszug an. Waren in den 1950er bis 1970er Jahren vor allem der Hörfunk und das Fernsehen die verfügbaren Medien, so stehen seit den 1980er Jahren zunehmend neue auditive, audiovisuelle und interaktive Medien zur Verfügung. In den 1950er Jahren wurde das Medium Fernsehen für die Serialisierung von Kinderklassikern und Bestsellern entdeckt. Während in den 1950er und 60er Jahren zunächst eine kurze Zeitspanne, zwischen ca. 17.30 und 18.30 Uhr, als *Kinderstunde* (oder *Children's Hour*) reserviert war, wurde das Fernsehangebot für Kinder in den nachfolgenden Jahrzehnten immer mehr erweitert (vgl. Buckingham 2002). Mittlerweile konkurrieren mehrere Kinderkanäle (Nickelodeon, KIKA, Disney Channel, Cartoon Network) um die Einschaltquoten. Dabei werden auf der einen Seite bis heute beliebte Kinderbücher als Fernsehserien remediatisiert, z.B. Enid Blytons *The Famous Five* (Fünf Freunde-Serie), Reverend Awdrys *Thomas the Tank Engine*, Laura Ingalls Wilders *Little House*-Serie (Unsere kleine Farm) oder *SimsalaGrimm* als freie Bearbeitung der Grimmschen Märchen. Eines der erfolgreichsten Produkte war die Serie zu dem Kinderbuch *Lassie-Come-Home* (Lassie kehrt zurück, 1940) von Eric Knight, die fast zwanzig Jahre lang fortgesetzt und außerdem viermal für das Kino verfilmt wurde. Auf der anderen Seite werden vermehrt populäre Fernsehserien zu Kinderbüchern umgeschrieben (*TV-tie-in-novelization*; z.B. *ALF*, 1986-1990; vgl. Bischof/ Heidtmann 2003) bzw. in eigenen Zeitschriften für Kinder vermarktet (*Bob der Baumeister*, *Teletubbies*). Mit über 4.000 Sendungen, die in mehr als 120 Ländern ausgestrahlt und mit 50 Emmies ausgezeichnet wurden, etablierte sich seit 1969 die Vorschulserie *Sesame Street* (Sesamstraße), die auf einem neuen didaktischen Konzept (Fokus auf Stadtleben und Multikulturalität) aufbaute (vgl. Fisch 2004). Zu diesem Vorschulprogramm gab es eigene Malbücher und Comics, später wurden die Folgen über die Muppets als eigene Cartoonserie (*Muppet Babes*), als Kinofilme und Stage Shows (*Sesame Street Live*) vermarktet. In der ehemaligen DDR entstand 1985 mit *Spielhaus* eine Konkurrenzserie, die ausschließlich im DDR-Fernsehen zu sehen war (vgl. Rogge/ Jensen 1987).

In Schweden sind die in alle Weltsprachen übersetzten *Mumin*-Comics (1952-1959, gezeichnet von Tove und Lars Jansson) und später die Zeichentrickserie (Finnland 1957-1974; Japan 1972) als mediale Umsetzung der *Mumin*-Bücher (1945-1970) von Tove Jansson als erster herausragender Medienverbund zu nennen. Multimedial umgesetzt wurden auch die erfolgreichen Kinderromane von Astrid Lindgren. Fast alle ihre Erzählungen und Romane für Kinder wurden als Fernseh- oder Kinofilme realisiert, weiterhin gibt es von ihnen Hörspielfassungen und Dramatisierungen. Von Lindgrens bekanntestem Werk, *Pippi Långstrump* (Pippi Langstrumpf, 1945) liegen mittlerweile sieben Filmversionen (darunter ein Zeichentrickfilm), zwei Radiohörspiele, fünf Umschreibungen als Bilderbücher, eine Dramenfassung, eine Comic-Serie, drei Spiele auf CD-ROM und Spielzeugpuppen vor (vgl. Rönnerstrand/ Heldner 1992).

In Deutschland sind erste Formen des Medienverbunds in den 1950er Jahren erkennbar. Die Kinderklassiker von Erich Kästner sind seit diesem Jahrzehnt bis heute in fast allen Medien präsent (mit Ausnahme von Computerspielen). Von seinen beliebten Kinderromanen *Emil und die Detektive* (1928), *Das fliegende Klassenzimmer* (1933) und *Das doppelte Lottchen* (1949) liegen jeweils drei deutsche Verfilmungen vor, von den ausländischen Verfilmungen ganz abgesehen (u.a. sechs Verfilmungen zu *Emil und die Detektive* und fünf zu *Das doppelte Lottchen*). Von *Emil und die Detektive* gibt es ein Brettspiel (Erich Schmidt 2004), ein Musical, mehrere Dramenversionen und Hörspielfassungen. *Der 35. Mai oder Konrad reitet in die Südsee* (1931) liegt seit kurzem in einer Comic-Version vor, gezeichnet von Isabel Kreitz (2006).

Ein erfolgreicher Verbund wurde von der Programmzeitschrift *HörZu* begründet, die seit 1951 eine Bildergeschichte über den Igel Mecki, gezeichnet von Reinhold Escher, drucken ließ. Diese kurzen Bildgeschichten waren so populär, dass Bilderbücher und Postkarten bald darauf folgten und die Spielwarenfabrik Steiff die Lizenz für eine Igelpuppe erwarb. In der ehemaligen DDR wurde mit *Meister Nadelöhr erzählt Märchen* (1956ff.) ein populärer Medienverbund gegründet. Als Fernsehserie für Kinder von Ingeborg Feustel konzipiert, wurde diese Serie durch die nach und nach eingefügten Figuren (Schnatterinchen, Brummi Pittiplatsch, Flax und Krümel) ausgebaut, und seit den 1960er Jahren tauchten sie in dem Abendgruß vom Sandmännchen regelmäßig auf. Bis 1991 wurden 1.000 Nachmittagssendungen und über 2.000 Abendgruß-Sendungen produziert. Zu den Figuren gab es Bilderbücher und Spiele, außerdem wurden sie in Spielzeugabteilungen als Handspielpuppen oder Stoffpuppen angeboten.

Das erste umfassende kommerzielle Verbundsystem in Deutschland entstand Mitte der 1970er Jahre mit der erfolgreichen Vermarktung von Johanna Spyris *Heidis Lehr- und Wanderjahre* (1880), das als Bilderbuch, Comic, Hörspiel, Musical und Zeichentrickfilm (Japan 1975) verfügbar war. Die kommerzielle Vermarktung von erfolgreichen Medienprodukten erstreckte sich hierbei auch auf medienfremde Konsumbereiche wie Mode, Schmuck, Spielzeug, Geschirr oder Süßigkeiten (vgl. Jensen/ Rogge 1980). So waren zu *Heidi* mehr als 100 Artikel, zu der Fernsehserie *Pumuckl* mehr als 200 Merchandising-Artikel erhältlich. Weitere erfolgreiche Medienverbünde mit Merchandising sind die *Biene Maja*-Serie (Japan 1977), die Walt Disney Weihnachtstrickfilme, d.h. Zeichentrickfilme, die zur Weihnachtszeit in die Kinos kamen (z.B. *Beauty and the Beast*, 1990; *Aladin*, 1992), mit Lizenzproduktionen in allen Segmenten des Spielzeugmarktes.

Computerspiele eroberten seit den 1980er Jahren den Markt, seitdem PCs für den Massengebrauch hergestellt wurden. Eines der ersten erfolgreichen Computerspiele für Kinder war *Super Mario* (1985). Inzwischen gibt es eine große Typenvielfalt bei den Computerspielen, wobei gerade bei den für Kinder produzierten Spielen eine Kombination aus narrativen und ludistischen Anteilen dominiert (vgl.

Amman/ Hermann 2004; Bünger 2005; Kocher 2006). Neben Lernsoftware, Sportspielen und Detektivgeschichten nehmen gerade die Abenteuerspiele (*adventures*) einen großen Raum ein. Diese greifen auf Märchen, antike Mythen oder Fantasyromane in der Nachfolge von J.R.R. Tolkiens *The Lord of the Rings* (Der Herr der Ringe, 1954/55) als literarische Vorlagen zurück und übertragen diese Genres in eine interaktive Form, indem das Erzählmuster des Märchens oder des Fantasyromans durch Bilder ergänzt und der kontinuierliche Erzählfluss durch Rätselaufgaben unterbrochen wird. Infolge dieser Entwicklung habe sich neue interaktive Kinderbuchtypen konstituiert, die als Mischformen von traditionellem Buch und interaktivem Medium anzusehen sind; dazu gehören die Anfang der 1980er Jahren entwickelten *adventure game books* oder *choose your own adventure books*, die dem Leser die Wahl zwischen verschiedenen Handlungsmöglichkeiten und damit ein aktives Gestalten der Geschichte ermöglichen. Ihren Ursprung hatten sie in den *Dungeons and Dragons* Rollenspielen, die 1974 von Gary Gygax und Dave Arneson in den USA begründet wurden. Die bekanntesten Reihen sind Steve Jacksons/ Ian Livingstones *The Warlock of Firetop Mountain* (1982-1999, 59 Bände) und Rose Estes' Endless Quest-Serie *Dungeon of Dread* (1982-1987, 36 Bände).

Kindercomputerspiele sind oft Remediationen von Kinderklassikern (z.B. die Kinderromane von Astrid Lindgren, vgl. Maynard/ McKnight/ Keady 1999) oder zeitgenössischen populären Kinderbüchern (*Die Wilden Hühner* von Cornelia Funke). Bei den Computerspielen für Jugendliche wird zudem auf bekannte Comics (*Tim und Struppi*, 1929ff.; *Sim City*, 1989; *Tomb Raider*, 1996) und Filme (*Blade Runner*, 1982; *Star Trek*-Serie, 1979ff.) zurückgegriffen.

4. Aktuelle Tendenzen

Mit dem Aspekt der Intermedialität wird ein Phänomen, das bei der Diskussion und Analyse von Medienverbünden wenig beachtet wurde, in den Fokus gerückt: Die Medien nehmen gegenseitig Einfluss aufeinander und nähern sich in ihren Darstellungsformen an. So zeichnet sich die moderne Kinder- und Jugendliteratur durch die Integration medialer Erzählformen aus: Im Bilderbuch finden sich Elemente des Comics, des Films und des Computers, etwa bei Raymond Briggs: *The Bear* (Der Bär, 1994), David Macaulay: *Black and White* (1990), Jörg Müller: *Das Buch im Buch im Buch* (2001). Im modernen Kinder- und Jugendroman hat sich ein filmischer Erzählstil etabliert, z.B. bei Robert Cormier: *The Chocolate War* (Der Schokoladenkrieg, 1972), Bret Easton Ellis: *The Rules of Attraction* (Einfach unwiderstehlich, 1988), Peter Pohl: *Janne min vän* (Jan mein Freund, 1985). Der von der Medienpädagogik in die Diskussion eingebrachte Aspekt des spielerischen Umgangs mit den Medien (*edutainment*) hat zwei Buchformen hervorgebracht, bei denen der Leser zugleich mit dem Medium Computer vertraut gemacht wird. Es handelt sich zum einen um Kinderbücher mit beigefügter CD, mit deren Hilfe der Leser selbst in die Rolle der dargestellten Figuren schlüpfen kann (ein frühes Beispiel ist Frank Stiepers *Die Jagd nach dem PC-Phantom*, 1995); zum anderen gibt es *living books* oder *electronic books* auf CD-ROM, d.h. *interaktive Bücher* mit bewegten Bildern, Tonkulisse und Fenstern zum Anklicken (z.B. Mercer Mayer: *Just Grandma and Me*, 1995; Lewis Carroll: *Alice's Adventures in Wonderland*, 1995). Eine Verschachtelung von Buch und Computer offenbart sich in den komplexen Computerspielen *Myst* (1993ff.) und *Alberts abenteuerliche Reise* (2000). Diese Spiele werden mit einem Buch eröffnet, das durch Links aufgeschlagen wird und in nicht-linearer, hypertextueller Form Einblick in ein Tagebuch (*Albert*) oder in verschiedene narrative Ebenen (*Myst*) gibt.

Der Anteil an Spielzeugartikeln als Ausgangsprodukt für einen Medienverbund steigt kontinuierlich seit den 1990er Jahren (Barbie, He-Man, Playmobil). Passend zu den Spielzeugfiguren gibt es Trickfilme, Hörspielkassetten, Bilderbücher, Comics, Computerspiele und Homepages mit aktuellen Informationen, Filmsequenzen und Spielen. Ein raffiniertes Konzept weist die Spielzeug-Serie *Americangirl* (Mattel) auf. Hierbei handelt es sich um aufwändig produzierte Puppen in historischen Kostümen, angepasst an acht wichtige Etappen der amerikanischen Geschichte von der Pionierzeit 1764 bis zu den 1940er Jahren. Zu jeder Puppe gibt es ein Sachbuch, eine Kriminalgeschichte, eine fiktionale Geschichte in Buchform, eine Verfilmung auf DVD, Kartenspiele, Puppenmöbel und Kleidungsstücke (für Puppen und Mädchen). Auf der Homepage http://www.americangirl.com/ (24.07.2007) werden Spiele zu den einzelnen Puppen angeboten, die eine Mischung aus Unterhaltung und Belehrung anbieten. Außerdem ist es möglich, den virtuellen Lebensraum dieser Puppen (Wohnhaus, Garten, Kleinstadt) am Computer zu durchschreiten und durch eingefügte Fenster und Links Sachinformationen zu den Figuren und ihren Lebensumständen zu erhalten.

Seit den 1990er Jahren hat sich neben Hörspielen für Kinder auch das Hörbuch als Kindermedium etabliert, ebenso erfreuen sich in Westeuropa und den USA japanische Comics einer wachsenden Beliebtheit. Zu diesen Manga sind japanische Zeichentrickfilme (*Animes*) produziert worden, z.B. *Sailormoon* (1992-1997) und *Dragonball* (1984-1995). Dieselbe Story wird zusätzlich noch auf Video und CD-ROM angeboten, Soundtracks zu den Filmen gibt es auf CD, im Internet kann eine Fülle von Bildern (sog. *Dojinshi*), die oft von Fans (*otakus*) erstellt worden sind, abgerufen werden (vgl. Vollbrecht 2002, 37f.).

Neben der Fortführung dieser Kindermedienvielfalt lassen sich seit der Jahrtausendwende weitere Tendenzen in der Entwicklung der medialen Formen erkennen. Eine Tendenz besteht in der zunehmenden Hybridisierung, d.h. der Verschachtelung und Kombination verschiedener, zunächst unvereinbar scheinender medialer Inhalte und Strukturen. Besonders deutlich wird dieses Phänomen im modernen Kinderfilm, der eine bestimmte Form des Crossover hervorgerufen hat (vgl. Wojcik-Andrews 2000). Hierbei werden populäre Filmgenres (Familienfilm, Zeichentrickfilm) mit avantgardistischen Filmtechniken kombiniert. Mit diesem Konzept sind vor allem die computeranimierten Filme des Pixar-Studios erfolgreich (*Toy Story*, 1995; *Findet Nemo*, 2003). Ein herausragendes Beispiel ist die Verfilmung von Louis Bemelmans Bilderbuch *Madeline* (1948). Der 1998 gedrehte Film zeichnet sich durch eine Verbindung von Zeichentricksequenzen, Bildzitaten aus dem Bilderbuch, Computeranimation und mit Schauspielern gedrehten Episoden aus.

Dieser Überblick über die Geschichte des Medienverbunds für Kinder vermittelt ansatzweise die Vielfalt der Themen und Formen moderner Kindermedien. Es kann dabei festgestellt werden, dass sich die Kindermedien bei den für Erwachsene produzierten medialen Formen bedienen und sich ihnen zunehmend annähern (vgl. Murray 1998). Hinsichtlich zukünftiger Entwicklungen im Bereich der Kindermedien möchte ich die Vermutung äußern, dass die mediale Kommunikationsform MUD (*multiuser dungeon*) an Bedeutung gewinnen wird. Ähnlich wie beim Chatten ist es Internetnutzern hierbei möglich, gemeinsam an einer bereits existierenden virtuellen Welt im Cyberspace teilzunehmen, dort aktiv in das Geschehen einzugreifen und sich miteinander auszutauschen. Vorbild für dieses Modell wäre das für Kinder produzierte Computerspiel *The Baby-Sitters Club Friendship Kit* (1996ff.), das auf der amerikanischen Buch- und Fernseh-Serie *The Baby-Sitters Club* (1986-2000) von Ann M. Martin basiert. Bei dieser *interactive fiction* wird der kindliche Nutzer als eigene Figur (*avatar*) in die Geschichte integriert, kann Mitglied im Baby-Sitters Club werden und ein eigenes Tagebuch anfertigen (vgl. Clark 2006). Diese neue narrative Form, die als *digital storytelling* klassifiziert wird, hat einen weitreichenden Einfluss auf die Gestaltung des Plots, der Figuren und der Erzählperspektive, denn das Kind kann als *avatar* nicht nur die Handlung beeinflussen, sondern nimmt das im Computerspiel dargestellte Geschehen nicht mehr aus der Außenperspektive (vor dem Bildschirm sitzend) wahr, sondern zugleich nimmt es eine Innenperspektive ein (als *avatar* betrachtet es die anderen Figuren und das Setting gleichsam als intradiegetische Figur). Ob dieses Modell des *digital storytelling* für Kinder auch auf das World Wide Web übertragen wird, wird sich erst in Zukunft erweisen.

Literatur

Amman, Daniel/ Thomas Hermann: Klicken, lesen und spielend lernen. Interaktive Spielgeschichten für Kinder. Zürich 2004

Bischof, Ulrike/ Horst Heidtmann: Film- und Fernsehbücher: Kinder- und Jugendliteratur im Medienverbund. Stuttgart 2003

Bolter, Jay David/ Richard Grusin: Remediation. Understanding New Media. Cambridge, Mass. 2001

Briggs, Asa/ Peter Burke: A Social History of the Media: From Gutenberg to the Internet. Cambridge 2002

Buckingham, David (Hg.): Small Screens: Television for Children. London 2002

Bünger, Traudl: Narrative Computerspiele. Struktur und Rezeption. München 2005

Clark, Dorothy G.: Hyperread: Children's Literature, CD-ROMs, and the New Literacy. In: The Lion and the Unicorn 30 (2006) H. 3, 337-359

Dresang, Eliza: Radical Change. Books for Youth in a Digital Age. New York 1999

Drotner, Kirsten: Modernity and Media Panics. In: Skovmand, Michael/ Kim Schrøder (Hgg.): Media Cultures. Reappraising Transnational Media. London [u.a.] 1992, 42-62

Druin, Allison: Children's access and use of digital resources. Baltimore, Md. 2005

Fisch, Shaom M.: Children's Learning from Educational Television: Sesame Street and Beyond. Mahwah [u.a.] 2004

Fritz, Karsten: Mediensozialisation: pädagogische Perspektiven des Aufwachsens in Medienwelten. Opladen 2003
Gee, James Paul: What Video Games Have to Teach Us about Learning and Literacy. New York 2003
Glogauer, Werner: Die neuen Medien verändern die Kindheit. Weinheim 1993
Greenfield, Patricia: Kinder und neue Medien: die Wirkung von Fernsehen, Videospielen und Computern. München 1987
Groeben, Norbert/ Bettina Hurrelmann (Hgg.): Medienkompetenz. Voraussetzungen, Dimensionen, Funktionen. Weinheim 2002
Heidtmann, Horst: Kindermedien. Stuttgart 1992
Hurrelmann, Bettina (Hg.): Kindermedien nutzen. Medienkompetenz als Herausforderung für Erziehung und Unterricht. Weinheim 2003
Jensen, Klaus/ Jan-Uwe Rogge (Hgg.): Der Medienmarkt für Kinder in der Bundesrepublik. Tübingen 1980
Kocher, Mela: Folge dem Pixel-Kaninchen. Zürich 2006
Kress, Gunther/ Theo van Leeuwen: Reading Images. The Grammar of Visual Design. London 1996
Kümmerling-Meibauer, Bettina: Kommunikative und ästhetische Funktionen des modernen Kinder- und Jugendbuchs. In: Leonhard, Joachim-Felix/ Hans-Werner Ludwig/ Dietrich Schwarze/ Erich Straßner (Hgg.): Medienwissenschaft. Ein Handbuch zur Entwicklung der Medien und Kommunikationsformen. Bd. 2. Berlin [u.a.] 2001, 1585-1594
Löhr, Paul: Children, television, and the new media: a reader of research and documentation in Germany. Luton 1999
Mackey, Margaret: Literacies across Media. New York 2002
Maynard, Sally/ Cliff McKnight / Melanie Keady: Children's Classics in the Electronic Medium. In: The Lion and the Unicorn 23 (1999) H. 2, 184-201
Murray, Janet H.: Hamlet on the Holodeck: The Future of Narrative in Cyberspace. Cambridge, Mass. 1998
Paus-Hasebrink, Ingrid: Medienkindheit – Markenkindheit: Untersuchung zur multimedialen Verwertung von Markenzeichen für Kinder. München 2004
Rajewsky, Irina O.: Intermedialität. Tübingen/ Basel 2002
Rönnerstrand, Torsten/ Christina Heldner: Transmediering i teori och praktik. In: Nikolajeva, Maria (Hg.): Modern litteraturteori och metod i barnlitteraturforskningen. Stockholm 1992, 209-244
Rogge, Jan-Uwe/ Klaus Jensen: Lernen – Helfen – Fleißigsein. Kindermedien und Kinderkultur in der DDR. Köln 1987
Sammond, Nicholas: Babes in Tomorrowland: Walt Disney and the Making of the American Child, 1930-1960. Durham 2005
Singer, Dorothy G./ Jerome L. Singer (Hgg.): Handbook of Children and the Media. Thousand Oaks, Cal. 2001
Staples, Terry: All Pals Together: The Story of Children's Cinema. Edinburgh 1997
Steitz-Kallenbach, Jörg/ Jens Thiele (Hgg.): Medienumbrüche. Wie Kinder und Jugendliche mit alten und neuen Medien kommunizieren. Bremen/ Oldenburg 2002
Tapscot, Don: Growing Up Digital: The Rise of the Net Generation. New York 1997
Vollbrecht, Ralf: Jugendmedien. Tübingen 2002
Wojcik-Andrews, Ian: Children´s Films. History, Ideology, Pedagogy, Theory. New York/ London 2000

apl. Prof. Dr. Bettina Kümmerling-Meibauer, Arndtstr. 8, 65185 Wiesbaden

Heinz Hengst

„Buy us all – don't break up the family"[1]
Stichwort Medienverbund – Im Zirkel des Populären

Anfang der 1990er Jahre bescheinigte die amerikanische Medienforscherin Marsha Kinder den von ihr interviewten Grundschülern eine erschreckende Naivität in Gelddingen und Fragen der Ökonomie, aber ein sicheres Gespür für die Dynamiken des Wünschens in Konsumgesellschaften. Was Letzteres betrifft: Sie wussten etwa, dass ein Produkt, dem Popularität zugesprochen wird und das in vielerlei Gestalten in den Medien und auf dem Markt zirkuliert, nahezu unwiderstehlich ist. Auf die Frage, woher seiner Meinung nach die Attraktivität der *Teenage Mutant Ninja Turtles* rührt, sagte ein Achtjähriger, sie sei darauf zurückzuführen, dass jeder davon gehört habe und dass es Unmengen von „Stoff" dazu gebe (vgl. Kinder 1991, 123). Dieser Junge wusste, und das gilt für die meisten Kinder heute, dass das Habenwollen kollektiv verankert ist, dass Popularität die Begehrlichkeiten verstärkt, und auch, wie sie in einer kommerzialisierten Welt lanciert wird. *Superwaren* wie die *Turtles*, auf die sich der Junge bezog, sind eine Mode lang überall präsent. Das heißt, dass niemand, der an irgendein Medium angeschlossen ist, es vermeiden kann, mit einer solchen Superware konfrontiert zu werden. Sie oder er mögen – sofern sie Erwachsene sind und keine Kinder, kein Radio, keinen Fernseher, keinen Internetanschluss haben, in keine Buchhandlung und kein Kaufhaus gehen – an einer Vielzahl von Produkten im Umkreis der Superware vorbeigeschrammt sein. Irgendwann erwischt sie ihre Morgenzeitung mit einem Kommentar, der, wie kritisch auch immer, die Popularität einer gerade populären Superware steigert.

Die *Superware*, die im Zentrum dieses Beitrags steht, ist der kommerzielle Unterhaltungsmedienverbund, mit dem die Kinder von heute konfrontiert sind. Es geht um zweierlei: 1. die Rolle, die Medienverbundsysteme bei der Integration von Kindern in die globalisierte Populärkultur und in die Konsumwelt insgesamt spielen, und 2. die Identifizierung des thematischen Kerns bzw. der typischen Merkmale, um die herum Medienverbundsysteme organisiert werden.

1. Stichwort Medienverbund

Wenn man die Sekundärliteratur sichtet, die sich mit multimedialen *Superwaren* beschäftigt, dann stößt man eher selten auf den Begriff *Medienverbund* und noch

1 Marge Simpson auf dem Packungsdeckel von Mattels ersten SIMPSONS-Actionfiguren

seltener in englischsprachigen Arbeiten auf dessen Übersetzung *multimedia system*. Allerdings findet man verschiedene Termini, die man als Synonyme dessen gelten lassen kann, was in diesem Beitrag mit Medienverbund gemeint ist. Die bereits erwähnte Marsha Kinder verwendet den Begriff *commercial supersystem*. Ellen Seiter (2000) spricht (mit Bezug auf Pókemon) von *children's global multimedia*. Die Dänin Anne Scott Sørensen (2000) hat im Zusammenhang mit einer Analyse von Fantasy-Rollenspielen den Terminus *meta-media* verwendet. Alle diese Begriffe bringen etwas zum Ausdruck, worauf Umberto Eco bereits Mitte der 1980er Jahre hingewiesen hat, dass sich die Medien nicht nur multiplizieren, sondern auch einige als „Medien von Medien" und „somit als Medien im Quadrat" agieren (Eco 1985; deutsch 1988, 160). Der Begriff *Medien im Quadrat* signalisiert sowohl eine Entgrenzung der Einzelmedien als auch neuartige Formen der Vereinheitlichung. Letzteres ist insofern bedeutsam, als Termini wie *Medienverbund*, *commercial supersystem*, *meta-media* oder *children's global multi-media* nur dann brauchbar sind, wenn sie auf Identität stiftende (strukturelle) Merkmale verweisen. Der Umstand, dass mit jedem dieser Begriffe ein spezifischer Akzent gesetzt wird, wirft die Frage auf, ob sich trotz variierender Kompositionen und Perspektiven etwas ausmachen lässt, das es rechtfertigt, von einem einheitlichen Phänomen zu sprechen. Diese Problemstellung kann man in die Frage nach einem Drehbuch, einem *Script*, übersetzen. Ein Script enthält Angaben zu Plots bzw. narrativen Elementen, zu Protagonisten/ Akteuren, Bühnen, Kulissen und Requisiten (vgl. die systematische Analyse des Medienverbunds in der Kinderkultur, Hengst 1994). Für den Scriptbegriff spricht im Zusammenhang mit dem Medienverbund, dass er für Offenheit steht, für etwas, das – wie immer man die Spielräume wertet – ein Stück weit gestaltet werden kann. Gestaltbarkeit betrifft das Spektrum und die Charakteristika der im Medienverbund synchronisierten Medien, den thematischen Kern, die Struktur der Beziehungen (vertikal oder horizontal) zwischen den involvierten Medien sowie die Relation von medialen und nicht-medialen Elementen. Es dürfte angesichts der Expansion und der Entgrenzungstendenzen der Medienwelt einleuchten, dass bei der Exploration relevanter Scripts nicht nur unterschiedliche Erscheinungsformen des Medienverbunds für Kinder zur Debatte stehen, sondern auch einer Entwicklungsdimension Beachtung geschenkt werden muss.

2. Medienverbundsysteme und die *narrativisation of toys*

In keinem Statement zum Thema *Medienverbund* fehlt ein Hinweis auf die Pionierleistungen Walt Disneys, der seit Beginn seiner Aktivitäten Film- und Comic-Helden in verschiedenen Medien verwertet hat. (In den Disney-Studios arbeiteten bereits in den 1930er Jahren Hunderte von Angestellten an der Weitervermarktung der hauseigenen Produkte. Die Film- und Comic-Figuren leisteten seit dieser Zeit die Promotion für Spielzeuge, T-Shirts, Uhren und andere Produkte.) Allerdings beginnt mit der Etablierung des Fernsehens und seiner Einbeziehung in den Medienverbund eine neue Ära. Das Fernsehen ist als stabilstes Familienmitglied immer präsent und macht es möglich, auch die Jüngsten ständig mit multimedialen Scripts zu erreichen. Der Medienverbund, dessen Leitmedium das Fernsehen ist, lehrt Kinder nicht nur, ihre Konsumwünsche mit Vergnügen zu verfolgen, sondern auch, dass dieses Medium selbst Bestandteil eines ständig expandierenden Supersystems der Unterhaltung ist.

Der erste umfassende Medienverbund mit dem Fernsehen als Leitmedium entstand in Deutschland zu Beginn der 1970er Jahre um die Vorschulserie *Sesamstraße*. Wie in den USA wurden in vielen Ländern die zentralen Figuren dieser Serie in zahlreichen *spin-offs* vermarktet. Ähnlich bedeutsam war für die Startphase dieses Typs Medienverbund, was sich im Zusammenhang mit der Ausstrahlung japanischer Zeichentrickfilmserien abspielte. Die *Biene Maja* (1976), *Heidi* (1977), *Pinocchio* (1977) waren Langzeitserien, deren (in der Regel 52) Folgen wöchentlich gesendet wurden. Zeitgleich waren die Protagonisten und Stoffe der Serien auf dem Comic-, dem Printmarkt sowie auf Schallplatten und Tonkassetten präsent, wurden *spin-offs* für sämtliche Sinne und Wahrnehmungskanäle gehandelt. Der Medienverbund dieses Typs hatte eine klare vertikale Struktur. Die Comics, Bücher, Schallplatten, Tonkassetten und Spielzeuge waren vom Leitmedium Fernsehen abhängig, wurden uninteressant, wenn die Serien aus dem Programm genommen wurden. Es nimmt deshalb auch nicht wunder, dass die in dieser Art Verbund lancierten Tonträger als „Filme ohne Bilder?" (Hengst 1977) und die Spielzeuge als „Guckzeug" (Fritz 1989) thematisiert wurden.

Amerikanische Kindermedienforscher beziehen sich in ihren Untersuchungen zum Thema *Fernsehen und Medienverbund* zumeist auf die Samstagmorgen-Programme für Kinder im kommerziellen Fernsehen (vgl. u.a. Kinder 1991; Cross 1997). Ihre Konzentration gilt einem Serientyp, für den sich der Begriff *program-length commercials* eingebürgert hat. Dieser Serientyp ist in zweierlei Hinsicht interessant. Zum einem brach er mit der traditionellen Zweiteilung von Werbung und Programm. Zum andern rüttelte er an der bisherigen intermedialen Hierarchie, insbesondere veränderte er die Relation von Fernsehen und Spielzeugen. Die im Rahmen von *Saturday morning American network television* ausgestrahlten halbstündigen Serienfolgen wurden produziert, um den Kindern neue Spielzeuglinien in Geschichten verpackt schmackhaft zu machen. Es waren Cartoons, die ihnen Figuren und Situationen lieferten, auf deren Basis sie ihre Spiele organisieren konnten. Die Charaktere/ Protagonisten der Serien agierten in Geschichten, die zur (Re-)Inszenierung einluden und den Einsatz einer ständig wachsenden Zahl von Spielzeugen verlangten, um interessant zu bleiben. Mitte der 1980er Jahre hatte man diese Marketingvariante perfektioniert. Die Absatzsteigerungen, die mit den *program-length commercials* erzielt wurden, waren so immens, dass alle Mitbewerber in der Spielzeugbranche, um überleben zu können, auf das Konzept einschwenken mussten. Hauptakteure waren oft Spielzeugproduzenten, manchmal Medienfirmen, die mit Spielzeugproduzenten oder anderen Lizenzgebern zusammenarbeiteten.

Wichtig ist an dieser Stelle der Hinweis, dass das neue Script, das in den *program-length commercials* seinen extremsten Ausdruck fand, nicht nur via Fernsehen lanciert wurde. Der Historiker Gary Cross schreibt:

> „Kein amerikanisches Kind kam in der Zeit von 1977 bis 1983 an George Lucas' *Star Wars*-Trilogie vorbei. Vor allem amerikanische Jungen wurden mit Spielzeugfiguren, Fahrzeugen und Spielzeugsets überschwemmt, die um die Rivialität von Darth Vader und Luke Skywalker herum konstruiert waren." (Cross 1997, 202)

Die *spin-offs* der *Star Wars*-Trilogie waren zu zahlreich, als dass man sie hätte auflisten können, und die Ausmaße des Lizenzhandels geradezu byzantinisch. Dan Fleming ist nicht allein mit der Ansicht, dass der Mai 1977, als der erste *Star Wars*-Film in die Kinos kam, eine Wende im Merchandising markiert. Internationales Merchandising dieser Art war zehnmal so lukrativ wie die bisherigen Strategien. Die Wende führte zu einer bisher unbekannten Dichte der Vernetzung der globalen populären Medien in puncto Bildersprache und Artefakten. Möglich war dieser Erfolg nicht zuletzt deswegen, weil der Film selbst ein Pastiche ist, insofern er Bilder aus verschiedenen Genres massenhaft verbreiteter Abenteuerfiktion zusammenbringt. Bernie Loomis, Präsident von Kenner Products, dem bedeutendsten Hersteller von *Star Wars*-Spielzeugen, kreierte, nachdem seine Firma eine detaillierte Analyse des *Star Wars*-Konzepts hatte durchführen lassen, für Lucas' Pastiche den Begriff „toyetic" (Fleming 1996, 94).

Toyetic ist die gelungenere Variante dessen, was mit den *program-length commercials* beabsichtigt war, nämlich Filme so zu konzipieren, dass sie zur spielerischen Inszenierung unter Einsatz von viel Spielzeug einladen. Die besondere Überzeugungskraft der *Star Wars*-Einladung dürfte damit zusammenhängen, dass die Welt, die die Filme präsentieren, auf mannigfache Art vertraut ist. Das gilt für Raumschiffe und Kampfflugzeuge, für Tiere als Monster oder knuddelige Freunde ebenso wie für die als Spielzeuge schon immer populären Roboter. Außerdem ist da ein thematischer Kern, der alles organisatorisch zusammenhält. Dan Fleming spricht im Zusammenhang mit dem thematischen Kern von „kontextgebundener Selbstverwirklichung" (ebd.). Als Kontexte identifiziert er eine „Regenbogenkoalition" unterschiedlicher (menschlicher und nicht-menschlicher) Interessen und ein Environment nützlicher Technologie. Die filmische Identität Luke Skywalkers, des jungen Helden, und seine Art der Selbstverwirklichung sind in hohem Maße durch die Kontexte bestimmt, in denen er agiert: die lose Koalition von Außenseitern, Abenteurern, politischen Idealisten, Robotern und Aliens, die gegen das Reich des Bösen mobil machen. Dazu kommen die omnipräsenten Technologien, von denen das Leben in der feindlichen Galaxie abhängt. Die Identifikation mit Luke wird deshalb, besonders bei einem Kind, mehr davon abhängen/darauf hinauslaufen, sich selbst in diesen Kontexten vorzustellen, als davon, Luke oder den Schauspieler Mark Hamill als Identifikationsobjekt mit einem Innenleben zu isolieren (ebd., 96).

Marsha Kinder (1991) hat als Kern von Medienverbundsystemen „sliding signifyers" ausgemacht. Was mit dieser Charakterisierung gemeint ist, hat sie – besonders überzeugend – am Beispiel der *Teenage Mutant Ninja Turtles* demons-

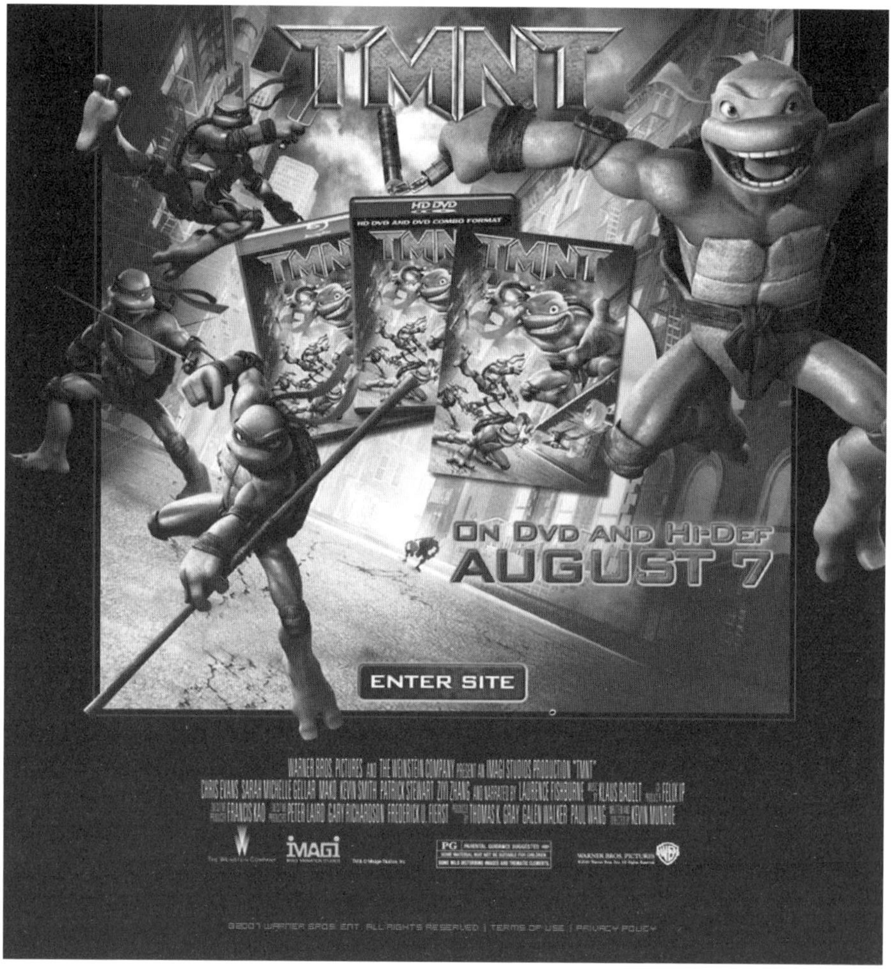

triert. Die signifyers sind vier proteische Schildkröten mit den Namen italienischer Renaissancekünstler, die durch die verschiedenen, im *Turtles*-Verbund synchronisierten Medien, Comic, Buch, Fernsehserie, Actionfiguren, Computerspiele, gleiten, sich dabei ständig verändern und doch immer dieselben bleiben. Die *Turtles* sind für Marsha Kinder „ultimative sliding signifyers“ (ebd., 135), die – außer *gender* – jede wichtige Grenze überschreiten, darunter auch die zwischen Zuschauen und Spielen.

Der Hinweis auf Grenzüberschreitungen ist insofern wichtig, als das *toyetic*-Werden von Filmen, Fernsehserien, Comics und Büchern nur eine Seite zum Ausdruck bringt. Es korrespondiert jedoch mit einer nachhaltigen Veränderung der Spielzeuge. Sie scheinen nur noch dann bei einem großen Publikum anzukommen, wenn ihnen eine Geschichte mitgegeben wird. Fleming konstatiert eine neue Phase der „narrativisation of toys“ (Fleming 1996, 102ff.). Womit auch immer das im Einzelnen zu erklären ist (Geburtenrückgang, Wandel des Kindheitsbildes, Veränderung der Entscheidungsstrukturen in der Familie, Mediatisierungsschub), in den 1970er Jahren wurde die Spielzeugindustrie vom Fernsehen abhängig. Sie brauchte Spielobjekte, in die sich die Popularität von Bildschirmhelden oder -geschichten übersetzen ließ. Zur Zeit des *Star Wars*-Booms war diese narrative Dimension alles beherrschend. Die *narrativisation of toys* erfolgte gleichzeitig mit der Durchsetzung des Konzepts totalen oder multimedialen Marketings in der Kinder(medien)kultur. Selbst LEGO blieb von dieser Entwicklung nicht verschont, und macht ihr bis heute Konzessionen. Margret Uhle merkt in ihrer *Lego Story* ausdrücklich an, dass der Umsatz von Konstruktionsspielzeug ständig sinkt: „Kinder von heute interessieren sich statt dessen immer mehr für Videospiele und Action-Figuren." (Uhle 1998, 86) Im aktuellen Prospekt heißt es:

> „2007 feiert die Star Wars Saga ihr 30-jähriges Bestehen und da dürfen neue LEGO Modelle nicht fehlen. Hier findest du eine Mischung aus komplett neuen LEGO Star Wars Modellen und Raumschiffklassikern, die bei keinem Star Wars Abenteuer fehlen dürfen. Mit LEGO Star Wars liegt das Schicksal der Galaxie in deiner Hand!"

Der Lernprozess der Spielzeugindustrie in Sachen *narrativisation* und multimediales Marketing setzte sich in den 1980er und 1990er Jahren fort und damit eine Entwicklung, die die Art, in der Kinder zur Interaktion mit Spielzeugen ermutigt wurden, entscheidend veränderte.

3. Offene serielle Form, populäre Narrative

Wenn Film und Fernsehen *toyetic* werden und den Spielzeugen eine narrative Komponente eingepflanzt wird, dann verändert sich die Position derer, die in diese Welt hineinwachsen. Ihre *Antworten* auf die medialen Angebote lassen sich mit den alten Begriffen nicht mehr angemessen beschreiben. Die Zuschauer sind nicht mehr nur Zuschauer, die Spieler nicht mehr nur Spieler im traditionellen Verständnis. Sie arbeiten an einer Balance zwischen Spielen und Zuschauen. Nicht ganz abwegig ist die These, dass die Spieler die Zuschauer (und die Leser) am Leben halten, weil, wer nicht über die Ressourcen eines Spielers verfügt, in einer Kultur, die unablässig fragmentarisch und mit Häppchenkost daherkommt, nicht heimisch werden kann (vgl. Fleming 1996, 171).

Konturen einer veränderten Subjektposition kann man ein Stück weit sichtbarer machen, wenn man die Vorstellung von *toyetic* vom Bezug auf Spielzeuge im engeren Sinne ablöst. Damit ist die Frage gestellt, was grundsätzlich an den heute populären Narrativen anders ist als an herkömmlichen Geschichten. Übereinstimmende Antworten auf diese Frage findet man u.a. bei Fiske (1989), Kinder (1991), Fleming (1996). Folgt man ihren Überlegungen, dann ist es so, dass die geschlossene Erzählung, die einen Anfang, eine Mitte und ein Ende hat, mit einem Gleichgewichtszustand anhebt, der gestört wird, und nach vielen, die Mitte kennzeichnenden, Turbulenzen wiederhergestellt oder in eine neue Form gebracht wird, ausgedient hat. Dominant ist heute eine offene serielle Form mit einer Vielzahl von Plots und Sub-Plots. So werden vor allem Seifenopern charakterisiert. Sie wirken, so John Fiske (1989), durch eine endlos ausgedehnte Mitte. Das Gleichgewicht einer glücklichen Beziehung, einer stabilen Familie, ist zwar ständig im Hinter- oder Untergrund spürbar, wird aber nie erreicht (ebd., 180). Alle diese Elemente, die serielle Form, die sich narrativer Geschlossenheit widersetzt, und die multiplen Charaktere und Plots, dazu die oft schnellen Wechsel von Plot zu Plot, sind typisch für die Angebote, die Kinder heute in Fernsehserien und im Medienverbund rezipieren. Und es ist – auch – wegen dieser Strukturgleichheit (der endlos ausgedehnten Mitte) mit den *soap operas* kein Zufall, dass die Soaps selbst für Kinder höchst attraktiv sind. Verschiedene Studien haben gezeigt, dass sie ganz oben auf den Listen der Lieblingssendungen von 5- bis 12-jährigen Kindern stehen, also von Kindern im Spielzeugalter (vgl. u.a. Pasquier 1996; Fleming 1996). Man wird den Kindern von heute nicht gerecht, wenn man sie über Spielzeuge im herkömmlichen Sinne definiert. Sie treffen ihre Arrangements mit einer ausdifferenzierten mediendurchtränkten Populärkultur. Das bedeutet, dass man das Spielen (mit Geschichten) zwar als interaktive Größe in den Blick nehmen, aber als ein weites, offenes Feld sehen muss.

Dominique Pasquier (1996) hat im Zusammenhang einer Analyse der Bedeutungen, die französische Kinder mit Teen-Serien konstruieren, auf komplexe Modalitäten hingewiesen. Unter Bezugnahme auf John Fiskes Konzept der Intertextualität und seine Unterscheidung von primären, sekundären und tertiären Texten demonstriert Pasquier eine Vorstellung davon, wie *toyetic* ergänzt werden müsste, um dem Aktivitätenverbund gerecht zu werden, mit dem heutige Kinder auf populäre Medienangebote antworten. Ansatzpunkt der Pasquier'schen Überlegungen zur Bedeutung der Teen-Serien ist deren Popularität, also der Umstand, dass so viele Leute sie zur gleichen Zeit sehen und dass sie (deshalb) überall diskutiert werden. Populäre Stoffe antizipieren und inspirieren verbale und soziale Interaktionen, mit Freunden, in der Schule. Fernsehen ist eine soziale Aktivität, auch wenn man sie allein zu Hause ausübt, und *television talk* ist Kindern sehr wichtig. Die Serien, deren Gebrauch Pasquier untersucht hat, waren beliebter Diskussionsstoff in den Klassenzimmern, vor allem bei Grundschulkindern. Und sie wurden multimedial rezipiert. Die aktivsten Teilnehmer am Serienkult waren Mädchen. Sie spielten Rollenspiele, sammelten und tauschten Gegenstände, die mit den Serien zu tun hatten, und kleideten sich wie ihre Lieblingscharaktere. Pasquier betont, dass die Serien, vor allem die umstrittenen, nicht nur auf Fans wirkten, sondern auch Reaktionen bei Schülern der Sekundarstufe und bei Universitätsstudenten hervorriefen, die vorgaben, sie nicht zu mögen, sie aber dennoch anschauten und viel über sie redeten. Und sie merkt des Weiteren an, dass die soziale Reichweite des Phänomens durch die weit verbreitete Oppositionshaltung der Erwachsenen gegenüber den Serien noch vergrößert wurde (vgl. Pasquier 1996, 352).

Zweierlei ist festzuhalten: Tertiäre Texte, also Diskussionen, deren Zeuge man wird oder an denen man teilnimmt, Informationen oder Kritiken, die man in Zeitschriften und Magazinen liest, scheinen auch für Kinder immer bedeutsamer zu werden. Dominique Pasquiers Analyse von Fanpost zeigt, dass die Presse bei der

Konstruktion der Beziehungen zu den Serien eine sehr wichtige Rolle spielt (ebd., 361). Und zweitens ist bemerkenswert, dass man es weniger denn je nur mit Phänomenen zu tun hat, die mit dem Textbegriff zureichend beschrieben werden können, dass aber das, was darüber hinausgeht, sehr wohl eine Begleiterscheinung der *narrativisation* (von Aktivitäten und Aktivitätsspektren) in einer Welt hybrider Medien ist. Das zeigt nicht zuletzt der Siegeszug der Videospiele im Medienverbund. Die computerisierten Versionen der *Teenage Mutant Ninja Turtles* und *Power Rangers* in den 1990er Jahren konnten wie Spielzeuge manipuliert werden und sind dennoch näher an der Welt des Narrativen als Actionfiguren und -sets.

4. Interaktivität und Konsum: Fantasy-Rollenspiele

Marsha Kinder wusste, was es für die Aussagekraft ihrer Analyse bedeutete, dass sie diese um 1990 realisierte, an der Wende zu einer *interactive multimedia revolution*. Ihr ging es um den Nachweis, dass das kommerzielle US-Fernsehen, Computerspiele und beider intertextuelle Verbindungen mit Kinofilmen, Werbung, Comics und Spielzeugen einen entscheidenden Beitrag dazu leisteten, junge Spieler auf die volle Teilnahme an diesem Zeitalter interaktiver Multimedia vorzubereiten – speziell durch die Verbindung von Interaktivität mit Konsum.

Um der Bandbreite des Spektrums gerecht zu werden, in der diese Verbindung heute ihren Ausdruck findet, dürfte es sinnvoll sein, mit ein paar Bemerkungen zu einem Medienverbund zu beginnen, dem Medienwissenschaftler in der Regel wenig Beachtung schenken, dem Fantasy-Rollenspiel. Auf Fantasy-Rollenspiele mit ihren Masternarrativen, Szenarien und Regelwerken lässt sich der Scriptbegriff besonders gut anwenden. Anne Scott Sørensen (2000), die Fantasy-Rollenspiele (ausdrücklich) als *Medien* untersucht hat, zeigt gewissermaßen exemplarisch, zu welchem Ergebnis die Vorbereitung, deren Resümee Kinder Anfang der 1990er Jahre zog, knapp zehn Jahre später geführt hat. Die Interviews, die Sørensen mit 14- bis 16-jährigen Spielern geführt hat, machen deutlich, dass diese die Fantasy-Rollenspiele als fiktionale und narrative Medien auf einer Linie mit Büchern, Fernsehen, Film und Computerspielen sehen. Was das Fantasy-Rollenspiel von diesen Medien nach Meinung der Befragten unterscheidet, ist der Grad der Interaktivität, den es ermöglicht: Man ist beides, Anwender und kreativ Tätiger (*user* und *creator*). Sørensen identifiziert die Fantasy-Rollenspieler als Angehörige einer Generation, die mit einem Übermaß medialer Narrative aufgewachsen sind und mit diesen neuen Medien die Möglichkeit erhalten haben, sie unter Kontrolle zu bringen, indem sie mit ihnen wohlbekannten Schemata experimentieren, sei es als gewöhnliche Spieler oder als *game masters*, *system designers* und Autoren. Die Befragten lassen keinen Zweifel daran, dass es die Mixtur von Geschichtenerzählen, Rollenspiel und Umgang mit den neuen Medien ist, die das Fantasy-Rollenspiel so einzigartig macht (ebd., 173).

Sørensen weiß, dass die Fantasy-Rollenspiele als kommerzielle Produkte Teil eines globalen Medienzyklus sind, aber auch in Sub-Zyklen zirkulieren, in denen Entgrenzungen sichtbar werden.

> „Diese Sub-Zyklen sind gleichzeitig Teil anderer Medienzyklen, indem sie implizit und explizit bei anderen Medien und Medienprodukten, Büchern, Filmen, Fernsehserien, Comics und Computerspielen Anleihen machen, – oder Produktionen in diesen Medien inspirieren." (ebd., 175)

Zwar dominieren große multimediale Medienkonzerne das Gesamtphänomen Fantasy-Rollenspiel. Aber die Rollenspieler finden auch über Clubs und andere Gruppierungen in ihren lokalen Umgebungen ihre Zugänge. Hinzu kommt, dass heute das Internet eine essentielle Verbindung zwischen Produzenten, Distributeuren und Nutzern leistet (ebd., 176).

Es bedarf keiner weiteren Begründung, dass mit dem Internet eine der wichtigsten neuen Komponenten in Medienverbundsystemen genannt ist, die seit der Zeit integriert wurden, in der Marsha Kinder ihre Studie durchführte. Für jeden bedeutenderen Text, jedes Artefakt, jedes bekanntere Magazin, jede Medienfigur existieren seit Jahren zum Teil aufwändig produzierte kommerzielle Websites. Manchmal sind diese Websites Warenhäusern nicht unähnlich. Die meisten Websites stellen interaktive Areale bereit. Diese reichen von Spielen, deren Basis das jeweilige Produkt ist, über Fanclubs bis hin zu Räumen, in denen man sich am Online-Chat beteiligen kann (vgl. zum Thema Kinder und Websites Mitchell/ Reid-Walsh 2002).

Das Internet ist heute bei populären Stoffen unvermeidbar. Stephen Brown notiert in seiner Arbeit über die Marke Harry Potter im Abschnitt „Fanfiction-Front":

> „Rund um Harry ranken sich Hunderte Websites wie mugglenet.com, hpana.com und hp-lexicon.org, die sich an jeweils unterschiedliche Segmente der Konsumentenschar der Ikone richten." (Brown 2005, 159)

Ellen Seiter zeigt, dass *Pókemon* – obwohl auf Sammelkarten und Gameboys und damit auf *lowest technology platforms* gründend – ein digitales Phänomen ist. Sie verweist auf das Internet als Fan-Ressource, den online-Verkauf von Sammelkarten und andere Verbundprodukte sowie auf die Verbreitung von Amateur-Websites, die nicht selten von Kindern betrieben werden und deren Betreiber oft anderen Kindern Ratschläge für den Umgang mit ihren Pókemon-Monstern erteilten. Schließlich merkt sie noch an, dass der Erfolg Pókemons E-bay viele neue Kunden bescherte. „Die zunehmende Popularität E-bays, als Pókemon in den USA eingeführt wurde, hat ohne Zweifel den Run auf Karten und Zusatzartikel verstärkt." (Seiter 2000, 194)

5. Medienadaption und Marketingmix in den *Harry Potter*-Romanen

Überlegungen zum Phänomen *Harry Potter* beziehen sich zum einen auf die aktuellsten Superwaren und zum anderen auf einen Medienverbund, der angesichts der Ausführungen in diesem Beitrag eine gewisse Herausforderung darstellt.

Immerhin ist das Ursprungsmedium das Buch, geht es in diesem Fall auch um sehr viel Text zwischen den Buchdeckeln von sieben Bänden. Betrachtet man das aber nur als eine eher irreführende Mitteilung über die Welt Harry Potters, dann lässt sich sehr schnell der Anschluss an die vorhergehenden Überlegungen herstellen. Die *Harry Potter*-Romane sind Kinder ihrer Zeit. Und das heißt, sie transportieren viel von dem Stoff, mit dem – vor allem die jüngeren – Zeitgenossen zu *spielen* gelernt haben, und der (eben deshalb) Medienangeboten heute weltweit Publika und Popularität verschafft.

Dazu zwei Anmerkungen. Die erste betrifft die narrative Dimension. Pointiert hat Burkhard Müller in seiner Rezension zum siebten *Harry Potter*-Band (*Harry Potter and the Deathly Hallows*) typische szenische Schilderungen als „knappe Handreichungen für ein anderes Medium" charakterisiert und von der „Form eines Drehbuchs" gesprochen (Müller 2007). Emer O'Sullivan machte auf einen bemerkenswerten Widerspruch aufmerksam: Joanne K. Rowling vertrete explizit eine medienkritische Position und präsentiere die Hogwartswelt „als eine mit dem nostalgischen Charme einer vorindustriellen Zeit ausgestattete strom- und medienfreie Zone": „Eulenpost statt E-mail, Heuler statt Handies und natürlich kein Fernseher". Ganz anders verfahre sie bei der Gestaltung. Da werde der Einfluss der Medien sehr stark spürbar. O'Sullivan verweist auf typische Beschreibungen, die „wie eine Gameboy-Version von Hogwarts wirken" (O'Sullivan 2006, 163).

Sie zitiert Nick Tucker mit der Feststellung, die Autorin der *Harry Potter*-Romane inkorporiere erfolgreich „fizz and excitement of the modern video games into the prose page" (Tucker 2000, 231). O'Sullivans Resümee lautet: „Die erzieherische Medienkritik auf der expliziten Ebene wird also durch die medienadaptierende Schreibweise konterkariert." (O'Sullivan 2006, 163)

Die zweite Anmerkung betrifft Markt und Konsum. Den interessantesten Aspekt zur Marktseite bringt Stephen Brown in die Diskussion ein. Für ihn ist Joanne K. Rowling ein Marketinggenie: „Die Bücher stecken voller brillant ausgedachter Marken und neuer Produktkonzepte." (Brown 2005, 18) Laut Brown sind die *Harry Potter*-Romane

> „vollgestopft mit Marken und befassen sich wiederholt mit Fragen nach Märkten und Absatzmöglichkeiten. Sie stellen Figuren dar, die die Essenz des Marketings archetypisch verkörpern [...]. Sie beziehen sich nicht nur auf so gut wie jedes Element des Marketingmix, sondern darüber hinaus auf bestimmte Aspekte des Käuferverhaltens, der Unternehmensstrategie, der Marktforschung und von vielem anderen mehr." (ebd., 15f.)

Rowling habe

> „ein gutes Ohr für die Rhetorik von Verkaufsprospekten, Stellenanzeigen und Beratungsbroschüren sowie die Absurditäten der Kleinanzeigensprache. Die Berufsberatungsliteratur in Hogwarts, um nur eines von vielen Beispielen zu nennen, bedient sich unweigerlich der überzogenen Fragen, die das Genre charakterisieren (‚sie wollen also auf dem Gebiet der Muggelbeziehungen arbeiten?'" (ebd., 41)

Brown konstatiert eine Form des Widerspruchs, die analog der ist, die O'Sullivan bezüglich der Medien feststellte: Der Bedeutung des Marketings und der Marketingrhetorik in den Romanen steht eine explizit marketingfeindliche Haltung der Autorin gegenüber. Sie

> „hat keine Zeit für alberne Publicityauftritte, es widerstrebt ihr, sich in Talkshows und Internetforen zu verkaufen. [...] Sie hat öffentlich ihre Verachtung für Tie-in-Merchandising zum Ausdruck gebracht und ist durchaus bereit, Spin-offs zu verbieten, die zu geschmacklos sind." (ebd., 41)

6. Netzwerk mit tausend Zugängen: Phänomen *Pókemon*

Die Schlussüberlegungen gelten dem Phänomen der vielen Zugänge, ohne das die besondere Popularität von Medienverbünden nicht zu verstehen ist. Zur Konkretion dürfte sich kaum eine Verbundvariante besser eignen als *Pókemon*, auch wenn deren große Zeit vorbei ist. Interessant ist vor allem die Frage, wie erreicht wird, dass über eine Vielzahl von Zugängen gleichzeitig segmentiert und globalisiert werden kann. Das lässt sich, wie Ellen Seiter (2000) deutlich gemacht hat, am Beispiel *Pókemons* sehr gut demonstrieren. Das Andere, das Besondere an *Pókemon* sieht sie in der Anziehungskraft, die dieser Verbund auf ein, demographisch betrachtet, ungewöhnlich heterogenes Kinderpublikum in einer großen Anzahl von Ländern in Nordamerika, Europa und Asien ausgeübt hat. Die außergewöhnlichen Profite, die mit *Pókemon* erzielt wurden, erklärt sie mit der Attraktivität des Phänomens bei sehr unterschiedlichen Gruppen von Kindern: Mädchen und Jungen, kleine Kinder und Teenager, Anglo-Amerikaner, asiatische Amerikaner und Latinos. In den USA war das *Pókemonspiel* ursprünglich eine Domäne adoleszenter Jungen, verbreitete sich aber sehr schnell bei Grundschülern und Vorschulkindern.

Besonders ungewöhnlich ist der Umstand, dass sowohl Mädchen als Jungen begeisterte Fans waren und *Pókemon* wie kein Medienverbund vorher das *cross-gender*-Spiel befördert hat. Mädchen und Jungen, die normalerweise in getrennten Medien- und Spielzeugwelten leben, tauschten Karten und beschäftigten sich gemeinsam mit Videospielen. Seiter erklärt diese grenzüberschreitende Anziehungskraft mit der Verschiedenheit der Charaktere und Kreaturen, die in das *Pókemon*-Script eingebaut sind, und mit der Kombination von Rollenspiel, Kämpfen und Sammeln. Die *Pókemoncharaktere* sind in Kategorien eingeteilte Kreaturen. Ein guter *Pókemontrainer* zu sein bedeutet, gut für die *Pókemoncharaktere* (Eidechsen, Reptilien, Vögel und andere Kreaturen) zu sorgen. *Pókemon*-Trainer müssen sich darauf konzentrieren, ihren Monstern Wachstum zu ermöglichen. Auch wenn die Trainer wie klassisch maskuline Samuraikrieger auf der Suche nach Kämpfen durchs Land ziehen, sind sie dennoch domestiziert. Sie müssen auch in der Mall einkaufen oder an der Sportstätte einchecken, um sich auf ein Treffen vorzubereiten, oder – wenn sie sich das leisten können – ihren *Pókemon* in der Kindertagesstätte abgeben. Wie bei Rollenspielen üblich, ist das *Pókemon*-Narrativ offen, tendenziell endlos. Die Charaktere entwickeln Langzeitbeziehungen – was bedeutet, dass die Form viel von einer *soap opera* hat (vgl. Seiter 2000, 190-194).

In Seiters Analyse ist die Rekonstruktion – man könnte sagen – eines androgyn gefärbten *Pókemon*-Scripts weitaus differenzierter, betrifft sämtliche Verbundvarianten. Ähnliches gilt für ihre Beobachtungen zum Abbau von Altersgrenzen und Schichtbarrieren und die Vielzahl der Zugänge, die dazu beitragen. Besondere Beachtung verdienen ihre Anmerkungen zur ethnischen Dimension. Nicht unerwähnt bleiben darf, dass sie es – wie Sørensen – nicht dabei belässt, die Strategien und Komponenten des Marketings zu benennen, sondern die Rolle von Mundpropaganda bzw. der informellen Kanäle bei der Verbreitung *Pókemons* hervorhebt. Sie weist auch darauf hin, dass *Pókemon* ein Stück weit unamerikanisch war. Unamerikanisch waren u.a. der Animationsstil (*anime*) und die Rollenspiel-Elemente. Sie waren neu auf dem amerikanischen Massenmarkt und begünstigten Kinder asiatischer Herkunft. Sollte diese Beobachtung zutreffend sein, dann gibt es einen nicht unerheblichen Unterschied zwischen der amerikanischen und der europäischen bzw. deutschen kommerziellen Kinderkultur. Letztere steht seit mehr als dreißig Jahren auch unter japanischem Einfluss. Wie erwähnt, wurden die ersten großen Medienverbundsysteme um japanische Zeichentrickfilmserien konstruiert. Die japanische Populärkultur, darauf haben jüngst Holm Friebe und Sascha Lobo hingewiesen,

> „bildet ein über alle Medienkanäle hinweg verzahntes System, einen eigenen Kosmos, der über Computerspiele, Mangahefte, Anime-Zeichentrickfilmserien, Teenager-Modelabels und Kinofilme hauptsächlich durch die Kinderzimmer die westliche Kultur infiltriert." (Friebe/ Lobo 2006, 242)

Für die Intensität der Beschäftigung mit dieser Kultur nennen sie einen Indikator: Laut Google war der meistgesuchte Begriff im Jahre 2003 *Yu-gi-oh*.

> „Yu-gi-oh ist ein aus einem Manga abgeleitetes Universum mit dazugehörigen Comicbüchern, Fernsehserien, Computer- und Konsolenspielen, Internetplattformen und nicht zuletzt bunten Spielkarten aus Pappkarton, mit denen sich Yu-gi-oh gegeneinander spielen läßt." (ebd.)

7. Nachspiele, Come-backs, Revivals

Die Lebensdauer von Medienverbundsystemen ist sehr begrenzt. Dennoch wird ständig an der Wiederbelebung dessen gearbeitet, was einmal populär war. Wie grundsätzlich im Kulturbetrieb taugen nicht zuletzt runde Geburtstage und Jubiläen der Protagonisten und *signifyers* zur Wiederbelebung. Neben Bach, Mozart, Rembrandt, Goethe und Heine sind es inzwischen auch Barbie oder (vgl. den Hinweis auf den neuesten *LEGO*-Prospekt) Star Wars. Außerdem gilt: Die Totale ist nie total. Und natürlich gibt es auch die, die mit der totalen Vermarktung spielen. Da zur Zeit der Abfassung dieses Artikels der erste *SIMPSONS*-Film in die Kinos kommt, soll Matt Groening, dessen Marketing-Monsters in diesem Beitrag so wenig berücksichtigt wurden, das letzte Wort haben. Er notierte 1993 im Editorial des ersten *SIMPSONS*-Comic-Heftes:

„Ihr habt über Bart im Fernsehen gelacht. Ihr habt Bart-T-Shirts gekauft. Ihr habt die Bart-Videospiele gespielt. Ihr habt sogar den Bartman getanzt. Bart Bücher! Bart Puppen! Bart Aufnäher! Bart Drinks! Nimmt die massenhafte Gier nach SIMPSONS-Verrücktheiten denn gar kein Ende???? Yo Kids, willkommen zur ersten tollen Ausgabe der *Simpsons Comics.*"

Literatur

Brown, Stephen: Die Botschaft des Zauberlehrlings. Die Magie der Marke Harry Potter. München 2005

Cross, Gary: Kids' Stuff. Toys and the changing world of American childhood. Cambridge/ Massachusetts, London 1977

Eco, Umberto: Die Innovation im Seriellen. In: Ders.: Über Spiegel und andere Phänomene. München 1988, 155-180

Ernst, Emanuel/ Sven Werkmeister: Little shop of homers. Skizzen zum Simpsons-sellout. In: Gruteser, Michael/ Thomas Klein/ Andreas Rauscher (Hgg.): Subversion zur Prime-Time. Die Simpsons und die Mythen der Gesellschaft. Marburg 2002, 78-103

Fiske, John: Television culture. London [u.a.] 1989

Fleming, Dan: Powerplay. Toys as popular culture. Manchester [u.a.] 1996

Friebe, Holm/ Sascha Lobo: Wir nennen es Arbeit. Die digitale Bohéme oder intelligentes Leben jenseits der Festanstellung. München 2006

Fritz, Jürgen: Spielzeugwelten. Eine Einführung in die Pädagogik der Spielmittel. Weinheim [u.a.] 1989

Hengst, Heinz: Nur Filme ohne Bilder? Ein paar Bemerkungen zu den Hörspielkassetten für Kinder. In: Ästhetik und Kommunikation 27 (1977), 21-26

Hengst, Heinz: Der Medienverbund in der Kinderkultur. Ensembles, Erfahrungen und Resistenzen im Mediengebrauch. In: Hiegemann, Susanne /Wolfgang H. Swoboda (Hgg.): Handbuch der Medienpädagogik. Opladen 1994, 240-254

Kinder, Marsha: Playing with Power in movies, television, and video games. Berkeley [u.a.] 1991

Mitchell, Claudia/ Jacqueline Reid-Walsh: Researching children's popular culture. The cultural spaces of childhood. London [u.a.] 2002

Müller, Burkhard: Wenn nur alles in der Familie bleibt. Das Kinderbuch für ein nachkindliches Zeitalter – und ein Sieg der Klassengesellschaft: Der neue und letzte von sieben Bänden „Harry Potter". In: Süddeutsche Zeitung Nr. 167 vom 23.7.2007

O'Sullivan, Emer: Zwischen Erziehung und Unterhaltung. Zur Verortung der Kinderliteratur von *Robinson der Jüngere* bis *Harry Potter*. In: Faulstich, Werner/ Karin Knop (Hgg.): Unterhaltungskultur. München 2006, 147-163

Pasquier, Dominique (1996): Teen series' reception. Television, adolescence and culture of feelings. In: Childhood 3 (1996) H. 3, 351-373

Seiter, Ellen: "Gotta catch 'Em all – Pokemon": Problems in the study of children's global multimedia. In: Research in childhood. Sociology, culture & history. Odense 2000, 189-196

Sørensen, Anne Scott: New texts and new media in global youth culture. The fantasy roleplaying games. In: Research in childhood. Sociology, culture & history. Odense 2000, 171-187

Tucker, Nicholas: The rise and rise of Harry Potter. In: Children's literature in education 30 (2000) H. 4, 221-234

Uhle, Margret: Die LEGO Story. Der Stein der Weisen. Wien 1998

Prof. Dr. Heinz Hengst, Uhlandstraße 55, 28211 Bremen

Klaus Maiwald

Ansätze zum Umgang mit dem Medienverbund im (Deutsch-)Unterricht

1. Ein Beispiel: *Die Wilden Hühner* als Medienverbund

Im Jahr 1993 veröffentlichte Cornelia Funke den Kinderroman *Die Wilden Hühner*. Er erzählt von einem Mädchen-Quartett und seinen Abenteuern, die vor allem aus den wechselseitigen Streichen mit einer Jungenbande erwachsen. Dabei haben die *Pygmäen* gegen die *Hühner* oft das Nachsehen, am Ende aber werden sie zu hilfreichen Kameraden geläutert.

In seiner Figurenzeichnung und -konstellation ist der Text nicht untypisch für die Kinder- und Jugendliteratur der 1990er Jahre (vgl. Schilcher 2001): Die (weibliche!) Heldin *Sprotte* lebt in einer vaterlosen *patchwork*-Familie mit einer Taxi fahrenden Mutter und einer knurrigen Oma. (Väter anderer Kinder treten v.a. „schnauzend" oder „hauend" in Erscheinung; vgl. Funke 2005, 108, 125). Die Mädchen repräsentieren in Aussehen und Naturell verschiedene Weiblichkeitskonzepte, ergänzen sich aber gerade in ihrer Gegensätzlichkeit zu einer starken *girl power*. Den Jungen um Anführer Fred hingegen fällt mit ihren „Spatzenhirnen" (ebd., 16) zunächst nicht viel mehr ein, als Mädchen zu ärgern. Anfangs als großmäulig, „unterbelichtet" (ebd., 49), autoritär und orthographieschwach (vgl. ebd., 140) gezeichnet, entwickeln sie erst in der Auseinandersetzung mit den Mädchen positive Qualitäten wie z.B. pro-soziales Verhalten.

Von dieser leicht klischeehaften Geschlechterzeichnung abgesehen, erfüllt Funkes Roman gleichwohl viele Anforderungen an eine motivierende Lektüre: Seine Figuren bieten vielfältige Identifikationsmöglichkeiten; die Handlung ist aktionsreich und lustig; es gibt einen geheimnisvollen Schlüssel, eine Truhe, in der offenbar ein Familiengeheimnis schlummert, sowie eine rätselhafte Oma. Die Erzählung ist reich an szenischer Darstellung, die Kapitel sind kurz und annähernd gleich lang, jede Kapitelnummer ist in eine pfiffige Illustration der Autorin eingebettet.

Am Ende sind die Banden fürs Erste versöhnt; der Schlüssel öffnet die Truhe, deren Geheimnis aber noch nicht klar wird; und „Oma Slättberg war verschwunden" (ebd., 175). Dieses halb offene Ende rundet den Roman einerseits ab und eröffnet gleichzeitig die Möglichkeit zur Fortsetzung. Diese Fortsetzung erfolgte einmal als Buchreihe. Neben *Die Wilden Hühner auf Klassenfahrt* (1996), *Die Wilden Hühner – Fuchsalarm* (1998), *Die Wilden Hühner und das Glück der Erde* (2000), *Die Wilden Hühner – Bandenbuch* (2001) sowie *Die Wilden Hühner und die Liebe* (2003) erschien 2006 eine Sammlerausgabe. Hinzu getreten sind bislang zwei Filme. Erstmals kamen *Die Wilden Hühner* im Februar 2006 in die Kinos, die *wilde DVD* folgte pünktlich im April 2007 zum Kinostart des zweiten Filmes, *Die Wilden Hühner und die Liebe*. Dem Film nachgeschoben wurde sofort ein entsprechendes *Filmbuch mit Filmbildern*.

So weit wären *Die Wilden Hühner* lediglich eine Buchreihe mit Verfilmung(en). Tatsächlich haben sie sich jedoch zu einem veritablen Medienverbund ausgewachsen. Was dies heißt, lässt sich durch einen Besuch des Internet-Auftritts unter http://www.wildehuehner.de/ (12.07.2007) genauer ersehen. Auf einer bunten Startseite kann man abstimmen, was *bei Jungs wichtig* ist (Aussehen, Charakter, Intelligenz, Humor), und in einem *Sommer Gewinnspiel* versteckte Hühner suchen. Das Hauptmenü führt auf diverse Unterseiten:

Unter *Gegacker* beantwortet „USCHI REICH (Produzentin der Wilden Hühner Filme) [...] Fragen zu den Wilde-Hühner-Filmen". Der *Hühnershop* bietet „Wilde Shirts und mehr, Taschen, Schmuck, Schuhe, Spiele, Legebatteriebedarf (Alles für die Schule), Alles fürs Bandentreffen, Kalender/Tagebuch, Kosmetika". Unter *Mitmachen* kann man sich in die Gästebücher von Sprotte, Frieda, Wilma und Mela-

nie eintragen. Der Link *Banden* führt zu einer Beschreibung der Bande und zu Figurenportraits (*Lerne Sprotte kennen*). *Hühnerwissen* präsentiert Sachinformationen (z.B. über Rangordnung, Kalkei, Futter). Unter *Fanclubs* lässt sich ein eigener Fanclub mit Lieblingsfeder, -farbe, -name, und Wilde-Hühner-Lieblingsprodukt anmelden und ein Newsletter abonnieren. Ein Link führt zum neuen *Film*: mit Fotos von der Premiere, Inhaltsangabe und Autogrammadressen der Darstellerinnen, ein weiterer zu einem Interview mit Cornelia Funke. Die Filme haben eine eigene Netzseite unter http://www.wildehuehner.film.de/, ebenso „Die Welt der Cornelia Funke" unter http://www.cornelia-funke.de/ (12.07.2007).

Weitere Verlinkungen führen zu den Verlagen Cecilie Dressler und Oetinger. Bei Oetinger erscheint seit 2006 eine *Wilde Hühner* Lernhilfen-Reihe für Rechtschreibung, Rechnen bis 1000, Rechnen bis 1.000.000, Textaufgaben, Diktate und Grammatik. Der Werbetext verheißt, „dass das Lernen richtig Spaß macht [...] mit beliebten Kinderbuchfiguren und basierend auf den aktuellen Lernplänen". Ein weiterer Link zum neuen Film bietet noch umfassendere Informationen: Premierenfotos, Musikvideo, Interviewausschnitte, Filmmusik, Der neue Trailer, Darsteller & Stab, Wilde Mailboxsprüche, Weitere Filme (d.h. Funke-Verfilmungen). Ein dezenter *Warenkorb* soll die virtuelle Einkaufstour erleichtern.

Der auf dieser Netzseite sichtbar werdende bzw. durch sie wesentlich mithergestellte Medienverbund integriert somit drei Bereiche: Da ist erstens ein weites Spektrum an medialen Äußerungsformen des fiktionalen Stoffes mit Büchern, Filmen im Kino und auf DVD, Film- und Fotobüchern. Das Textangebot wird abgerundet durch eine interaktive CD-ROM mit „aufwändigen und frechen Hühner-Spielen [...] an sechs Spielorten [...] Echtfilmsequenzen über Islandpferde – mit

Cornelia Funke! Mit Wilde-Hühner-Community im Internet". Diesem Textverbund zugeordnet ist, zweitens, eine Merchandising-Palette, die vom Medium Buch ausgehend (Lernhilfen, Tagebuch, persönliches Fotobuch) alle möglichen Produkte umfasst (z.B. Kleidung, Kosmetika). Drittens bietet der Medienverbund den Nutzern *online* eine Reihe von Interaktionsmöglichkeiten: Abstimmen über Jungs, Mitmachen bei einem Gewinnspiel, Gästebucheinträge, Adressen für Autogrammwünsche, Anmeldung eines eigenen Fanclubs und nicht zuletzt Einkaufen. Die Website der Filme lädt zusätzlich ein zum *Fanclub-Contest*. Gerade für Mädchen in und kurz nach der Pubertät ist solches Fanverhalten eine wichtige Lesegratifikation (vgl. Bischof/ Heidtmann 2002, 258).

Ein Medienverbund wie *Die Wilden Hühner* addiert somit nicht einfach verschiedene *Texte*, sondern er formiert eine fiktional-ästhetische Erlebnis- und Konsumzone. Worin liegt aber die Relevanz solcher Medienverbünde für den (Deutsch-) Unterricht?

2. Didaktische Verortung

Die Frage nach dem Medienverbund als Gegenstand des (Deutsch-)Unterrichts hängt zusammen mit einer seit Mitte der 1990er Jahre besonders intensiv geführten medienpädagogischen und fachdidaktischen Diskussion darüber, weshalb und wozu *Medien* (was immer man darunter zunächst verstehen mag) Teil von Erziehung und Bildung sein sollen. So plädierte Heinz Moser (1995) angesichts der medialen Durchwirkung unseres alltäglichen Handelns und Denkens dafür, Medienpädagogik nicht mehr als etwas Gesondertes, sondern als Pädagogik schlechthin zu begreifen. Cornelia Rosebrock (vgl. 1995, 16) wies darauf hin, dass literarische Sozialisation im Medienzeitalter keinesfalls mehr auf das illusionäre Verhaltensideal einer „Teilhabe am literarischen Leben" zulaufen könne. Jutta Wermke (1997) forderte einen Deutschunterricht, der seine Gegenstände und Ziele medienintegrativ konzipiert, bzw. eine Medienerziehung, die von fachdidaktischen Bezügen her erfolgt.

Mittlerweile tragen Bildungsdiskurs und Unterrichtspraxis den Herausforderungen der Medienkultur vielfach Rechnung. Der Medienkompetenzbegriff wird breit diskutiert (z.B. Baacke 1997, 98f.; Barth 1999; Groeben 2002), und es gibt eine vielfältige Hinwendung zu Medien(angeboten) jenseits des Buches, etwa zum Film (Gast 1996, Abraham 2002, Frederking [Hg.] 2006), zum Musikvideoclip (Zabka 2001; Maiwald 2005a, 160ff, 217ff.), zu Hypertext und Hyperfiction (Leubner 2001; Maiwald 2001), zu interaktiven Spielgeschichten (Abraham/ Kepser 2000; Josting 2004; Leubner/ Saupe 2006, 259ff.). Dabei herrscht weit gehende Einigkeit, dass auf die medialen Umbrüche nicht lediglich additiv mit punktuellen Ergänzungen eines anderweitig buchorientiert belassenen Curriculums zu reagieren sei. Gewiss ist zu fragen nach Einzelmedien neben dem Buch; zu fragen ist darüber hinaus aber nach neuen Symbolisierungsformen und Wahrnehmungsprozessen, die sich im Miteinander medialer Darstellungsformen ergeben. (Dieses Miteinander umfasst alles von der Video- und Netzkunst bis zu partizipativen Formaten des Trash-Fernsehens.) Es geht daher weniger um mediale Einsprengsel und Ergänzungen, sondern grundsätzlicher um Intermedialität (Bönnighausen/ Rösch [Hgg.] 2004), um Medienintegration und Medienverbund (Frederking/ Josting [Hgg.] 2005), um medienreflexiven und „symmedialen" Deutschunterricht (Frederking 2004) bis hin zur Neuorientierung der Deutschdidaktik als „Medienkulturdidaktik" unter der Zielsetzung einer „Medienkulturkompetenz" (Staiger 2007).

In diesem erweiterten Kontext steht die Frage nach dem Stellenwert von Medienverbünden (nicht nur) im Deutschunterricht. Denn auch ein Medienverbund, wie er uns beispielsweise in Form der *Wilden Hühner*, der *Simpsons* oder der *Wilden Fußballkerle* begegnet, ist keine bloße Addition verschiedener *Texte* wie Buch, Film, Hörspiel. Medienverbünde sind vielmehr planvoll erzeugte fiktional-ästhetische Erlebnis- und Konsumzonen. Typischerweise hat ein Medienverbund ein Leit- bzw. Startmedium: bei *Harry Potter* ein Buch, bei *Gute Zeiten, schlechte Zeiten* eine Fernsehserie, bei *Barbie* ein Spielzeug. Auf dieses Leitmedium folgen dann rasch weitere mediale Ausformungen, typische Folgemedien sind Fernsehbegleitbücher und Filmbücher, Comics und Magazine, Hörspiele und Soundtracks. Im Medienverbund herrscht ein baukastenartiges Ineinander (nicht lediglich ein Nach- und Nebeneinander) solcher Angebote. Zu den *Texten* hinzu treten im Medienverbund zahlreiche Merchandising-Produkte, häufig Accessoires der Figuren, Spiele, Süßigkeiten, Schreibwaren, Bettwäsche, Handtücher, Rucksäcke usw. Als Kristallisationspunkte für die Aufmerksamkeit und die Bindung der Nutzer/ Konsumenten fungieren Netzauftritte mit zahlreichen Aktivitätsangeboten.[1]

3. Pädagogische und fachliche Begründungszusammenhänge

Ein schulischer Umgang mit Medienverbünden kann einmal von der Lerner- bzw. von der Rezipientenseite her begründet werden. Zunächst entspricht es einer elementaren allgemeindidaktischen Maxime, Lernende bei ihren Vorerfahrungen und

1 Zu weiter gehenden historischen und begrifflich-systematischen Klärungen vgl. die Beiträge von Bettina Kümmerling-Meibauer und Heinz Hengst in diesem Band.

ihrem Vorwissen abzuholen. Wenn Medienverbünde in der außerschulischen Lebenswelt ein bedeutsames Phänomen sind, können schulische Prozesse literarischer Sozialisation und ästhetischer Bildung darüber nicht hinwegsehen. Hinzu kommt, dass die Nutzung solcher Erlebnis- und Konsumzonen auch als formativer Faktor der Identitätsentwicklung von Kindern und Jugendlichen begriffen werden kann. Ich nenne hierfür drei Ansätze:

(1) Der Psychologe Donald Winnicott nimmt an, dass Kleinkinder ausgesuchte Artefakte (z.B. Stofftiere) als „Übergangsobjekte" gebrauchen und benötigen, um die Welt ihrer Phantasie mit der Objekt- und sozialen Welt zu vermitteln. Ulf Abraham (vgl. 1998, 72ff.) begreift in Analogie hierzu auch fiktionale Gebilde als „Übergangsräume", d.h. als intermediäre Bereiche zwischen Innen und Außen, in denen man zeitlich begrenzt verweilt und die dabei eine Gestaltqualität gewinnen. Es liegt auf der Hand, dass Medienverbünde besonders reichhaltig als solche Übergangsräume fungieren können. Denn in verschiedenen medialen Varianten lässt sich der fiktionale Stoff immer wieder anders rezipieren und neu erleben; auch halten Medienverbünde nicht nur *Texte*, sondern entsprechende Artefakte als materiale Übergangsobjekte parat.

(2) Gemäß der Theorie der symbolischen Selbstergänzung von Wicklund und Gollwitzer (1982) gebrauchen Menschen Symbole, um die stets vorhandene Kluft zwischen einem (defizitären) Sein und einem (idealen) Soll zu überbrücken. Peter Holzwarth (2001) sieht diesen Mechanismus insbesondere in der Jugendkultur wirksam, etwa in Form von Kleidung und Musik. Ein Mobiltelefon ist so gesehen nicht bloß ein Kommunikationsmittel, sondern – die richtige Marke, eine originelle Schale und einen persönlichen Klingelton vorausgesetzt – etwas, das seinen Nutzer auszeichnet und von anderen abgrenzt. Ebenso kann jedes Lesen mit stark identifikatorischen oder evasorischen Zügen als symbolische Selbstergänzung gelten. Besonders leistungsfähig sind hierfür Medienverbünde, weil sie einen reichhaltigen und doch thematisch fokussierten Symbolvorrat bereitstellen.

(3) Kinder und Jugendliche nutzen Medien für die momentane Bewältigung ihres Alltags (z.B. MTV zum Abschalten nach der Schule) und für den Aufbau längerfristiger Interessen und Motive (z.B. *Germany's Next Top Model* zu werden). Neuere Identitätstheorien sehen Medienfiguren, -symbole und -mythen als Steinbruch, aus dem Identität(en) fortwährend auf- und umgebaut werden (z.B. Turkle 1995, Röll 1998; im Überblick Maiwald 2005a, 193-197). Medienverbünde als große Text- und Produkt-Baukästen drängen sich für solche Identitätsbricolagen regelrecht auf. Im günstigen Fall führt dies zu einem souveränen Spiel mit den Möglichkeiten der *patchwork identity*, im ungünstigen zu fragwürdigen Leitfiguren, Identitätsdiffusion und Realitätsverlust.

Neben einer eher pädagogisch gelagerten Begründung, die daraus erwächst, „dass der Medienverbund Realität ist und zum Alltag der Heranwachsenden gehört" (Frederking/ Josting 2005, 10), gibt es auch einen stärker gegenstandsbezogenen, fachlichen Begründungszusammenhang. Er besteht zunächst schlicht darin, dass das Buch in unserer Medienkultur als Leitmedium doppelt abgedankt hat. Weder ist es noch das vorrangige Trägermedium für Literatur, noch bilden

Menschen ihre ästhetischen Wahrnehmungsroutinen und -erwartungen mehrheitlich durch Buchlektüre aus – wenn dies überhaupt je der Fall und nicht bloß ein bildungsbürgerliches Trugbild war. Die Chancen sind heute denkbar groß, dass die Erstbegegnung z.B. mit dem Schneewittchen-Stoff nicht mehr über die Textversion der Brüder Grimm erfolgt, sondern über einen Animationsfilm aus der *SimsalaGrimm*-Reihe, über den parodistischen Realfilm *7 Zwerge – Männer allein im Wald* (2004) oder über die Spiel-CD *Schneewittchen und die sieben Hänsel* (Tivola o.J.). Unter solchen Gegebenheiten reicht eine einseitige Buchorientierung nicht mehr hin. Es bedarf eines integrierten „Literatur- und Medienunterrichts" (Wermke 2002) und einer „ästhetischen Bildung multimedial" (Spinner 2004).

Zu diesem eher quantitativen tritt ein qualitatives Argument. Film, Comic, Hörbuch oder Spiel-CD sind nicht einfach neutrale Behälter für Geschichten, sondern mediale Äußerungsformen mit spezifischen Darstellungsästhetiken und Rezeptionsmustern. Ein Buch ist unimedial zu lesen, ein Film multimedial zu sehen und zu hören; Lesen ist „langsam", Kassetten hören und Fernsehen hingegen temporeich (vgl. Wermke 1998, 201f.); ein Comic ist ein statischer, eine interaktive Spielgeschichte ist ein performativer Text. In der medialen Vielfalt stellt sich (textseitig) die Frage nach den spezifischen Leistungen und Mehrwerten verschiedener Medien und (nutzerseitig) die nach den spezifischen Gratifikationen ihrer Rezeption. Denkt man dies konsequent und wertfrei zu Ende, könnte man etwa „Medientauglichkeit als Qualitätsmerkmal von Literatur" ansetzen (ebd., 200).

Ausgehend von solchen Spezifika medialer Kodierungen im Medienverbund könnte als weiteres Phänomen das vielgestaltige Crossover verschiedener Medien in inhaltlicher, formalästhetischer und rezeptiver Hinsicht in den Blick kommen. Auffällig ist etwa „die literarische Imitation neuer medialer Gattungsmuster vornehmlich des Fernsehens, des Computerspiels und des Internets" (Ewers 2002, 14). So spinnt Monika Pelz' (leider nicht marktfähiger) Roman *True Stories* (1998) eine hypertextartige Narration, die die mediale Zersplitterung unserer Erfahrungswirklichkeit simuliert. Die mittlere Zeiteinheit auf einer *Bibi Blocksberg* Hörkassette entspricht mit 1:30 min genau der Norm für Magazin- und Nachrichtenbeiträge im Fernsehen (vgl. Wermke 1998, 205). Romane wie *Ich habe einfach Glück* (2001) von Alexa Hennig von Lange und *Marsmädchen* (2003) von Tamara Bach spielen zahlreich auf andere Medien an (Werbung, TV-Reihen, Popmusik, Kinofilme, Goethes „Erlkönig") und simulieren mit dem Präsens als Erzähltempus die Unmittelbarkeit audiovisueller Medien. Besonders in der seriell-kommerziellen Kinder- und Jugendliteratur gibt es das Genre der Virtual Reality Novel um Computer- und Cyberspace (vgl. Ostheimer 2002, Maiwald 2005b und 2006). Nicht zuletzt weisen auch Texte von Schüler(inne)n Spuren ihrer Medienrezeption auf (vgl. Karg 2004). Das Komplement solcher Interferenzen auf der Textebene sind Übernahmen AV- und computerspezifischer Rezeptionsmuster wie Zapping, Switching und Browsing in die Buchlektüre (vgl. Schön 2000, 933).

So ist der Medienverbund neben der pädagogischen Herausforderung veränderter Lese- und Mediengewohnheiten (vgl. Hurrelmann 1998) eine ästhetische.

Diese besteht in der schieren Quantität von Medien jenseits des Buches, in der spezifischen Ästhetik unterschiedlicher medialer Äußerungsformen sowie in vielfältigen intra-, inter- und transmedialen Kontaktaufnahmen und Zusammenhängen (vgl. Rajewsky 2002, 11f.).

4. Bezug zu Aufgaben und Zielen des (Deutsch-)Unterrichts

Sollen diese breiteren pädagogischen und fachlichen Begründungen in Unterricht einmünden, bietet sich zunächst *Medienkompetenz* als Zielperspektive an. Susanne Barth (1999) sieht Medienkompetenz als Gesamt von Nutzung, Kritik, ästhetischem Genuss und Gestaltung. Für Norbert Groeben (2002, 165ff.) faltet sich Medienkompetenz in sieben Dimensionen aus: Medienwissen/ Medialitätsbewusstsein (1); medienspezifische Rezeptionsmuster (2); Genussfähigkeit (3) und Kritikfähigkeit (4); Selektion und Kombination von Mediennutzung (5); produktive Partizipation (6); Anschlusskommunikation (7). Der enge Zusammenhang zwischen Medienverbünden und Medienkompetenzen liegt auf der Hand: Für eine individuell sinnvolle und sozial verträgliche Nutzung von Medienverbünden als fiktional-ästhetischen Erlebnis- und Handlungsräumen sind die von Barth oder Groeben beschriebenen Kompetenzen Voraussetzung. Umgekehrt sind Medienverbünde besonders geeignet, solche Kompetenzen anzubahnen und weiterzuentwickeln.

Ein unterrichtlicher Umgang mit Medienverbünden sollte sich aber nicht nur medienerzieherisch, sondern auch in einem engeren Sinne deutschdidaktisch begründen lassen. Kaspar Spinner (2001) nennt folgende „Zielsetzungen des Literaturunterrichts": Förderung der Freude am Lesen, Texterschließungskompetenz, Literarische Bildung, Förderung von Kreativität und Imagination, Identitätsfindung und Fremdverstehen, Auseinandersetzung mit anthropologischen Grundfragen. Dieser Zielkatalog lässt sich zu großen Teilen in den vier Aufgabenfeldern wiederfinden, die Ulf Abraham und Matthis Kepser (2005, 46ff.) für den Literaturunterricht abgesteckt haben:

1. Unterstützung von Individuation, Sozialisation und Enkulturation
2. Leseförderung
3. Literarisches Lernen und Literarische Bildung
4. Sprach- und Medienreflexion

(1) *Individuation* ist der Prozess der Herausbildung der Persönlichkeit und der Identität, wozu beispielsweise die Übernahme fremder Perspektiven und die Entwicklung eines moralischen Urteils gehören. Da sich diese Ich-Entwicklung in der Interaktion mit anderen Menschen vollzieht, ist sie eng mit der *Sozialisation* verknüpft, aber nicht damit identisch. Als Sozialisation lässt sich der Prozess des Hineinwachsens eines Menschen in die Normen und Werte einer Gruppe oder Gesellschaft definieren (z.B. Kleidungs- und Verhaltenscodes, Gleichberechtigung von Mann und Frau, Gewaltfreiheit). *Enkulturation* meint darüber hinaus den

Prozess der Einführung in die kulturellen Gegenstände, Praktiken und Überlieferungszusammenhänge einer Gesellschaft. Dieser Prozess ist von einem weiten Kulturbegriff ausgehend deskriptiv aufzufassen und nicht normativ auf das Hochkulturschema mit wertvollen Bilderbüchern, Klassiker-Bücherwand und Theaterabonnement zu verengen. Auch Erfahrungen mit kulturell nicht oder schwach legitimierten Texten (z.B. Manga, Soaps, Videospiele) und Praktiken (Rockkonzerte, Casting Shows, LAN-Parties) bzw. die Erfahrung sozialer und ästhetischer Werturteile und Segmentierungen sind ein wichtiger Teil von Enkulturation als „kulturelle[r] Kohärenzbildung" (Abraham/ Kepser 2005, 46).

(2) Unter *Leseförderung* lässt sich das Gesamt aller Maßnahmen verstehen, die darauf zielen, Lesen als kulturelle Praxis zu stützen und zu verbreiten. Lesefördernde Maßnahmen bestehen „ganz wesentlich darin [...], die Lesemotivation zu stärken" (ebd., 69). Im schulischen Bereich einschlägig sind etwa Buchvorstellungen, Klassenbibliotheken, Autorenlesungen, Bibliotheksbesuche, Lesenächte usf. Aber auch Textumgangsformen, die besonders auf affektive Zugänge zu Texten hinzielen (z.B. akustisches, visuelles und szenisches Gestalten, Umschreiben und Weiterschreiben, De- und Rekonstruieren), lassen sich als Leseförderung begreifen.

(3) *Literarisches Lernen* meint den Erwerb von Einstellungen, Kenntnissen und Fähigkeiten, um literarische Texte als solche verstehen, deuten und genießen zu können. Hierzu gehört, sich auf fiktionale Modelle von Wirklichkeit einzulassen und beispielsweise die Fremdheit einer literarischen Figur und die Ambiguität einer fiktiven Welt auszuhalten. Zum literarischen Lernen gehört weiter, den Konstruktcharakter eines Textes und die ästhetischen Überschüsse von Sprache wahrnehmen und würdigen zu können (und ihn nicht auf den Inhalt bzw. die Geschichte zu reduzieren). Erforderlich hierfür sind Kenntnisse sprachlich-literarischer Formen und Strukturen (z.B. Motive, Symbole, Genres, Gattungen) sowie Fähigkeiten zur Texterschließung. Literarisches Lernen fokussiert also, was Lerner bzw. Leser tun (sollen). Hingegen ist *literarische Bildung* die stärker vom Gegenstand her gedachte Kehrseite derselben Medaille. Literarische Bildung meint keine sozial distinguierende „Kenntnis eines materialen Kanons" (Abraham/ Kepser 2005, 79). Sie besteht vielmehr im Bewusstsein für die Notwendigkeit einer ständigen Weiterschreibung des Kanons und damit der „Denkbilder" (Müller-Michaels 1994, 169), die wir als kulturell relevante fiktionale Modelle für unsere Weltdeutung nutzen. So gesehen, bedeutet literarische Bildung die kompetente Teilhabe an der Beobachtung und Konstruktion von Kultur durch Sprache (vgl. Maiwald 2003, 281).

(4) *Sprach- und Medienreflexion* schließlich umfasst alle Lernprozesse, in denen die Spezifika von Literatur im Vergleich mit anderen medialen Ausdrucksformen erfahren werden. Hierzu gehört einmal die Reflexion der medienspezifischen Leistungsfähigkeit unterschiedlicher Symbolsysteme, z.B. von Roman, Spielfilm, Hör-

spiel, Theater (vgl. Abraham/ Kepser 2005, 90f.). Es geht aber nicht nur um die Semiotik solcher Texte, sondern auch um Aspekte der Produktion, Distribution und Rezeption im kulturellen Handlungssystem (vgl. ebd., 93).

Worin liegt nun die Relevanz von Medienverbünden für die von Spinner und Abraham/ Kepser beschriebenen Aufgaben des Literaturunterrichts? Ich vernachlässige im Folgenden die didaktischen Potenziale des Umgangs mit Einzeltexten. Einen *Harry Potter* oder *Die Wilden Fußballkerle* als (Einzel-)Buch zu lesen, *Emil und die Detektive* als Film zu betrachten oder den Netzauftritt der *Wilden Hühner* als Hypertext zu untersuchen, kann ergiebig sein, ist aber nicht medienverbundspezifisch.

Eine wichtige Aufgabe stellen einmal *Medienvergleiche* dar. Wichtig sind diese, weil für die Nutzer innerhalb von Medienverbünden Differenzen offenbar zusehends verschwimmen. Das heißt, die *Geschichten* werden losgelöst von ihren medialen Kodierungen und im Kontinuum einer einheitlichen multimedialen Unterhaltungskultur wahrgenommen (vgl. Wermke 1998, 198; Ewers 2002, 15). Sowohl für eine Medienkompetenz (im Sinne Groebens) als auch für eine *Sprach- und Medienreflexion* (im Sinne von Abraham/ Kepser) sind aber komparatistische Blicke und Differenzerfahrungen nötig, weil gerade sie das Spezifische unterschiedlicher medialer Text- und Rezeptionsmuster herausstellen (vgl. Josting 2001, 176). Wichtig sind Medienvergleiche auch, weil neben das Lesen in der Medienkultur das Sehen, das Hören und das hypertextuelle Navigieren als keineswegs naturwüchsige, sondern zu erlernende Kulturtechniken getreten sind. Ergiebig sind Medienvergleiche im Medienverbund gerade deshalb, weil der (fiktionale) Inhalt konstant bleibt und somit Differenzen in der medialen Ausformung umso besser hervortreten können.

Besonderes didaktisches Potenzial hat der Medienverbund für die *Leseförderung*. Andrea Bertschi-Kaufmann (2000) konnte zeigen, dass – neben anderen Faktoren – ein Lektüreangebot, welches neben konventionellen Büchern auch Comics und Serienliteratur sowie CD-ROM und Internetangebote enthält, „literale Aktivitäten" deutlich anregen kann. Indem sie inhaltliche Vorlieben für Krimi, Abenteuer, Fantasy und SciFi bedienen, sind Medienverbünde per se motivational attraktiv für Kinder und Jugendliche. Über die audiovisuellen und digitalen Anteile von Medienverbünden können insbesondere Jungen ihnen wichtige Gratifikationen erfahren (Unterhaltung, Spaß, Spannung) und so möglicherweise auch für das Buchmedium gewonnen werden (vgl. Bischof/ Heidtmann 2002, 262ff.). Leseförderung im Medienverbund meint kein Hochhalten der Buchkultur, sondern produktive Bejahung der Mediatisierung. Der Beitrag von Anita Schilcher in diesem Band kann dies illustrieren: Eine Kombination aus Textausschnitten mit Hörbuch, Film und Hörspiel ermöglicht auch eher buchfernen Schüler(inne)n, mit *Der Herr der Diebe* einen ambitionierten und umfangreichen Text der aktuellen Jugendliteratur kennen zu lernen.

Medienverbünde sind ein wichtiger Teil unserer Kultur bzw. kulturellen Praxis und als solcher ein relevanter Lerngegenstand für den Bereich *Enkulturation/ literarische Bildung*. Wenn es im Deutschunterricht um Themen wie *literarische*

Wertung oder *literarisches Leben* gehen soll, findet sich kaum ein geeigneteres Anschauungsobjekt: Wer sind und was tun die Aktanten im literarischen Handlungssystem? (Z.B. werden Autoren zu Medienstars mit elaborierten Netzauftritten.) Wie wird eine Serie gestrickt? (Z.B. über das gleichbleibende Figurenarsenal oder über einheitliches Layout.) Wie wird ein Medienverbund initiiert und inszeniert? (Z.B. mit mitternächtlichen *Harry Potter*-Auslieferungen.) Warum hängt sich ein Verlag mit einem Lernhilfen-Programm an *Die Wilden Hühner* an, nicht aber an die *Level-4*-Reihe? (Anders als Cornelia Funke ist Andreas Schlüter kein kulturell hochgewerteter Autor.) Warum kann im ersten Band der *Wilden Fußballkerle* die Mannschaft noch mädchenfrei bleiben, warum muss im Film hingegen sogleich eine Spieler*in* dazukommen? (Sogenanntes *family entertainment* muss politisch korrekt sein.) An Medienverbundphänomen lassen sich schließlich auch Verschiebungen kultureller Werte und *Denkbilder* nachzeichnen. Mit dem Begriff *Zauberlehrling* wird heute viel weniger Goethes stümperndes Jüngelchen als ein wackerer Internatsschüler im Kampf gegen die Mächte der Finsternis in Verbindung gebracht.[2] In Erich Kästners *Emil und die Detektive* (1929) gibt es noch eine reine Jungenbande, in Franziska Buchs Verfilmung (2001) natürlich eine gemischte. Geht es um *Die Wilden Hühner und die Liebe* (Buch 2006, Spielfilm 2007), so erweist sich, „dass Liebe nicht unbedingt immer was mit Jungs zu tun hat!" (vgl. Inhaltsangabe unter http://www.wildehuehner.de/index.php?id=23, 12.07.2007). Die Beispiele zeigen, welche Dynamik *Literatur* als kulturelles Handlungssystem und als Medium der Selbstverständigung einer Gesellschaft im Medienverbund gewinnt.

Eine weitere lohnende Aktivität im Zusammenhang mit Medienverbünden ist die *Reflexion der eigenen Mediennutzung*. Sich über mediale Vorlieben und Nutzungsmuster klar zu werden, Medienangebote gezielt und bedürfnisorientiert auswählen zu können, sich mit anderen über Medienerfahrungen austauschen zu können – all dies sollte im (Deutsch-)Unterricht vorurteils- und wertfrei stattfinden. Dabei werden nicht nur Fähigkeiten zur Kritik, zur Auswahl und zur Anschlusskommunikation über Medien aufgebaut. Es vollzieht sich auch ein Stück Individuation und Identitätsfindung, indem man z.B. Geschlechterrollen reflektiert (vgl. Marci-Boehncke 2006) oder die eigene Lese- bzw. Medienbiographie erkundet und sich dabei etwa fiktionale Helden und Leitbilder, Lieblingstexte und Rezeptionsmuster vergegenwärtigt.

Zusammenfassend lassen sich für den Umgang mit dem Medienverbund im Deutschunterricht vier besondere Erträge erkennen:

1. Medienvergleiche fördern das Lesen, Sehen und Hören und stiften ein Bewusstsein für die qualitativen Besonderheiten und Differenzen medialer Ausdrucksformen.
2. Inhalte und mediale Ausdrucksformen von Medienverbünden eignen sich in besonderem Maße für die Leseförderung.

---

2 Vgl. jedoch den Beitrag von Klaus Maiwald und Almut Drummer in diesem Band.

3. Da Medienverbünde ein wichtiger Teil unserer Kultur sind, gehören entsprechendes Wissen und Teilhabe zur Enkulturation und zur literarischen Bildung.
4. Die Reflexion der eigenen Medien(verbund)nutzung ist ein pädagogisches und fachliches Anliegen im Sinne der Medienerziehung und der Ich-Entwicklung.

Wie dieses didaktische Programm an konkreten Texten und in methodischen Entfaltungen umzusetzen ist, zeigen die Beiträge insbesondere in Teil III des vorliegenden Bandes.

5. Zum Schluss

Bereits vor knapp 10 Jahren nahm Peter Vorderer einen einschneidenden medialen Wandel wahr, den er aber dezidiert positiv bewertete. Die Leser seien User geworden und sie

> „nutzen Texte, aber auch audio-visuelle Angebote [...] Und wenn man es ihnen nicht allzu schwer macht und ihr Treiben unaufhörlich als kulturell minderwertig beschreibt, dann setzen sie sich auch mit denjenigen Inhalten auseinander, die andere gerne als verbindlich ansehen würden. [...] Die Entwicklung neuer Medien hilft ihnen dabei, sich auch auf tradierte Inhalte einzulassen und damit letztlich die Lesekultur am Leben zu erhalten. Etwas Besseres als die neuen Medien hätte der Lesekultur gar nicht passieren können." (Vorderer 1998, 185)

Medienverbünde sind in dem hier skizzierten Szenario eine wichtige kulturelle und kommerzielle Realität. Als solche sind sie eine pädagogische und eine ästhetische Herausforderung. Diese Herausforderung scheint mir aber weniger eine Bedrängnis denn eine Bereicherung zu sein. Daher gilt es also nicht so sehr, Gefahren abzuwenden als Potenziale zu nutzen. Gleichwie: Ein Projekt ästhetischer Bildung, das die Herausforderung des Medienverbunds ignorierte, wäre ähnlich obsolet und absurd wie eines, das um 1500 ohne gedruckte Bücher hätte auskommen wollen.

Primärliteratur
Funke, Cornelia: Die Wilden Hühner. Hamburg: Cecilie Dressler Verlag, 2005 [EA 1993]

Netzquellen (12.07.2007)
http://www.wildehuehner.de/
http://www.wildehuehner.film.de/
http://www.cornelia-funke.de/

Sekundärliteratur
Abraham, Ulf: Übergänge. Literatur, Sozialisation und literarisches Lernen. Wiesbaden 1998
Abraham, Ulf: Kino im Klassenzimmer. Klassische Filme für Kinder und Jugendliche im Deutschunterricht. In: Praxis Deutsch 29 (2002) H. 175, 6-18
Abraham, Ulf/ Matthis Kepser: living books zwischen Computermedien und Buchliteratur: medientheoretische und fachdidaktische Überlegungen. In: Der Deutschunterricht 52 (2000) H. 1, 45-53
Abraham, Ulf/ Matthis Kepser: Literaturdidaktik Deutsch. Eine Einführung. 2., durchgesehene Aufl. Berlin 2005. (Grundlagen der Germanistik; 42)

Baacke, Dieter: Medienpädagogik. Tübingen 1997
Barth, Susanne: Medien im Deutschunterricht. In: Praxis Deutsch 26 (1999) H. 153, 11-19
Bertschi-Kaufmann, Andrea: Lesen und Schreiben in einer Medienumgebung. Die literalen Aktivitäten von Primarschulkindern. Aarau 2000
Bischof, Ulrike/ Host Heidtmann: Leseverhalten in der Erlebnisgesellschaft. Eine Untersuchung zu Leseinteressen und Lektüregratifikationen von Jungen. In: Ewers, Hans-Heino (Hg.): Lesen zwischen neuen Medien und Pop-Kultur. Kinder- und Jugendliteratur im Zeitalter multimedialen Entertainments. Weinheim 2002, 241-267
Bönnighausen, Marion/ Heidi Rösch: Einleitung. In: Dies. (Hgg.): Intermedialität im Deutschunterricht. Baltmannsweiler 2004. (Diskussionsforum Deutsch; 15), 2-6
Ewers, Hans-Heino: Kinder- und Jugendliteratur, Neue Medien und Pop-Kultur. In: Ders. (Hg.): Lesen zwischen neuen Medien und Pop-Kultur. Kinder- und Jugendliteratur im Zeitalter multimedialen Entertainments. Weinheim 2002, 11-30
Frederking, Volker: Lesen und Leseförderung im medialen Wandel. Symmedialer Deutschunterricht nach PISA. In: Ders. (Hg.): Lesen und Symbolverstehen. München 2004. (Jahrbuch Medien im Deutschunterricht 2003), 37-66
Frederking, Volker (Hg.): Filmdidaktik – Filmästhetik. München 2006. (Jahrbuch Medien im Deutschunterricht 2005)
Frederking, Volker/ Petra Josting: Der Vielfalt eine Chance ... Medienintegration und Medienverbund im Deutschunterricht. In: Dies. (Hgg.): Medienintegration und Medienverbund im Deutschunterricht. Baltmannsweiler 2005. (Diskussionsforum Deutsch; 18), 1-18
Gast, Wolfgang: Filmanalyse. In: Praxis Deutsch 23 (1996) H. 140, 14-25
Groeben, Norbert: Dimensionen der *Medienkompetenz*: Deskriptive und normative Aspekte. In: Groeben, Norbert/ Bettina Hurrelmann (Hgg.): Medienkompetenz. Voraussetzungen, Dimensionen, Funktionen. Weinheim [u.a.] 2002, 160-197
Holzwarth, Peter: Symbol und Identität. Wahrnehmung und Deutung von Identitätskonstruktionen im Lichte symbolischer Selbstergänzung. In: Belgrad, Jürgen/ Host Niesyto (Hgg.): Symbol. Verstehen und Produktion in pädagogischen Kontexten. Baltmannsweiler 2001, 46-54
Hurrelmann, Bettina: Lese- und Mediengewohnheiten im Umbruch – Eine pädagogische Herausforderung. In: Stiftung Lesen (Hg.): Lesen im Umbruch – Forschungsperspektiven im Zeitalter von Multimedia. Baden-Baden 1998, 187-195
Josting, Petra: Medienverbund, Deutschunterricht und Medienkompetenz. In: Beiträge Jugendliteratur und Medien 53 (2001) H. 2, 174-185
Josting, Petra: Kinder und narrative Bildschirmspiele. Eine Produkt- und Rezeptionsstudie am Beispiel einer Detektivgeschichte auf CD-ROM. München 2004. (Medien im Deutschunterricht: Beiträge zur Forschung; 1)
Karg, Ina: Das Kommissar-Rex-Syndrom und die kleinen Fantasten. Erlebnis- und Fantasiewelten in Erzähltexten von Elfjährigen. In: Bönnighausen, Marion/ Heidi Rösch (Hgg.): Intermedialität im Deutschunterricht. Baltmannsweiler 2004. (Diskussionsforum Deutsch; 15), 174-193
Leubner, Martin: Hyperfiction im Deutschunterricht. In: Der Deutschunterricht 53 (2001) H. 2, 44-57
Leubner, Martin/ Anja Saupe: Erzählungen in Literatur und Medien und ihre Didaktik. Baltmannsweiler 2006
Maiwald, Klaus: Hypertext unter medialen, kulturellen und deutschdidaktischen Aspekten. In: Didaktik Deutsch 11 (2001), 38-55
Maiwald, Klaus: Sprachliche und literarische Bildung in der Mediengesellschaft. In: Beisbart, Ortwin/ Dieter Marenbach: Bausteine der Deutschdidaktik. Ein Studienbuch. Donauwörth 2003, 277-285
Maiwald, Klaus: Wahrnehmung – Sprache – Beobachtung. Eine Deutschdidaktik bilddominierter Medienangebote. München 2005a. (Medien im Deutschunterricht: Beiträge zur Forschung; 2)
Maiwald, Klaus: „Märchen aus der neuen Zeit"? Wie kinder- und jugendliterarische Texte das Romantische im Cyberspace neu inszenieren und was dies didaktisch bedeutet. In: Beiträge Jugendliteratur und Medien 57 (2005b) H. 3, 163-172
Maiwald, Klaus: Computer und Internet in der Kinder- und Jugendliteratur. In: Kliewer, Heinz-Jürgen/ Inge Pohl (Hgg.): Lexikon Deutschdidaktik (Bd. 1). Baltmannsweiler 2006, 65-66

Marci-Boehncke, Gudrun: „Alles ist gut, solange du wild bist". Filmdidaktik als Gender-Mainstreaming in der Grundschule. In: Frederking, Volker (Hg.): Filmdidaktik und Filmästhetik. München 2006. (Jahrbuch Medien im Deutschunterricht 2005), 78-91
Moser, Heinz: Einführung in die Medienpädagogik. Aufwachsen im Medienzeitalter. Opladen 1995
Müller-Michaels, Harro: Deutschkurse. Modell und Erprobung angewandter Germanistik in der gymnasialen Oberstufe. 2. Aufl. Weinheim 1994
Ostheimer, Astrid: Virtual Reality Novels. Computerspielwelten und virtuelle Realität in der aktuellen phantastischen Literatur. In: Ewers, Hans-Heino (Hg.): Lesen zwischen neuen Medien und Pop-Kultur. Kinder- und Jugendliteratur im Zeitalter multimedialen Entertainments. Weinheim 2002, 163-186
Rajewsky, Irina O.: Intermedialität. Tübingen [u.a.] 2000
Röll, Franz Josef: Mythen und Symbole in populären Medien. Der wahrnehmungsorientierte Ansatz in der Medienpädagogik. Frankfurt/ M. 1998
Rosebrock, Cornelia: Literarische Sozialisation im Medienzeitalter. Ein Systematisierungsversuch zur Einleitung. In: Dies. (Hg.): Lesen im Medienzeitalter. Biographische und historische Aspekte literarischer Sozialisation. Weinheim [u.a.] 1995, 9-30
Schilcher Anita: Geschlechtsrollen, Familie, Freundschaft und Liebe in der Kinderliteratur der 90er Jahre. Studien zum Verhältnis von Normativität und Normalität im Kinderbuch und zur Methodik der Werteerziehung. Frankfurt/ M. 2001
Schön, Erich: Kinder und Jugendliche im aktuellen Medienverbund. In: Lange, Günter (Hg.): Taschenbuch der Kinder- und Jugendliteratur. (Bd. 2). 3. Aufl. Baltmannsweiler 2000, 921-941
Spinner, Kaspar H.: Zielsetzungen des Literaturunterrichts. In: Ders.: Kreativer Deutschunterricht. Identität, Imagination, Kognition. Seelze 2001, 168-172
Spinner, Kaspar H.: Ästhetische Bildung multimedial. In: Bönnighausen, Marion/ Heidi Rösch (Hgg.): Intermedialität im Deutschunterricht. Baltmannsweiler 2004. (Diskussionsforum Deutsch; 15), 31-39
Staiger, Michael: Medienbegriffe, Mediendiskurse, Medienkonzepte. Bausteine einer Deutschdidaktik als Medienkulturdidaktik. Baltmannsweiler 2007
Turkle, Sherry: Life on the Screen. Identity in the Age of the Internet. New York [u.a.] 1995
Vorderer, Peter: Vom Leser zum User – Thesen zur Konkurrenz von Buch und neuen Medien. In: Stiftung Lesen (Hg.): Lesen im Umbruch – Forschungsperspektiven im Zeitalter von Multimedia. Baden-Baden 1998, 180-186
Wermke, Jutta: Integrierte Medienerziehung im Fachunterricht. Schwerpunkt: Deutsch. München 1997
Wermke, Jutta: Kinder- und Jugendliteratur in den Medien oder: Der Medienverbund als ästhetische Herausforderung. In: Rupp, Gerhard (Hg.): Ästhetik im Prozeß. Opladen 1998, 179-217
Wermke, Jutta: Literatur- und Medienunterricht. In: Bogdal, Klaus-Michael/ Hermann Korte (Hgg.): Grundzüge der Literaturdidaktik. München 2002, 91-104
Wicklund, Robert A./ Peter Gollwitzer: Symbolic Selfcompletion. Hillsdale, N.J. 1982
Winnicott, Donald W.: Vom Spiel zur Kreativität. Stuttgart 1979
Zabka, Thomas: Zum Symbolverstehen von Videoclips. Didaktische Reflexionen und Ratschläge. In: Wermke, Jutta (Hg.): Hören und Sehen: Beiträge zu Medien- und Ästhetischer Erziehung. München 2001, 109-124

Prof. Dr. Klaus Maiwald, Universität Augsburg, Lehrstuhl für Didaktik der deutschen Sprache und Literatur, Universitätsstraße 10, 86159 Augsburg

Caroline Roth

Crossmedia-Aneignung: Was bringt der Medienmix den Rezipientinnen und Rezipienten?

1. Einleitung

Als Konsequenz des Multimedia-Zeitalters erfahren crossmediale Angebote zurzeit einen regelrechten Boom. Da es sich um ein relativ neues Phänomen handelt, besteht auf diesem Gebiet noch großer Forschungsbedarf (vgl. Trepte 2005, 511). Zwar existiert ausreichend Literatur zu Crossmedia aus wirtschaftlicher und technischer Perspektive, die Sicht der Rezipient(inn)en auf die Angebote wird darin jedoch höchstens am Rande beleuchtet. Dieser Forschungslücke widme ich mich in meiner Promotionsarbeit, welche sich mit Fragen der jugendlichen Identitätskonstruktion bei der Aneignung der crossmedialen Inszenierung *Starmania – The New Generation*, einer im österreichischen Rundfunk gesendeten Castingshow, beschäftigt.

Im vorliegenden Beitrag möchte ich den Aspekt der crossmedialen Aneignung herausstreichen und den Mehrwert darlegen, welcher für die Rezipient(inn)en damit verbunden ist. Konkret wird untersucht, welchen Nutzen es Jugendlichen bringt, wenn sie sich das Format über verschiedene mediale Gattungen und Kanäle aneignen.

In den nachfolgenden Abschnitten werden zunächst die Begriffe *Crossmedia* und *crossmediale Inszenierungen* definiert. Es folgen im zweiten Teil die Beschreibung des Formats *Starmania – The New Generation* (im Folgenden: *Starmania*) und die Darstellung seines crossmedialen Angebots sowie Erläuterungen zur Studie, auf deren Ergebnissen dieser Artikel basiert. Im dritten Teil, dem Hauptteil, wird schließlich der Mehrwert beschrieben, welcher für die Rezipient(inn)en mit der Aneignung von *Starmania* in seiner crossmedialen Ausprägung verbunden ist. Gesprächsausschnitte aus qualitativen Interviews sowie von den Jugendlichen angefertigte Zeichnungen dienen als Grundlage meiner Argumentation. Als Gegenpol dazu wird im vierten Teil das Phänomen crossmedialer Inszenierungen auch kritisch in den Blick genommen. Zuletzt werden aus den Forschungsergebnissen Konsequenzen in Hinblick auf mögliche medienpädagogische Interventionen gezogen.

1.1 Was ist Crossmedia?

Crossmedia wird mit Schweiger verstanden als die

> „(1) Verknüpfung (2) unterschiedlicher Mediengattungen mit ihren (3) spezifischen Selektionsmöglichkeiten und Darstellungsformen (4) auf unterschiedlichen Angebots- und Produktionsebenen mit (5) unterschiedlichen Funktionen für Anbieter und Publikum." (Schweiger 2002, 126)

Dabei sind die einzelnen Mediengattungen und Darstellungsformen – ich nenne sie mit Hack (2003, 33) „Komponenten" – inhaltlich aufeinander abgestimmt (konvergent). Sie überschneiden sich, ergänzen sich und/ oder verweisen aufeinander. In diesem Sinne ist Crossmedia ein „Dialog über alle Medien" (Kracke 2001, 7; Freytag 2001, 125).

Hinsichtlich der inhaltlichen Abstimmung sind zwei verschiedene Formen von Crossmedia möglich: Entweder werden dieselben Inhalte über unterschiedliche Medienkanäle angeboten. Dies ist beispielsweise der Fall in Werbekampagnen, in denen ein Produkt im Hörfunk, im Fernsehen und im Internet mit dem gleichen Slogan beworben wird. Oder aber es liegt keine vollständige inhaltliche Deckung zugrunde und es handelt sich um inhaltliche Komplementarität (Ergänzung). In diesem Fall ermöglicht erst die Rezeption verschiedener crossmedialer Komponenten ein ganzheitliches Bild des medialen Textes.[1] Intermediale Verweise (Verweise zwischen den Medien) treiben die crossmediale Nutzung voran, indem sie Impulse zur Rezeption weiterer Medien geben.

Die Verknüpfung verschiedener Mediengattungen ist jedoch nichts Neues. Es sei an dieser Stelle nur an die Medienverbundproduktionen der 70er Jahre, wie z.B. die Kinderzeichentrickformate *Biene Maja*, *Pinocchio* oder *Heidi* erinnert. Ausgehend von den Fernsehserien erstreckte sich der Medienverbund über Schallplatten und Comics bis hin zu einer breiten Palette an Merchandisingprodukten. Aktuelle crossmediale Formate unterscheiden sich von Produktionen dieser Art vor allem durch die Einbindung digitaler Medien (Internet, Telekommunikation). Die gleichzeitige Bereitstellung von Inhalten in unterschiedlichen Medien ermöglicht auf der Angebotsseite die Nutzung von Synergieeffekten (vgl. Schweiger 2002, 126). Auf der Subjektseite bringt die digitale Technologie erweiterte Rezeptionsmöglichkeiten mit sich, z.B. durch interaktive Elemente.

1.2 Crossmediale Inszenierungen

Als crossmediale Inszenierungen werden Formate verstanden, welche ein längerfristiges crossmediales Konzept mit einem großen produktionstechnischen Aufwand umsetzen. Weitere Merkmale crossmedialer Inszenierungen sind:

- Umsetzung in Form einer eigenen Marke (z.B. *Starmania*),
- Vernetzung und gegenseitiger Verweis der crossmedialen Komponenten; Einbindung in ein gesamtheitliches Marketingkonzept,
- umfassende crossmediale Promotion, auch schon im Vorfeld der Inszenierung,

---

1 Unter medialem Text wird in diesem Beitrag „jede Form von medial vermitteltem Inhalt" (Beinzger 2003, 111) verstanden.

- mediale Aufmerksamkeit über die Grenzen der Sendeanstalt hinaus (z.B. Tageszeitungen, Jugendzeitschriften).

Das erste Medienereignis im Unterhaltungsbereich, welches nach dieser Definition als crossmediale Inszenierung bezeichnet werden kann, war die Real-Life-Soap *Big Brother*. Das Format wurde in den Niederlanden von der Produktionsfirma Endemol lanciert, 2000 durch RTL II adaptiert und in Deutschland gesendet (vgl. Trepte/ Baumann/ Borges 2000, 550). Von Beginn an war *Big Brother* als TV- und Internet-Ereignis konzipiert. Live-Streams aus dem Container, Echtzeit-Chats, Foren, Profilbeschreibungen der BewohnerInnen und Nachrichten gehörten zum Online-Angebot (vgl. Werner 2001, 96). In Österreich war *Taxi Orange* (ORF 2001, 2002) das erste Format, das in großem Rahmen ein crossmediales Konzept umsetzte. Auch hier standen TV und Internet im Zentrum des Medienmenüs. Aktuellere Beispiele für crossmediale Inszenierungen in der österreichischen Medienlandschaft sind die bereits in jeweils drei Staffeln ausgestrahlten Formate *Dancing Stars* (ORF 2005, 2006, 2007) und *Bauer sucht Frau* (ATV 2005, 2006, 2007).

2. Der Untersuchungsgegenstand *Starmania*

Auch das Format, welches im Rahmen meiner Studie untersucht wurde, weist alle genannten Merkmale einer crossmedialen Inszenierung auf. Die Castingshow *Starmania* wurde erstmals von November 2002 bis Februar 2003 im österreichischen öffentlich-rechtlichen Fernsehen (ORF) ausgestrahlt. Ein Jahr später, von Oktober 2003 bis Jänner 2004, folgte eine zweite Staffel. Mit dreijährigem Abstand wurde die Show vor kurzem (Oktober 2006 bis Jänner 2007) zum dritten Mal ausgestrahlt. Bei meiner Studie lag der Fokus auf der zweiten Staffel, welche zum Zeitpunkt der Datenerhebung gerade gesendet wurde. Wenn im Folgenden von *Starmania* die Rede ist, ist damit die zweite Staffel gemeint.

2.1 Das Format

Bei *Starmania* präsentierten sich junge Frauen und Männer mit gecoverten Liedtiteln an 16 aufeinander folgenden Freitagen gesanglich sowie choreografisch dem Publikum (Saalpublikum vor Ort und TV-Publikum). Ihre Auftritte wurden von einer live anwesenden Jury verbal kommentiert. Die Zuschauer(innen) entschieden mittels Stimmabgabe per Televoting über das Weiterkommen der Kandidat(inn)en in die nächste Runde. Im Finale vereinte Verena Pötzl die meisten Stimmen auf sich und stand damit als Gewinnerin fest.

Am Casting konnte jede Person aus Österreich oder Südtirol teilnehmen, sofern sie mindestens 16 Jahre alt war. Zu den Bundesländerausscheidungen kamen insgesamt rund 12.000 Bewerber(innen)[2], aus denen eine Auswahl von 20 Frauen und 20 Männern für die von Arabella Kiesbauer moderierte TV-Show selektiert

2 Quelle: Auskunft des ORF-Kundendienstes per E-Mail vom 14.04.06

Abb. 1: Die zwölf Starmaniacs © ORF[3]

wurde. In sechs Qualifikationsshows wurden aus dem Pool der Vierzig jeweils sechs Finalist(inn)en ermittelt, die sogenannten Starmaniacs (vgl. Abb. 1).

In den neun Finalshows schied jeweils eine Kandidatin/ein Kandidat aufgrund der Televoting-Ergebnisse aus der Show aus. Beim *Großen Finale* am 23. Jänner 2004 wurde schließlich aus den verbliebenen drei Starmaniacs der *Star des Jahres* ermittelt. Der Preis für die Gewinnerin war die Produktion einer Single in London und Miami.

2.2 Der *Starmania*-Medienmix

Die Crossmedia-Komponenten von *Starmania* sind miteinander vernetzt und verweisen aufeinander. Im Zentrum des Medienmixes steht deutlich das Fernsehen mit den Freitagabendshows, den begleitenden Berichten in anderen Fernsehsendungen und mit dem Informations- und Kommunikationsangebot im ORF-Teletext. Diese Anordnung, bei der das Internetangebot zu *Starmania* ebenfalls eine große Rolle spielt, ist in Abbildung 2 dargestellt.

Schweiger nennt Fernsehen und World Wide Web die „wichtigsten Crossmedia-‚Player'" (Schweiger 2002, 124). Weiterhin nimmt die Telekommunikation, schon aufgrund des Televotings, einen herausgehobenen Stellenwert im Medienmenü von *Starmania* ein. Die anderen Komponenten wie Radio, Print, Merchandising und Events (z.B. Konzerte, Backstage-Führungen) ergänzen das crossmediale Angebot.

3 Quelle: ORF Fotoredaktion

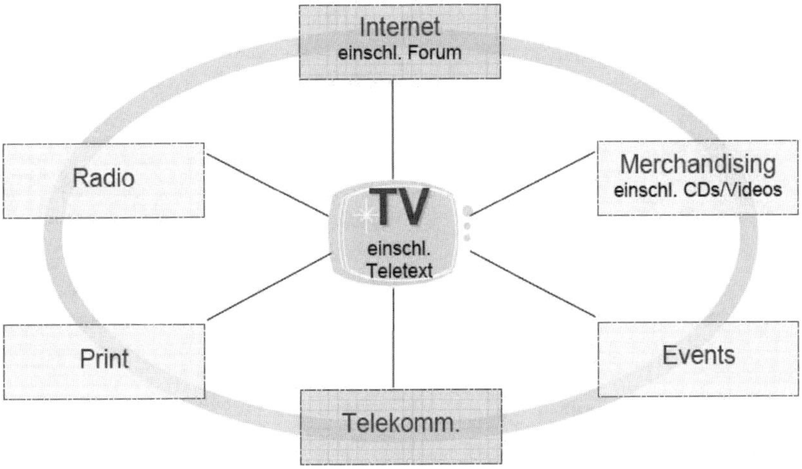

Abb. 2: Der *Starmania*-Medienmix[4]

2.3 Die Studie

Die Beforschung eines crossmedialen Formats erfordert besondere methodische Mittel (vgl. Trepte 2005, 509). Im Sinne der Datentriangulation arbeitete ich auf Basis eines qualitativ-quantitativen Methodenmixes. Den wichtigsten Teil des Methodendesigns bilden 20 qualitative Leitfadeninterviews mit jugendlichen *Starmania*-Fans zwischen zehn und 15 Jahren. Ergänzt werden die Interviews durch Visualisierungen, welche die Befragten nach den Interviews angefertigt und verbal erläutert haben. Diese kontrastierende Methode ist geeignet, um unbewusste Botschaften erfassen zu können oder Emotionen sichtbar zu machen, die sich schwer verbalisieren lassen.[5] Ein Beispiel für diese Visualisierungen ist Abbildung 3.

Eine exemplarische Inhaltsanalyse des medialen Textes ergänzt die Methodenauswahl auf Seite der qualitativen Methoden. Um die Nutzungsintensität der einzelnen crossmedialen Komponenten zu erfassen, wurde zusätzlich eine standardisierte Fragebogenerhebung an Schulen sowie im Internet durchgeführt. Die dadurch generierten Daten wurden statistisch berechnet. Alle qualitativ erhobenen Daten wurden mit Ansätzen der *Grounded Theory* (Glaser/ Strauss 1967) ausgewertet, der die Auffassung von Theorie als Prozess zugrunde liegt. Die Methodologie zielt darauf ab, Theorien induktiv aus dem Datenmaterial heraus zu generieren, wobei es dazu wesentlich ist, dass Datenerhebung, -kodierung und -analyse zeitgleich erfolgen (vgl. Glaser/ Strauss 1998, 52).

Wie eingangs erwähnt, lautet die forschungsleitende Fragestellung der Untersuchung, wie Jugendliche bei der Aneignung von *Starmania* Identität konstruieren und welche Rolle das crossmediale Showdesign dabei spielt. Die vollständi-

---

4 Quelle: eigene Darstellung 2006. Grafik erstmals erschienen in Roth (2006, 36). Ich bedanke mich bei Jürgen Struger, der mich zu dieser Darstellung inspiriert hat.
5 Vgl. zur Anwendung dieser Methode Schachtner (u.a. 1993, 1999, 2002).

Abb. 3: „Durch Starmania bin ich selbstbewusster geworden" (Bettina, 13 Jahre).

gen Ergebnisse daraus werden im Rahmen meiner Dissertationsschrift publiziert (Arbeitstitel: *Identitäten aus der Starfabrik*). Im vorliegenden Artikel stehen die Motive der Jugendlichen in Bezug auf die crossmediale Aneignung des Formats im Vordergrund. Mit *Medienaneignung* sind über den Rezeptionsprozess hinausgehend auch Prozesse der „Integration der Medien in den alltäglichen Lebens- und Erfahrungskontext der Individuen" (Schorb/ Theunert 2000, 34, im Original hervorgehoben) gemeint. Denn während Rezeption die „konkrete Interaktion des Zuschauers mit dem Text" (Mikos 2001, 62) bedeutet, bezeichnet Aneignung die „Übernahme des rezipierten Textes in den alltags- und lebensweltlichen Diskurs und die soziokulturelle Praxis des Zuschauers" (Mikos 2001, 63).

3. Mehrwert der crossmedialen Aneignung von *Starmania*

Die crossmediale Nutzung bringt kontrastierende Medienerfahrungen mit sich. So beschränkt sich beispielsweise das Ansehen der Fernsehshow auf das audiovisuelle passive Rezipieren, während das Internet ein aktives Mitgestalten ermöglicht, indem z.B. ein Beitrag ins Forum gestellt wird. Ein im Rahmen dieser Studie interviewter Junge, der neben der TV-Nutzung auch Live-Events mit den Starmaniacs besucht, drückt dies so aus:

> „Ja, schon sehr wichtig, dass man es nicht immer auf die gleiche Art und Weise erlebt, dass man es nicht nur über den Fernseher erlebt, dass man sie auch einmal live erlebt auf der Bühne. Wie sie so sind und nicht nur über den Fernseher." (Benjamin[6], 12 Jahre)

6 Alle Namen der Interviewten wurden aus Datenschutzgründen geändert.

Mit den kontrastierenden Wahrnehmungen ist für das Subjekt ein Gewinn verbunden, welcher sich aus den vier Komponenten medialer Mehrwert, Kompetenzerweiterung sowie sozialer und emotionaler Mehrwert zusammensetzt. Diese werde ich in den folgenden Abschnitten näher erläutern.

3.1 Medialer Mehrwert

Mit medialem Mehrwert sind die Vorteile gemeint, welche für Rezipient(inn)en von *Starmania* dadurch entstehen, dass verschiedene Medienkomponenten genutzt werden können. In dieser Hinsicht können Crossmedia im Wesentlichen zwei Funktionen zugesprochen werden: eine komplementäre und eine substituierende Funktion (vgl. auch Trepte/ Baumann/ Borges 2000, 551).

Komplementär ist die Nutzung dann, „wenn mindestens zwei Medien oder Medienangebote ergänzend genutzt werden, weil die Nutzung des einen Angebotes die des anderen voraussetzt oder bedingt" (ebd., 552). Dies wäre z.B. der Fall, wenn eine *Starmania*-Rezipientin sich die Show im Fernsehen ansieht und sich danach – ergänzend dazu – in Zeitschriften über die Kandidat(inn)en informiert, wie folgender Interview-Ausschnitt belegt:

> „Zum Beispiel zwischen der Christl und dem Lukas, der hat ja vor ein paar Tagen ‚Schluss gemacht', das weiß ich noch. Das war im Radio auch. Und die Hefte: Die haben totale Neuigkeiten, die zum Beispiel im Fernsehen nicht sind." (Pia, 13 Jahre)

Den zusätzlichen Informationen über die Starmaniacs, die von dem Mädchen angesprochen werden, kann generell eine große Bedeutung zugeschrieben werden. Die Forschungsergebnisse haben gezeigt, dass diese Informationen wichtig sind, um sich für die Show begeistern zu können. Je mehr Wissen über die Starmaniacs angeeignet wird, umso stärker ist die Solidarität mit den Kandidat(inn)en und die Bindung an das Format.

Bei der substituierenden Funktion handelt es sich um die „ökonomisch, zeitlich oder funktional motivierte Ersetzung der Nutzung eines Medienangebotes durch die Nutzung eines anderen" (Trepte/ Baumann/ Borges 2000, 552). Beispielhaft für diese Funktion von Crossmedia ist der Fall, dass ein *Starmania*-Fan die Live-Übertragung im Fernsehen verpasst hat und deshalb den Ausgang der Show im Internet recherchiert, wie ein Mädchen erzählt:

> „Dass man sieht, wenn man ein Mal nicht *Starmania* geschaut hat, die Ausschnitte [...] von dem Auftritt, den sie gehabt haben. Und wer hinausgeflogen ist und wer nicht." (Luise, 12 Jahre)

„Wenn man einmal das Eine nicht hat, kann man sich auf das Andere verlassen", bringt die elfjährige Mary den medialen Mehrwert für sich auf den Punkt.

Den Untersuchungsergebnissen zufolge wird durch Crossmedia zudem die Kreativität von Fans angeregt. In diesem Zusammenhang spreche ich von kreativer Mediennutzung. Darunter fallen Aktivitäten des Sammelns, Tauschens und Archivierens von Material zu *Starmania*, z.B. Sticker, Poster, Autogrammkarten genauso wie die teilweise sehr aufwändige und liebevolle Gestaltung von Fanwebseiten. Durch diese Arten von Fan-Produktivität treten die Rezipient(inn)en aus ihrer Rolle als Konsumierende heraus und erlangen ein Gefühl von Autonomie, wie ein Zitat von Böhnisch unterstreicht: „Medien sind Mittel, um sich aus den Kontrollen der Erwachsenengesellschaft symbolisch zu befreien." (Böhnisch 1993, 187)

3.2 Kompetenzerweiterung

Die Forschungsergebnisse haben gezeigt, dass die Aneignung von *Starmania* mit seiner crossmedialen Ausprägung Kompetenzen fördern kann. In dieser Hinsicht kann *Starmania* als Beispiel für die Förderung von Medienkompetenz interpretiert werden. Meinen Erläuterungen dazu lege ich eine breit angelegte Konzeption von Medienkompetenz von Christina Schachtner zugrunde, welche auch persönlichkeitsbildende Aspekte beinhaltet. Schachtner (2001, 657f.) unterscheidet vier Dimensionen:

1. Instrumentell-qualifikatorische Dimension (Anwendung von Medien, technische Fertigkeiten)
2. Aneignungs- und Gestaltungsdimension
3. Reflexiv-kritische Dimension
4. Medienkontrastierende Dimension[7]

Jede der Dimensionen kann durch die crossmediale Aneignung von *Starmania* gestärkt werden. So wird die instrumentell-qualifikatorische Dimension durch den Gebrauch der unterschiedlichen Medien, vor allem in seiner technischen Ausprägung, gefördert. Beispielsweise kann der spielerische Umgang mit dem Internet den Umgang mit der Technologie trainieren oder Barrieren abbauen helfen.

Bezüglich der Aneignungs- und Gestaltungsdimension kann exemplarisch die oben erwähnte kreative Mediennutzung genannt werden, welche gestalterische Kompetenz befördert. Ebenfalls zu dieser Dimension zählen die Interaktionen mit Medien oder mit anderen Rezipient(inn)en, z.B. in Form des Televotings, von Forumeinträgen oder des Austauschs mit anderen Fans in Chats. Im Rahmen dieser Aktivitäten wird darüber hinaus Kritikkompetenz eingeübt und das Artikulieren von Meinungen und Behaupten von Standpunkten trainiert.

In Bettinas Zeichnung (Abb. 3) zum Thema *Was bringt mir ,Starmania'?* kommt dieser Aspekt zum Ausdruck. Das erste Bildelement links oben zeigt sie selbst. In der verbalen Erläuterung ihrer Visualisierung sagt sie dazu, dass sie durch Gespräche über *Starmania*, in denen sie gelernt hat, ihre Meinung zu sagen, selbstbewusster geworden sei.

Auf der Ebene der kritischen Reflexion ist *Starmania* bedeutend, weil es die Jugendlichen zum Nachdenken anregt. Die crossmedial präsentierten Lebensläufe der jungen Kandidatinnen und Kandidaten und deren Entwicklung zu Medienstars inspirieren dazu, über die eigene Zukunft nachzudenken, die eigenen Chancen und Risiken abzuwägen. Ein Mädchen hat auf diese Weise für sich erkannt, dass ein Leben als Popstar für sie nicht in Frage käme:

7 Die medienkontrastierende Dimension bezeichnet die „Fähigkeit und Bereitschaft, den Mediengebrauch so in den Alltag zu integrieren, dass andere Erfahrungsbezüge z.B. zur Natur, zur sozialen Umwelt nicht ausgegrenzt werden, sondern vielmehr genutzt werden können, um mediale Erfahrungen zu kontrastieren" (Schachtner 2001, 657f.).

> „Ja, dann musst du zu diesem Musikhersteller, dann musst du da wieder etwas machen, dann musst du wieder zum anderen, hin und her. Ich bin nicht so eine, die so viel Stress gerne hat." (Simone, 12 Jahre)

Die medienkontrastierende Dimension ist dem crossmedialen Design innewohnend. Die Gelegenheit, sich demselben Gegenstand auf unterschiedlichen Wegen zu nähern, fördert differenzierte Wahrnehmungen und Reflexionen über den medialen Text. Ein Beispiel dafür ist Bettina, die nicht alles glaubt, was sie im Internet über *Starmania* liest.

> „Ich glaube, dass da ziemlich viel Scheiße dabei gestanden ist, also Sachen, die überhaupt nicht stimmen. [...] Ja, so wie, dass der Boris mit der Vera zusammen war. Das glaube ich nicht, dass das stimmt." (Bettina, 13 Jahre)

Auf die Frage, warum sie das nicht glaubt, antwortet sie: „Ja, weil er hat einmal gesagt, dass er mit ihr nicht zusammen ist, in einer *Starmania*-Live-Sendung." Dieses Beispiel ist zugleich ein weiterer Beleg für die kritisch-reflexive Dimension von Medienkompetenz. Die kontrastierenden Medienerfahrungen fördern das Hinterfragen von Medienrealität, indem sie unterschiedliche Blicke auf dasselbe Phänomen gewähren.

3.3 Sozialer Mehrwert

Eines der bedeutendsten Phänomene bei der Aneignung von *Starmania* ist die gemeinschaftsbildende Komponente. Die Gründe dafür liegen einerseits in der hohen Bedeutung des sozialen Austauschs im Jugendalter, wo die Peergruppe langsam soziale Funktionen der Familie übernimmt. Andererseits unterstützen die Thematik der Show und das crossmediale Design gemeinschaftliche Aneignungsmuster. Der mediale Text lädt dazu ein, sich Meinungen zu bilden und diese mit anderen abzugleichen oder zu verhandeln. Gespräche über *Starmania* finden allerorts und jederzeit statt, am meisten jedoch – so geht es aus den Interviews hervor – am Montagmorgen nach Ausstrahlung einer Live-Show in der Schule. Hier wird die geteilte Rezeptionserfahrung nachbesprochen und kontrovers diskutiert.

Die gemeinschaftsbildende Funktion von *Starmania* wird seitens der Anbieter(innen) bewusst genutzt. Die crossmedialen Komponenten ermöglichen Interaktionen nicht nur mit Medien und den Medienfiguren, sondern auch mit anderen Fans. Beispiele für Komponenten, welche den sozialen Austausch explizit fördern, sind das Forum, der SMS-Chat, elektronische Grußkarten oder auch die Sticker, die in einem *Stickerbook* gesammelt und getauscht werden können. Die Antwort eines Mädchens auf die Frage, wie wichtig ihr Crossmedia in Zusammenhang mit *Starmania* sei, dient als Beleg für den sozialen Mehrwert bei der Aneignung des Formats:

> „Das ist mir eigentlich schon wichtig, weil dann weiß ich wieder die neuesten Sachen und dann erzähle ich die natürlich weiter und die werden dann wieder weiter erzählt. Und das ist dann wie ein Kreislauf, also wie ein Kreis, der dann nie endet, weil es werden immer Sachen weiter erzählt, was einfach nicht jeder weiß." (Lena, 11 Jahre)

3.4 Emotionaler Mehrwert

Starmania ist ein Format, das in seiner dramaturgischen Gestaltung den Emotionen großen Stellenwert einräumt. So sind schon dem Castingprozedere und der Auslese in der Show große Gefühle von Glück bis Enttäuschung und Wut inhärent, da die Starmaniacs während der Show unter einem enormen Erfolgs- und Leistungsdruck stehen. Zusätzlich werden von der Redaktion gezielt emotionale Momente herbeigeführt. Ein Beispiel dafür ist folgende Szene aus der Live-Show: Arabella Kiesbauer spricht die Kandidatin Jasmin auf eine frühere Mitschülerin an, die Jasmin lange nicht gesehen hat. Jasmin macht daraufhin einen Aufruf, dass sie sich bei ihr melden soll. Überraschung: Die Gesuchte sitzt im Publikum. (Sie wurde schon vorher eingeblendet, während Jasmin über Freundschaften sprach.) Die beiden fallen sich glücklich in die Arme. Narrationen dieser Art kommen dem Bedürfnis der Rezipientinnen und Rezipienten entgegen, die Starmaniacs kennen zu lernen. Dabei können auch Bindungen entstehen, wie sie von Horton/ Wohl (1986) als parasoziale Beziehungen beschrieben wurden. Es handelt sich um „durch Gewohnheit, kognitive Operationen und Emotionen vermittelte situationsübergreifende Bindung[en]" (Krotz 1996, 80, im Original hervorgehoben), welche Rezipientinnen und Rezipienten mit medialen Figuren eingehen. Die Starmaniacs werden in der Aneignung des medialen Textes zu Bekannten, ja zu Freundinnen und Freunden. Eine Jugendliche erzählt im Interview, dass sie anfangs den Kandidaten Marcel nicht mochte. „Dann, nach den ganzen Sendungen, habe ich ihn am Schluss total sympathisch gefunden." (Bettina, 13 Jahre) Die über Crossmedia gegebenen interaktiven Möglichkeiten wie das Voting oder Einträge ins Forum, welche u.a. auch einen direkten Kontakt zu den Kandidat(inn)en ermöglichen, verstärken diesen Effekt zusätzlich. Bettina drückt die Bedeutung des Votings für sich so aus:

> „Ja, das finde ich schon wichtig, weil sonst hat er [ihr favorisierter Kandidat, Anm.] ja keine Unterstützung, wenn die anderen sagen, sie finden ihn blöd und ich ihn aber mag. Wenn die anderen alle für jemand anders voten, dann bekommt der ja keine Unterstützung." (Bettina, 13 Jahre)

Die Rezipient(inn)en sind in das Showgeschehen emotional involviert. *Starmania* und die Starmaniacs liegen ihnen, wie es eine Interviewte ausdrückt, am Herzen. Ist die Show zu Ende, bedeutet das für einige der interviewten Fans einen Verlust. Diesen jedoch glauben sie mit Hilfe der Archivierungsfunktion von Crossmedia überwinden zu können. Ein Mädchen versucht *Starmania* durch das *Stickerbook* lebendig zu erhalten, andere wiederum kaufen sich CDs, um sich später an die Show zu erinnern. Pia sammelt Poster von *Starmania* aus folgendem Grund: „Wenn jetzt *Starmania* nicht mehr gemacht wird, dass man dann den Kindern sagen kann: ‚So war das früher, so haben die ausgeschaut.'" (Pia, 13 Jahre)

4. Kritische Betrachtungen zu Crossmedia

In den obigen Ausführungen wurde erläutert, welcher Mehrwert mit der Aneignung eines crossmedialen Formats für die jugendlichen Rezipientinnen und Rezipienten verbunden ist. An dieser Stelle soll nun kritisch hinterfragt werden, ob dieser Mehrwert tatsächlich ein Mehrwert ist beziehungsweise welche Gefahren und Ideologien sich dahinter verbergen.

Wenn das crossmediale Angebot zu *Starmania* betrachtet wird, wird deutlich, dass die meisten Fan-Aktivitäten mit Kosten verbunden sind. Dabei kann die Vielfalt an Möglichkeiten, sich an der Show zu beteiligen, bei den Rezipient(inn)en einen ökonomischen Druck erzeugen. So antwortet eine Interviewte auf die Frage, wie wichtig es ihr ist, auf verschiedenen Wegen zu *Starmania* zu gelangen:

> „Dass ich mitreden kann. Dass ich meine eigene Meinung, da zum Beispiel über das *Stickerbook* und das alles, da sagen wir uns immer gleichzeitig die Meinung." (Rita, 13 Jahre)

Alleine schon, um in der Peergruppe „mitreden" zu können, ist es für Rita wichtig, das *Stickerbook* zu haben. Dass es drei Euro kostet und jeder einzuklebende Sticker extra zu bezahlen ist, kann gemeinsam mit den Ausgaben für die Teilnahme an Konzerten, für Merchandisingprodukte oder Zeitschriften oder auch für die kostenpflichtigen Voting-Anrufe (Mehrwertnummer) zu einem bedeutenden Faktor im Taschengeldbudget werden. *Starmania* ist medialer Ausdruck der kapitalistischen Gesellschaft. Auf Kosten von Jugendlichen wird Gewinn erwirtschaftet. Minderjährigen wird suggeriert, über den Konsum von Merchandisingartikeln, über das Voting und die Beteiligung an der Forumkommunikation Teil der Inszenierung zu sein. Der oben beschriebene soziale Mehrwert ist damit zu einem großen Teil ein kalkulierter Effekt, dem ökonomische Interessen zugrunde liegen. Dasselbe kann für den emotionalen Mehrwert festgestellt werden: Emotionen werden dem Format nicht nur eingeschrieben, um die Show spannender zu machen, sondern auch, um die Jugendlichen konsumtiv daran zu binden. Crossmedia ist damit Ausdruck und Spiegel einer zunehmenden Ökonomisierung von jugendlichen Lebensräumen, welche nicht nur auf medialer Ebene stattfindet, sondern z.B. auch im Freizeit- und Bekleidungssektor.

5. Konsequenzen

Um den Mehrwert, der für die einzelnen Motive in Aussicht gestellt wird, tatsächlich nutzen zu können und die Gefahr der Vorantreibung kapitalistischer Werte zu bannen, wäre es notwendig, die Jugendlichen bei der Aneignung von crossmedialen Inszenierungen oder generell von Populärmedien zu begleiten. Dies könnte in Form von medienpädagogischen Projekten geschehen. Mögliche Interventionen können an dieser Stelle nur angedacht werden, z.B.

- das Verfassen von kritischen Zuschauer-Briefen oder Rezensionen,
- das Anfertigen von kritischen Zeichnungen (Karikaturen),
- das Entwerfen von alternativen Formaten (bei denen z.B. der Aspekt des Konsums ausgespart wird).

Vor dem Hintergrund der Forschungsergebnisse, wonach das Sprechen über *Starmania* eine zentrale Funktion im Aneignungsverhalten einnimmt, werden vor allem Diskussionen zu populärkulturellen Medienformaten als sinnvoll erachtet. Diese könnten zu den jeweiligen Schwerpunkten der Kritik stattfinden, z.B. im Fall von *Starmania* zur ökonomischen Ausschlachtung des Formats.

Literatur

Beinzger, Dagmar: Filmerleben im Rückblick. Der Zusammenhang zwischen Filmrezeption und Geschlechtsidentität aus biographischer Sicht. In: Luca, Renate (Hg.): Medien – Sozialisation – Geschlecht. Fallstudien aus der sozialwissenschaftlichen Forschungspraxis. München 2003, 111-126

Böhnisch, Lothar: Sozialpädagogik des Kindes- und Jugendalters. Eine Einführung. 2. Aufl. Weinheim [u.a.] 1993

Freytag, Dirk: Werbung im Dialog über alle Medien. In: Kracke, Bernd (Hg.): Crossmedia-Strategien. Dialog über alle Medien. Wiesbaden 2001, 125-137

Glaser, Barney G./ Anselm L. Strauss: The Discovery of Grounded Theory. Strategies for Qualitative Research. New York [u.a.] 1967

Glaser, Barney G./ Anselm L. Strauss: Grounded Theory. Strategien qualitativer Forschung. Aus dem Amerikan. von Axel T. Paul. Bern [u.a.] 1998 [engl. EA New York u.a. 1967]

Hack, Günter: Synchronisierte Verbundformate. Taktgeber Internet. Verteilte Medienprodukte am Beispiel „Big Brother". München 2003

Horton, Donald/ Richard R. Wohl: Mass Communication and Para-Social Interaction. Observation on Intimacy at a Distance. In: Gumpert, Gary/ Robert Cathcart (Hgg.): Inter/Media. Interpersonal Communication in a Media World. New York [u.a.] 1986, 185–206 [Orig. 1956. In: Psychiatry 19, 215-229]

Kracke, Bernd: Crossmedia – Dialog über alle Medien. In: Kracke, Bernd (Hg.): Crossmedia-Strategien. Dialog über alle Medien. Wiesbaden 2001, 7-13

Krotz, Friedrich: Parasoziale Interaktion und Identität im elektronisch mediatisierten Kommunikationsraum. In: Vorderer, Peter (Hg.): Fernsehen als „Beziehungskiste". Parasoziale Beziehungen und Interaktionen mit TV-Personen. Opladen 1996, 73-90

Mikos, Lothar: Rezeption und Aneignung – eine handlungstheoretische Perspektive. In: Rössler, Patrick/ Uwe Hasebrink/ Michael Jäckel (Hgg.): Theoretische Perspektiven der Rezeptionsforschung. München 2001, 59-71

Roth, Caroline: TV und mehr ... Motive der crossmedialen Aneignung einer TV-Show. In: ide 30 (2006) H. 2, 35-42

Schachtner, Christel: Geistmaschine. Faszination und Provokation am Computer. 2. Aufl. Frankfurt/ M. 1993

Schachtner, Christina: Ärztliche Praxis. Die gestaltende Kraft der Metapher. Frankfurt/ M. 1999

Schachtner, Christina: Neue Medien. In: Keupp, Heiner/Klaus Weber (Hgg.): Psychologie. Ein Grundkurs. Reinbek b. Hamburg 2001, 647-659

Schachtner, Christina: Entdecken und Erfinden. Lernmedium Computer. Opladen 2002

Schorb, Bernd/ Helga Theunert: Kontextuelles Verstehen der Medienaneignung. In: Paus-Haase, Ingrid/ Bernd Schorb (Hgg.): Qualitative Kinder- und Jugendmedienforschung. Theorie und Methoden. Ein Arbeitsbuch. München 2000, 33–57

Schweiger, Wolfgang: Crossmedia zwischen Fernsehen und Web. Versuch einer theoretischen Fundierung des Crossmedia-Konzepts. In: Theunert, Helga/ Ulrike Wagner (Hgg.): Medienkonvergenz. Angebot und Nutzung. Eine Fachdiskussion. München 2002, 123-135

Trepte, Sabine/ Eva Baumann/ Kai Borges: „Big Brother". Unterschiedliche Nutzungsmotive des Fernseh- und Webangebots? In: Media Perspektiven (2000) H. 12, 550-561

Trepte, Sabine: Crossmedia. In: Mikos, Lothar/ Claudia Wegener (Hgg.): Qualitative Medienforschung. Ein Handbuch. Konstanz 2005, 508-515

Werner, Jürgen: Medienkonvergenz am Beispiel „Big Brother". In: Böhme-Dürr, Karin/ Thomas Sudholt (Hgg.): Hundert Tage Aufmerksamkeit. Das Zusammenspiel von Medien, Menschen und Märkten bei „Big Brother". Konstanz 2001, 95-98

Caroline Roth, Durchlassstraße 60/b/19, A-9020 Klagenfurt

Regina Pantos

Kinder- und Jugendtheater

1. Theater und Schule – ein historischer Überblick

1.1 Vom 15. Jahrhundert bis zum Ende des 2. Weltkrieges

Seit dem Ende des 15. Jahrhunderts bildete sich in Deutschland ein humanistisch geprägtes Schultheater heraus. Ausgehend von den Stücken der römischen Dichter Terenz und Plautus, entstehen neulateinische Stücke, die mit Spott und Satire arbeitend in den Dienst der Lutherischen Reformation gestellt werden. Im Gegenzug entwickelt sich durch die Gründung von Jesuitengymnasien das katholische Schultheater, das die Welt als Schauplatz des Kampfes von Gut und Böse um die Seele des Menschen darstellt. Dank seiner spektakulären Inszenierungstechnik und seiner Popularität überlebt diese Form des Schultheaters bis ins 18. Jahrhundert.

Parallel dazu erlebt im 17. Jahrhundert das deutschsprachige protestantische Schultheater unter dem Einfluss des Gymnasialrektors und Dramatikers Christian Weise (1642-1708) eine Blütezeit. Dessen Dramen sollten die Schüler(innen) mit dem realen Leben vertraut machen und sie auf ihre spätere Stellung in der Gesellschaft vorbereiten. Die Entwicklung von Sprachkompetenz und adäquater Körpersprache spielen dabei eine wichtige Rolle. Auch Johannes Amos Comenius (1592-1670) schrieb Dramen für Schüler(innen) und sah im Theaterspiel eine gute Methode, Sprache, Anschauung und Tätigkeit zu verbinden und die Schüler(innen) für die Unterrichtsinhalte zu motivieren. Durch die Konkurrenz der professionellen Wanderbühnen verloren die Schulbühnen jedoch langsam an Bedeutung. Neuen Auftrieb bekamen sie im Zuge der Theaterreform durch Johann Christoph Gottsched (1700-1766), dessen Stücke in den Schulen aufgeführt wurden. Sie verfolgten im Sinne des frühaufklärerischen Rationalismus das Ziel, durch die Nachahmung von exemplarisch tugendhaften und lasterhaften Handlungen zur Belehrung und Besserung der Jugend beizutragen. So wurde das Schultheater genauso wie das Erwachsenentheater zu einer pädagogisch-moralischen Anstalt. Unter dem Einfluss der Rezeption von Jean Jacques Rousseau (1712-1778) entstand dann ein Theater, das außerhalb der Schule, im bürgerlich-häuslichen Rahmen, und die Erfahrungswelt der Kinder berücksichtigend zu ihrer sittlichen Erziehung und Bildung beitragen sollte. Der wichtigste Verfasser von Kinderdramen, die oft als Lesedramen in der Familie aufgeführt wurden, war der Leipziger Dramatiker Felix Christian Weiße (1726-1804).

Durch die Konkurrenz des unterhaltsamen professionellen Theaters und durch eine mehr auf das Pauken orientierte Didaktik verlor das Schultheater im 19. Jahrhundert seine Bedeutung. Erst im Rahmen der Kulturkritik am Ende des 19. Jahrhunderts sowie der aufkommenden Jugendbewegung geriet das Theaterspiel mit Jugendlichen als sogenanntes Laienspiel wieder ins Blickfeld der Pädagogen. Die bedeutendsten Vertreter der Laienspielbewegung zu Beginn des 20. Jahrhunderts waren Martin Luserke (1880-1968) und Rudolf Mirbt (1896-1974). Luserke entwickelte seine Laienspielkonzeption vorwiegend in der Arbeit in reformpädagogischen Schulen, Mirbt im Laienspielkreis der Münchener Jugendbewegung. Er wurde als Impulsgeber und Organisator in ganz Deutschland bekannt. Trotz vieler Differenzen, die die beiden unterscheiden, die aber hier nicht ausführlich dargestellt werden können, war für beide das Gemeinschaftserlebnis der Gruppe wichtig. Da Luserke in der Schulgemeinschaft auch eine völkische Kulturgemeinschaft sah, passte er gut in die nationalsozialistische Jugendbewegung, die seine Veröffentlichungen förderte. Luserke ging aber darüber hinaus und maß auch dem Produktionsprozess eine wesentliche Bedeutung bei. Er schuf eine eigene Theaterform und Spielweise, in der Wort, Musik und Bewegung verschmolzen und die Spieler-Massen als wichtiges darstellerisches Gestaltungsmittel betrachtet wurden.

Parallel zur Laienspielbewegung stellt auch Bertolt Brecht (1898-1956) seine Überlegungen zur Erneuerung des Schultheaters an. Er entwickelt seine Lehrstücke, z.B. *Der Jasager und der Neinsager* 1930/31, mit den Schüler(inne)n der Karl-Marx-Schule in Berlin-Neukölln, aber eher unter Aspekten des Agitprop-Theaters. Ihm kommt es dabei auf die Erziehung der Darsteller und weniger auf das Publikum an.

Alle bis jetzt genannten Beförderer des Theaterspiels haben auch ihren Platz in der Geschichte der Kinder- und Jugendliteratur, oft sogar einen herausragenden. Christian Weise gab Gedichtsammlungen für Jugendliche heraus, satirische Erzählungen und Romane, in denen er wie in seinen Theaterstücken die Lehren bürgerlicher Lebensklugheit verbreitete. Comenius ist uns durch seinen *Orbis sensualium pictus* von 1658, aus dem Goethe noch lernte, als Urvater des mehrsprachigen Sachbuches für Kinder bekannt. Auch wenn sich Gottsched nicht explizit als Jugenderzieher sah, hatte er den Anspruch, bildend im weitesten Sinne zu wirken. Mit diesem Ziel, das neben der Jugend auch die Frauen einschloss, gab er *Moralische Wochenschriften* heraus wie *Die vernünftigen Tadlerinnen* und *Der Biedermann*. Seine Frau, die Gottschedin, übersetzte Theaterstücke aus dem Französischen und schrieb eigene deutsche Lustspiele. Sie bahnte so der Komödie in Deutschland den Weg auch auf die Bühne des Schultheaters.

Weiße, wie Gottsched Vertreter der literarischen Aufklärung, hatte als Dramatiker und Leiter einer bedeutenden Rezensionszeitschrift großen Einfluss auf das Leipziger Kulturleben. Mit der Wende zum Sturm und Drang zog er sich auf den Bereich der Jugendbildung zurück. „Als Jugendschriftsteller aber gelang es Weiße, innovativ zu sein. Seine Werke für Kinder markieren die Anfänge der spezifischen Kinder- und Jugendliteratur in Deutschland." (Doderer 1984, Bd. 3, 783) Dazu gehörten *Kleine Lieder für Kinder* (1776/77), das *ABC Buch* (1772) und die Zeitschrift *Der Kinderfreund* (1776-1782), mit der er der Kinderzeitschrift als Gattung ein überzeugendes Profil gab. Die Bezieher der Zeitschrift waren die gebildeten bürgerlichen Schichten, die so ihre Kinder in die bürgerliche Lesekultur durch gemeinsame Familienlektüre einführten. Luserke widmete sich neben dem Laienspiel auch der Kinderliteratur. In seinen zahlreichen und viel gelesenen Romanen für Jugendliche spielen die Nordsee und die Küstenbewohner sowie Kampfeswille und männliche Bewährung eine wesentliche Rolle. 1935 bekam er für *Hasko. Ein Wassergeusenroman* den Literaturpreis der Stadt Berlin. Mirbt ist für die KJL als Herausgeber der *Münchner Laienspiele* (1923-1933) und der *Bärenreiter-Laienspiele* (1947-1967) von Bedeutung. Brecht hat neben seinen Lehrstücken, die sich an Jugendliche wandten, auch Geschichten und vor allem Gedichte für Kinder verfasst, die nachwirkten, z.B. bei Peter Hacks oder James Krüss. Durch seine Emigration musste Brecht seine Arbeit in Deutschland unterbrechen. Das Laienspiel entwickelte sich durch die Machtergreifung der Nationalsozialisten zu einem Instrument der nationalsozialistischen Ideologie und Propaganda.

1.2 Schultheater und Theater mit Kindern von 1945 bis in die Gegenwart

Nach dem Krieg wurde an das Laienspiel in der Tradition der Jugendbewegung unter dem Aspekt der musischen Bildung angeknüpft. Sie sollte als ein zweckfreies Tun die individuelle Persönlichkeitsbildung befördern. Bereits in den 1960er, speziell aber in den 1970er Jahren, regte sich aus psychologischer und soziologischer Perspektive Kritik an dieser Sicht des Schultheaters. Die Funktion von Spiel und Arbeit für die Sozialisation rückte in den Blick und das soziale Rollenspiel sowie Brechts Lehrstücke wurden wiederentdeckt. Emanzipation des Individuums und kritisches Hinterfragen der gesellschaftlichen Verhältnisse sollten das Schultheater im Besonderen wie die Schule im Allgemeinen bewirken. Eine heftige Diskussion löste Melchior Schedler 1972 mit seinem Buch *Kindertheater. Geschichte, Modelle, Projekte* aus. Er analysierte und kritisierte sowohl das bestehende Theater für Kinder wie das Theater mit Kindern:

> „Die diese Analyse bestimmenden Absichten sind wesentlich politische. Sie geht aus von der Wechselbeziehung zwischen dem Überbauphänomen Kindertheater und der gesellschaftlichen Basis und versucht diese Wechselbeziehung zu aktivieren." (Schedler 1972, 8)

So wurde das Kindertheater einbezogen in die Diskussion der Studentenbewegung über Gesellschaft und Erziehung. Der veränderten Theorie sollte eine veränderte Praxis folgen. Erzieher(innen) und Lehrer(innen) waren zutiefst verunsichert, was das Theaterspiel in Kindergarten und Schule betraf. Die traditionellen Methoden des Schultheaters wurden abgelehnt und funktionierten bei den politisch hellhörig gewordenen Schüler(inne)n und antiautoritär erzogenen Kinderladenkindern auch nicht mehr. Für eine neue Spielkultur, die dem Individuum Raum gab und Partizipation gewährleistete, fehlte den Erzieher(inne)n und Lehrer(inne)n das nötige Wissen, um als Spielleiter(in) erfolgreich sein zu können. Austausch, Ausbildung und Fortbildung waren nötig. In Berlin bemühten sich z.B. Hans-Wolfgang Nickel im Bereich der Ausbildung der Grundschullehrer, das Fach Schulspiel zu verankern. Rudi Müller-Poland bot Fortbildungskurse für Gymnasiallehrer an und rang darum, dem Fach Darstellendes Spiel (DS) zu einem Platz im Lehrplan der Oberschulen zu verhelfen. Aber auch im außerschulischen Rahmen der sozialen Arbeit war Theaterspielen mit Kindern gefragt. Und so fanden sich 1973 in Berlin unter der Leitung von Dr. Pea Fröhlich (Lamama-Kinderspielclub München) und Prof. Dr. Hans Wolfgang Nickel (PH Berlin) Interessierte aus diversen Berufen zu einer Ausbildungsakademie Kindertheater zusammen:

> „Die Berliner Ausbildungsakademie Kindertheater, finanziert von den Berliner Festwochen, ist ein erstmaliger Versuch in Richtung auf interdisziplinäre Forschung und praktische Ausbildung. Sie bietet als Modellversuch in enger Verbindung von Theorie und Praxis für Kindertheaterinteressierte eine Grundausbildung Kindertheater (Theater MIT und FÜR Kinder) und erkundet zugleich die Möglichkeiten und Erfordernisse einer solchen Ausbildung Kindertheater." (Akademie der Künste Berlin 1974, 20)

Auch die Akademie Remscheid für musische Bildung und Medienerziehung bot eine zweijährige Fortbildung *Theaterspielen in der Kinder- und Jugendarbeit* an, die Theorie und Praxis verbinden sollte. Ich führe diese Beispiele an, weil ich mit ihnen persönliche Erfahrungen verbinde. Aber auch andernorts entwickelten sich entsprechende Initiativen. Leider ist die Ausbildungsfrage heute, nach mehr als 30 Jahren, immer noch nicht befriedigend gelöst. Ihre weitere Entwicklung kann hier nicht nachgezeichnet werden, darum nur der Hinweis auf drei aktuelle Ausbildungsmöglichkeiten:

- Einziger grundständiger Bachelor- und Masterstudiengang seit 2002 im Universitätsverbund in Niedersachsen für Lehramt DS an Gymnasien (www.hbk-bs.de oder www.kunstinaktion.de)
- Aufbaustudiengang an der Friedrich-Alexander-Universität Erlangen-Nürnberg für Theaterlehrer (vgl. Linck 2005 oder www.uni-erlangen.de/studium/studienangebot /studienfaecher/spiel.pdf)
- Ausbildung für Theaterpädagogen über den Bundesverband Theaterpädagogik (BuT) e.V. (www.butinfo.de). Dort gibt es eine Beschreibung des Berufsbildes und Hinweise auf die ca. 50 ausbildenden Institute

So heterogen die Ausbildungsmöglichkeiten heute sind, so heterogen und vielfältig ist inzwischen auch das, was in der Schule oder Jugendarbeit an Theaterspiel angeboten wird. Alle Genres sind vertreten, alle Spiel-, Arbeits- und Ausdrucksformen werden ausprobiert. Neben dem klassischen Schultheater, in dem vorliegende Stücke inszeniert werden und die Sprache im Vordergrund steht, gibt es Musik-, Masken-, Figuren-, Tanz- und Körpertheater. Neben wagemutigen Bearbeitungen finden sich auch komplette Eigenproduktionen der Schüler(inne)n (vgl. Klepacki 2005a).

Durch diese Offenheit und Vielfalt ist es schwierig geworden zu definieren, was Schultheater heute ist oder sein sollte. Folgende Themen wurden, so Joachim Reiss, Vorsitzender des Bundesverbandes Darstellendes Spiel (www.bvds.org), auf Fachtagungen heftig diskutiert (Reiss 2004b, 20):

- Das Verhältnis zu literarischen Theatertexten (Werktreue oder Anverwandlung)
- Die Rolle der SpielleiterInnen (Regisseur oder Pädagoge)

- Die Authentizität von Schultheater (Umsetzung einer literarischen Vorlage oder Eigenproduktion)
- Die Orientierung am Theater (eigenständige Ästhetik des kinder- und jugendeigenen Theaters und Schöpfen aus dem Freien Theater versus Nachahmung des institutionalisierten professionellen Theaters, oder Erziehung zum Theater versus Erziehung durch Theater
- Verzweckung, Missbrauch, Verschulung der Theaterkunst (Vermittlung von Schlüsselqualifikationen, Nutzung als Methode im Literatur- und Sprachunterricht sowie in Gewalt-, Sucht- und anderen Präventionen)

Ein Problem bleibt immer noch die Anerkennung des Faches Darstellendes Spiel als drittes Fach neben Kunst und Musik. Die Argumente, die dagegen vorgebracht wurden, die Schule biete nicht genügend Freiraum für Kreativität und die Bewertung mit Noten sei unmöglich, weist Reiss zurück mit dem Hinweis, dass darunter alle Fächer und das schulische Lernen insgesamt litten. Dass dennoch echtes, authentisches, jugendeigenes Theater entstehen könne, sei weniger eine Frage des Schulsystems als vielmehr eine der theaterpädagogischen Ausbildung. Die Argumente, die für das Darstellende Spiel sprechen, sind vielfältig. Liebau u.a. beschreiben seine bildungspolitische Relevanz folgendermaßen:

> „Im Schultheater steht die theaterästhetische Erfahrung der Schüler im Mittelpunkt. Das Schultheater entwickelt dabei Ich-Kompetenzen (Selbstbewusstsein, Identifikation, Engagement, bedeutsame biographische Erfahrungen), Sozialkompetenzen (Empathie, Rollendistanz, Ambiguitätstoleranz, Kommunikation, Kooperation, Verantwortung), Methoden- und Sachkompetenzen (Analysieren, (historisches) Verstehen, Re-

> konstruieren, (Selbst-)Reflexivität, Wissen) und ästhetische Kompetenzen (Präsentation, Stilisierung, Umgang mit Leiblichkeit). So erscheint gerade die bei PISA deutlich gewordene Leseschwäche und Leseunlust weiter Teile der Jugendlichen durch die Heranführung an Texte über den theatralen Zugang und der damit einhergehende Versuch, die Lesekompetenz im Rahmen der theatralen Kompetenzen zu stärken, durchaus als ein sinnvolles Unterfangen. Denn das Schultheater bietet zu den Texten einen körperlichen, spielerischen und stilisierenden Zugang, der angesichts einer Veränderung der Medienwelt, einer Ästhetisierung der Gesellschaft und Tendenzen zu einer Kultur der zweiten Mündlichkeit eine probate Möglichkeit der Heranführung an Literalität bietet." (Liebau u.a. 2005, 279)

Dies gilt nach meiner Erfahrung vom Kindergarten über alle Schularten bis zur beruflichen Bildung. Und es bietet überdies die Chance, Kindern und Jugendlichen, deren Muttersprache nicht Deutsch ist, sich der deutschen Sprache auf eine kreative und nachhaltige Weise zu nähern. Denn die Texte müssen nicht nur verstanden, sondern bei Eigenproduktionen auch selbst verfasst und gestaltet werden. Dabei kann auch die Herkunftssprache eingebunden werden. Szenen von Loriot oder Karl Valentin lassen sich z.B. wunderbar in anderen Sprachen spielen, wie wir es öfter in den Theaterprojekten der Erzieherausbildung ausprobiert haben. Als Zuschauer in die Rolle desjenigen zu kommen, der die Sprache auf der Bühne nicht versteht und ganz auf das genaue Beobachten des Spiels angewiesen ist, vermittelt eine wichtige Erfahrung, die für die Kommunikation in multikulturell zusammengesetzten Gruppen sehr hilfreich ist, und sensibilisiert für den Klang und den Rhythmus von Sprache.

Drei Grundschulen in Berlin, alle in sozialen Brennpunkten mit einem hohen Anteil von Kindern, deren Erstsprache nicht Deutsch ist, haben sich Theater als besonderes Profil gewählt (vgl. Internet-Adressen im Anhang). Sie haben das Theaterspiel im Stundenplan verankert und alle Schulen bieten auch zweisprachigen Unterricht an.

2. Die Rolle der Kinder- und Jugendliteratur für das Schultheater

An allen drei theaterbetonten Grundschulen spielt Kinderliteratur eine wichtige Rolle. Zwei von ihnen, die Lisa-Tetzner-Grundschule und die Erika-Mann-Grundschule, sind auch nach Kinderbuchautorinnen benannt. Die Lisa-Tetzner-Grundschule wurde für ihre Musical-Version von *Der gestiefelte Kater* regional und überregional bejubelt. 2005 stand auch das *Schultheater der Länder* unter dem Motto *Betrifft uns: Kinder- und Jugendliteratur auf der Schülerbühne*. Gesucht wurden Schultheatergruppen aller Schulstufen, die sich die Kinder- und Jugendliteratur in ihren vielfältigen Ausprägungen als Spielvorlage wählen, um sich inhaltlich mit ihr auseinanderzusetzen und dabei mit den unterschiedlichen Ausdrucksmitteln des Theaters zu experimentieren. Vorgestellt wurden Bearbeitungen von *Alice im Wunderland, Das kalte Herz, Emil und die Detektive, Der kleine Prinz, Die Rose und die Nachtigall, Dracula, Kindergeschichten* von Peter Bichsel und *Lisas Reise* von Paul Maar.

Auffallend ist, dass es sich bei den ausgewählten literarischen Vorlagen weitgehend um Klassiker handelt und dass neue, aktuelle Kinder- oder Jugendliteratur selten vorkommt. Dieser Eindruck bestätigte sich auch bei meinen weiteren Recherchen. Die Theatergruppe *Rohestheater* der Mies-van-der-Rohe-Schule aus Aachen, die 2005 mit *Amerika ist rund* nach Kindergeschichten von Peter Bichsel erfolgreich war, bearbeitet 2007 Michael Endes *Jim Knopf.* In dem Theaterstück der Jugendlichen *Jim Knopf, oder wer hat Angst vorm schwarzen Mann?* steht das Schicksal heutiger Flüchtlinge aus Afrika im Mittelpunkt. Gespielt werden sie von afrikanischen Schüler(inne)n der Theater-AG. Die Theater-AG am Albert-Einstein-Gymnasium Reutlingen beschäftigte sich mit Otfried Preußlers *Krabat* und zeigte ihre Version *Krabat und die 7 Huren – (K)ein Märchen* beim *Schultheater der Länder* 2004 in Stuttgart. Auch hier war das Anliegen der Jugendlichen, sowohl den historischen Charakter der Sage beizubehalten als auch einen Bezug zur heutigen Zeit herzustellen. Der Entstehungsprozess des Stückes einschließlich des Aufführungstextes ist ausführlich dokumentiert und kann über den Landesbildungsserver Baden-Württemberg abgerufen werden. Interessant für die Spieler wie für das Publikum ist bei der Umsetzung bekannter, klassischer Kinderbücher sicher die Spannung, die durch die Bearbeitung des Stoffes entsteht und die neue Sichtweisen auf etwas Bekanntes eröffnet.

Eine etwas weniger aufwändige Methode, Literatur und Theater in einen fruchtbaren Dialog treten zu lassen, ist die szenische Interpretation eines Textes, wie sie Ingo Scheller in seinen Veröffentlichungen beschrieben hat. Detailliert beschreibt Tanja Uhl in ihrer Hausarbeit, wie sie mit dieser Methode das Kinderbuch *Meta Morfoss* von Peter Hacks bearbeitet hat (s. Internetadressen), und auch Joachim Reiss hat sich mit dieser Methode gemeinsam mit Lehrern dem Roman *Krokodil im Nacken* von Klaus Kordon zu nähern versucht (vgl. Reiss 2004a). Eine andere Möglichkeit, die sich besonders für die Grundschule anbietet, Kinderliteratur und Theater in Verbindung zu bringen, besteht darin, ausgehend von einem Bilderbuch ein Papiertheater zu erstellen oder die Ferienlektüre einer Kleingruppe dem Rest der Klasse als Tischtheater zu präsentieren (vgl. Recke 2006).

3. Die Entwicklung des professionellen Kinder- und Jugendtheaters und der Kinder- und Jugendliteratur seit 1945 in der Bundesrepublik Deutschland[1]

So wie das Laienspiel in den Dienst des Nationalsozialismus gestellt wurde, veränderte sich auch das Kindertheater während des *Dritten Reichs.* Für das proletarische Jugendtheater der Weimarer Republik (vgl. Eikenbusch 1997) gab es genau so wenig Raum mehr wie für die Werke Erich Kästners, die verboten und verbrannt wurden. Klassikeraufführungen und Märchenbearbeitungen traten an ihre Stelle (vgl. Reclams Kindertheaterführer, 14). Eine genauere wissenschaftliche Untersuchung fehlt. „Das Kinder- und Jugendtheater im 'Dritten Reich' ist ein Desiderat in der Geschichtsschreibung der Darstellenden Kunst." (Schneider 2005,

1 Zur Entwicklung in der DDR vgl. Hoffmann 2006 und Schneider 2005.

25) Die Darstellung der Entwicklung zwischen 1945 und dem Ende der 1960er Jahre kann hier nur kurz gestreift werden. Für diese Zeit verweise ich auf die entsprechenden umfangreichen Standardwerke zum Theater und zur Literatur für Kinder, die von Klaus Doderer (1984 u. 1988) herausgegeben wurden. Er unterscheidet drei Entwicklungsphasen mit gleitenden Übergängen in dieser Zeit mit folgenden Schwerpunkten: Märchenbearbeitungen, Kindliche Helden im Mittelpunkt wie z.B. Emil und Tom Sawyer. Dem folgten aufwändigere Ausstattungen der Märchenstücke und der Ausbau des Literaturtheaters für die Schulen. Das meistgespielte Stück war *Robinson soll nicht sterben* von Friedrich Forster aus dem Jahre 1931. Und auch Gerdt von Bassewitz' *Peterchens Mondfahrt* (Theaterstück 1912, Buchausgabe 1915) hatte als Kindertheaterstück Hochkonjunktur. Hinzu kamen zahlreiche Kinder- und Jugendbuchbearbeitungen nach Astrid Lindgren (Pippi Langstrumpf dt. 1959), Michael Ende (Jim Knopf 1960) und Otfried Preussler (Der kleine Wassermann 1956, Räuber Hotzenplotz 1962). Hier wird deutlich, dass neben den Märchen die Kinderliteratur der wichtigste Vorlagenlieferant für das Theater war. Umgekehrt erschienen erfolgreiche Theaterstücke für Kinder wie *Peter Pan* von Sir J.M. Barrie oder *Peterchens Mondfahrt* erst nach ihrem Bühnenerfolg als Kinderroman. Wie bereits erwähnt, kritisierte Melchior Schedler in seinem Buch *Kindertheater* 1972 nicht nur das Theaterspiel mit Kindern, sondern ebenso heftig das bestehende professionelle Theater für Kinder:

> „Im Gefolge Barries exkulpiert das Kinderstück die Unterdrückung der Kinder, indem es behauptet, es gebe eine Kinderfeindlichkeit an sich, und der Antagonismus bestehe biologisch zwischen Kindern und Erwachsenen, Kinder seien einer Sonderform der Repression ausgesetzt, und es verschweigt damit, dass diese nur ein Teil der allgemeinen, allgegenwärtigen Repression gegenüber Unterprivilegierten schlechthin ist." (Schedler 1972, 100)

In seinem Fazit vertritt er die Auffassung,

> "daß das Primat heute bei einem Kindertheater liegt, das Sozialisation betreibt, das heißt, in die Lebensbedingungen unter dem Spätkapitalismus durch Rollenspiel einführt. Das Kindertheatermodell der Aufklärung erlebt damit, einmal nur an beider Formalien gemessen, eine Renaissance." (ebd., 283)

In Berlin folgte speziell das aus dem *Reichskabarett* hervorgegangene *GRIPS Theater* diesem Anspruch. Das ebenfalls in Berlin seit 1972 spielende Kinder- und Jugendtheater *Rote Grütze* widmete sich dem Emanzipationsanspruch der Studentenbewegung folgend dem damaligen Tabu-Thema *Sexualität* in seinen von der Gruppe verfassten Stücken *Darüber spricht man nicht* (1973), *Was heißt hier Liebe?* (1976) und *Mensch, ich lieb dich doch!* (1980) und begleitete so eine ganze Generation von der Vorschule bis in die Pubertät. Das *GRIPS Theater* erarbeitet in der Regel bis heute seine Stücke mit seinen Autoren speziell für sein Haus. Einigen sehr erfolgreichen Stücken dienten aber auch Kinder- bzw. Jugendbücher als Vorlagen (*Ab heute heißt du Sara* entstand nach dem Buch *Ich trug den gelben Stern* von Inge Deutschkron. *Voll auf der Rolle* diente Leonie Ossowskis Buch *Stern ohne Himmel* als Vorlage und *Kannst du pfeifen Johanna?* orientierte sich am gleichnamigen Buch von Ulf Stark/ Anna Höglund).

Aber nicht nur das Theater, auch die Kinderliteratur geriet in die Kritik und wurde aufgefordert sich gesellschaftskritisch und emanzipatorisch zu verhalten. Ein neuer Typ von Kinderbuch war die Folge. Die *antiautoritäre* Kinderliteratur entstand. Zwei Titel von 1970 seien hier stellvertretend genannt: Der *Anti-Struwwelpeter* von Friedrich Karl Waechter und *Die grauen und die grünen Felder* von Ursula Wölfel. Beide versuchten auch 1973, die neue Spielpädagogik mit der Kinderliteratur zu verbinden: F.K. Waechter mit seinem Buch *Brülle ich zum Fenster raus* und Ursula Wölfel mit *Du wärst der Pienek – Spielgeschichten, Spielentwürfe, Spielideen.* Sie gibt keine Dialoge vor, sondern nur Geschichten oder Ideen für Geschichten, die gespielt werden sollen. Einleitend gibt sie Erläuterungen in Form von Spiel-Regeln. Eine davon lautet: „Es gibt keinen Spielleiter. Alle Mitspieler besprechen gemeinsam, was, wie, wo sie spielen wollen." (Wölfel 1973, 14) Das funktioniert, wenn Kinder freie Rollenspiele gemeinsam verabreden und durchführen. Aber es funktioniert nicht, wenn durch Geschichten Rollen und Handlungsabläufe vorgegeben sind, die vermittelt werden müssen. Hier lag die Krux des Buches. Autorität sollte abgebaut und Partizipation geübt werden, aber leider am falschen Objekt. Auch Waechter beobachtete das kindliche Spiel, machte daraus aber Kindertheaterstücke für professionelle Schauspieler: z.B. *Pustekuchen* (1974) und *Schule mit Clowns* (1975). Oder er ließ seine Beobachtungen und Hoffnungen auf Emanzipation und Solidarität einfließen in sein Bilderbuch *Wir können noch viel zusammen machen* (1973), das mit seinen Rollenvorgaben und seiner Dialogstruktur die Kinder zum Nachspielen geradezu herausfordert.

Ein weiterer Autor, der Anfang der 1970er Jahre mit Büchern und Theaterstücken in Erscheinung trat, ist Paul Maar. 1972 erscheint sein viel gespieltes Kindertheaterstück *Kikerikiste,* 1973 sein erfolgreicher Kinderroman *Eine Woche voller Samstage*, aus dem er später ein Theaterstück machte, das inzwischen auch verfilmt wurde. In einem Interview antwortet er auf die Frage des Theaterexperten Wolfgang Schneider, ob er sein kinderliterarisches Werk aus der gesellschaftspolitischen Entwicklung nach 1968/69 definiere:

> „Es war zumindest der Anspruch. [...] Wenn ich meine Stücke betrachte im Vergleich zu anderen, dann habe ich das Gefühl, dass das Gesellschaftspolitische zwar vorhanden ist, aber dass es stärker noch um psychologische Probleme zwischen Personen oder in Personen geht. Also, dass der individuelle, persönliche, psychologische Aspekt genauso wichtig ist wie der gesellschaftspolitische." (Paul Maar 1993)

In dieser Richtung entwickelten sich sowohl das Kindertheater wie die Kinderliteratur weiter. Das Individuum trat in den Vordergrund, die Gruppe trat in den Hintergrund. Das Motto hieß nicht mehr *Zusammen sind wir stark*, sondern das einzelne Kind sollte stark gemacht werden. Der Individualisierungsprozess, der am Ende der 1980er Jahre einsetzte, hat in der Literatur und im Theater für Kinder seine Spuren hinterlassen. Das Angebot ist in jeder Hinsicht vielfältiger geworden und globaler. Auch im deutschen Kindertheater hielten Stücke aus Schweden, den Niederlanden, Belgien und England Einzug.

Kinderliteratur und Kindertheater waren und sind Spiegel der Gesellschaft; sie sind darüber in Formen und Inhalten miteinander verbunden, Alters- und Genregrenzen werden zunehmend undeutlicher. Schaut man sich die aktuelle Auswahlliste zum *Deutschen Jugendliteraturpreis* in der Sparte Jugendbuch an und das 9. Kinder- und Jugendtheatertreffen *Augenblick mal*, so wird deutlich, dass z.B. das Thema *Gewalt* sowohl die Jugendbücher als auch das Jugendtheater beherrscht. Eindeutige Orientierungen bieten den Kindern und Jugendlichen heute weder die Literatur noch das Theater. Es fordert sie heraus, bietet aber nur noch selten Lösungen für Probleme an.

Primärliteratur

Hacks, Peter/ Heinz Edelmann (Ill.): Meta Morfoss. Köln: Middelhauve, 1975

Hacks, Peter/ Gisela Neumann (Ill.): Meta Morfoss. Berlin (DDR): Der Kinderbuchverlag, 1975 (Neuaufl. 1997)

Maar, Paul/ Janosch (Ill.): Kikerikiste. München: Deutscher Taschenbuch Verlag, 1973 (auch im Theaterverlag Oetinger erschienen)

Maar, Paul: Eine Woche voller Samstage. Hamburg: Oetinger, 1973

Maar, Paul: Neue Kindertheaterstücke. Hamburg: Oetinger, 1993

Waechter, F.K.: 3 mal Kindertheater IV (Schule mit Clowns, Der Teufel mit den drei goldenen Haaren, Pustekuchen). Frankfurt/ M.: Ellermann/ Verlag der Autoren, 1975

Waechter, F.K.: Der Anti-Struwwelpeter. Darmstadt: Melzer, 1970 (später Diogenes)

Waechter, F.K.: Brülle ich zum Fenster raus. Weinheim: Beltz, 1973

Waechter, F.K.: Wir können noch viel zusammen machen. Köln: Middelhauve, 1973 (später Diogenes)

Wölfel, Ursula: Die grauen und die grünen Felder. Wahre Geschichten. Mülheim a.d. Ruhr: Anrich, 1970

Wölfel, Ursula/ Cornelia Mirjam Specht (Fotos): Du wärst der Pienek. Spielgeschichten. Spielentwürfe. Spielideen. Mülheim a.d. Ruhr: Anrich, 1973

Sekundärliteratur

Akademie der Künste Berlin (Hg.): Ausbildungsakademie Kindertheater und Kinderforum 1973 – Spiel und Theater. Protokolle und Berichte. (Dokumentation 3, 2.Teil). Berlin 1974
BAG Darstellendes Spiel und Körber-Stiftung (Hg.):Theater in der Schule. Hamburg 2000
Cardi, Carola: Das Kinderschauspiel der Aufklärungszeit. Frankfurt/ M. 1983
Doderer, Klaus/ Kerstin Uhlig: Geschichte des Kinder- und Jugendtheaters zwischen 1945 und 1970. Konzepte, Entwicklungen, Materialien. Frankfurt/ M. 1995
Doderer, Klaus (Hg.): Lexikon der Kinder- und Jugendliteratur. 3 Bde. und ein Ergänzungsbd. Weinheim [u.a.] 1984
Doderer, Klaus (Hg.): Zwischen Trümmern und Wohlstand. Literatur der Jugend 1945-1960. Weinheim [u.a.] 1988
edition Körberstiftung/ Bundesverband Darstellendes Spiel e.V. (Hg.): Fokus Schultheater 05 "betrifft: uns". Hamburg 2006
Eikenbusch, Gerhard: Sozialdemokratisches und kommunistisches Kinder- und Jugendtheater in der Weimarer Republik. Frankfurt/ M. 1997
Hoffmann, Christel: spiel.raum.theater. Aufsätze, Reden und Anmerkungen zum Theater für junge Zuschauer und zur Kunst des Darstellenden Spiels. (Kinder-, Schul- und Jugendtheater Bd.12). Frankfurt/ M. [u.a.] 2006
Kinder- und Jugendtheaterzentrum in der Bundesrepublik Deutschland (Hg.): Reclams Kindertheaterführer. Stuttgart 1994
Klepacki, Leopold: Schultheater. Theorie und Praxis. Münster 2004
Klepacki, Leopold: Bausteine des Theaters und Erscheinungsformen des Schultheaters. In: Liebau, Eckart u.a. (Hgg.): Grundrisse des Schultheaters. Pädagogische und ästhetische Grundlegung des Darstellenden Spiels in der Schule. Weinheim [u.a.] 2005a. (Beiträge zur pädagogischen Grundlagenforschung), 99-118
Klepacki, Leopold: Die Geschichte des Schultheaters in Deutschland. In: Liebau, Eckart u.a. (Hgg.): Grundrisse des Schultheaters. Pädagogische und ästhetische Grundlegung des Darstellenden Spiels in der Schule. Weinheim [u.a.] 2005b. (Beiträge zur pädagogischen Grundlagenforschung), 9-30
Liebau, Eckart u.a. (Hgg.): Grundrisse des Schultheaters. Pädagogische und ästhetische Grundlegung des Darstellenden Spiels in der Schule. Weinheim [u.a.] 2005 (Beiträge zur pädagogischen Grundlagenforschung)
Liebau, Eckart/ Leopold Klepacki/ Dieter Linck/ Andreas Schröer/ Jörg Zirfas: Die bildungspolitische Bedeutung des Schultheaters. In: Liebau, Eckart u.a. (Hgg.): Grundrisse des Schultheaters. Pädagogische und ästhetische Grundlegung des Darstellenden Spiels in der Schule. Weinheim [u.a.] 2005. (Beiträge zur pädagogischen Grundlagenforschung), 277-283
Linck, Dieter: Erweiterungsstudium „Darstellendes Spiel" an der Friedrich-Alexander-Universität Erlangen-Nürnberg. In: Liebau, Eckart u.a. (Hgg.): Grundrisse des Schultheaters. Pädagogische und ästhetische Grundlegung des Darstellenden Spiels in der Schule. Weinheim [u.a.] 2005. (Beiträge zur pädagogischen Grundlagenforschung), 181-194
Recke, Sibylle: Ferienlektüre beflügelt Leseinteresse (LISUM). Berlin 2006
Reiss, Joachim: Spiel mit Literatur – Gewinne und Verluste. In: AJuM der GEW (Hg.): Literatur macht Theater. 2004a. (Materialien Jugendliteratur und Medien; 47), 38-46
Reiss, Joachim: Von der Nachahmung des Theaters zur Kunst des Darstellenden Spiels. Entwicklungen und Diskussionen im Schultheater. In: SpielArt 30 (2004b) H. 1, 20-25
Schedler, Melchior: Kindertheater. Geschichte, Modelle, Projekte. Frankfurt/ M. 1972
Scheller, Ingo: Szenische Interpretation. Theorie und Praxis eines handlungs- und erfahrungsbezogenen Literaturunterrichts in der Sekundarstufe I und II. Seelze 2004
Schneider, Wolfgang: Kindertheater nach 68. Neorealistische Entwicklungen in der Bundesrepublik und West-Berlin. Köln 1984
Schneider, Wolfgang: Theater für Kinder und Jugendliche. Beiträge zu Theorie und Praxis. Hildesheim 2005. (Medien und Theater. Neue Folge; 6)

Seidel, Günter: Soziales Rollenspiel – ein pädagogischer Engpaß. In: Informationen Jugendliteratur und Medien/ Jugendschriften-Warte (1976) H. 3, 39-43

Internetquellen (zuletzt abgerufen am 30.07.2007)

Bundesverband Darstellendes Spiel (BVDS). http://www.bvds.org
Bundesverband Theaterpädagogik (BuT) e.V. http://www.butinfo.de/berufsbild.htm
Aufbaustudium DS Friedrich-Alexander-Universität Erlangen-Nürnberg http://www.uni-erlangen.de/studium/studienangebot/studienfaecher/spiel.pdf
Grundständiges Verbundstudium an Universitäten in Niedersachsen (Braunschweig, Hannover und Hildesheim) http://www.hbk-bs.de oder http://kunstinaktion.de

Theaterbetonte Grundschulen in Berlin

Erika-Mann-Grundschule in Berlin Wedding: http://www.erika-mann.de
Lisa-Tetzner-Grundschule in Berlin Neukölln: http://www.lisa-tetzner.de
Spreewald-Grundschule in Berlin Schöneberg: http://spreewald-grundschule.de

Jugendliteraturbearbeitungen für das Schülertheater

Amerika ist rund und *Jim Knopf, oder wer hat Angst vorm schwarzen Mann?* http://www.rohestheater.de
Krabat und die 7 Huren – (K)ein Märchen http://www.aeg-reutlingen.de/unterricht/ags/theater oder vollständige Dokumentation der Erarbeitung einschließlich Stücktext auf dem Landesbildungsserver Baden-Württemberg http://lbsneu.schule-bw.de/unterricht/faecher/deutsch/theater/schultheater
Hausarbeit von Tanja Uhl zu *Meta Morfoss* von Peter Hacks http://www.hausarbeiten.de/faecher/hausarbeit/dep/16609.html

Auswahlliste zum Deutschen Jugendliteraturpreis über Arbeitskreis für Jugendliteratur e.V., Metzstr. 14c, 81667 München oder www.jugendliteratur.org
9. Kinder- und Jugendtheatertreffen „Augenblick mal" über www.augenblickmal.de und http://www.goethe.de/kue/the/thm/idd/de2341509.htm

Regina Pantos, Flatowallee 16, 14055 Berlin

Ulf Abraham

Kinderfilme

1. Die Rolle des Films in Medienverbünden – am Beispiel aktueller Kinderfilme

In Medienverbünden spielen Filme zwar nicht immer, aber oft die Rolle des „Leitmediums" (Ewers 2006). Von *Heidi* über *Harry Potter* bis *Die Wilden Fußballkerle* bereitet jeweils der Film, in aller Regel seriell, bei vielen Rezipient(inn)en den Boden für die anderen Verbundelemente: Bücher, Hörbücher, PC- und Konsolenspiele, Klingeltöne, Legoserien usw. Wenn solche Verbundangebote aber in großem Maßstab angenommen werden, so deshalb, weil eine Art Kern-Plot als narrative Klammer wirkt, die all diese Produkte verbindet.

Ein gemeinsames Thema genügt hier nicht, es muss tatsächlich eine Erzählung sein: „Die Medienverbundangebote sind die großen Narrationen unserer Zeit." (Ewers 2006) Der Film mit seinen großartigen epischen Möglichkeiten bietet sich für die Rolle des Leitmediums an – insbesondere, seit die klassische Trennung von Animations- und Realfilm von der digitalen Technik aufgehoben wurde und künstlich erzeugte Geschöpfe wie Gollum (*Der Herr der Ringe*) zunehmend realistisch wirken. Was im Mittelalter das Epos war, als wirkungsmächtige, Gemeinschaft stiftende Erzählung vom Zustand und der Bedrohtheit der Welt durch das Böse, ist heute die Medienverbunderzählung. Beide vereinfachen die Verhältnisse auf manchmal atemberaubende Weise. Aber obwohl es richtig ist, dass gute Medienverbundgeschichten die starre Gut-Böse-Dichotomie immer wieder mit einzelnen Figuren durchbrechen (Hagrid in *Harry Potter* und Staubfinger in Funkes *Tintenwelt*-Trilogie sind Beispiele), so braucht es doch diese Vereinfachung, um solchen Geschichten zu ihrer Wirkungsmacht zu verhelfen. Zu der Frage, wie Geschichten beschaffen sein müssen, um erfolgreiche – und gut verfilmbare – Medienverbundgeschichten zu werden, gibt es noch kaum ernsthafte Forschung. Anbieter wären auch davor zu warnen, sich von solcher Forschung Aufschluss darüber zu versprechen, wie man es denn machen müsse, um den *Harry-Potter*-Hype zu wiederholen; gerade dieses Beispiel zeigt ja doch, dass am Anfang nicht marktstrategische Planung, sondern *ein* überzeugendes Produkt steht. Dieses ist – nach Ewers (2006) – die „Pilotversion" eines Stoffes, die notwendig, aber nicht unbedingt auf Dauer auch „Leitmedium" ist.

2. Die Angebotsseite

Historisch betrachtet, ist der Kinderfilm älter als das, was wir heute *Medienverbund* nennen; er ist ja kaum später etabliert worden als der Film für Erwachsene. Einige der frühen Klassiker des Realfilms (z.B. *Emil und die Detektive*, 1930, Regie: Gerhard Lamprecht, *Die Abenteuer des Prinzen Achmed*, 1923-1926, Regie: Lotte Reiniger oder *Der Zauberer von Oz*, 1939, Regie: Victor Fleming und des Animationsfilms (z.B. *Das Dschungelbuch*, 1967, Regie: Wolfgang Reitherman) waren Kinderfilme.

Mit der Verfilmung eines Kinderbuches begann traditionell die Wanderung eines Stoffes durch die Medien: Die Kinderbücher Kästners oder Lindgrens und ihre Transformation in Filme, von den Autoren mit großem Interesse und teilweise eigenem Engagement begleitet, sind hier exemplarisch. Und obwohl es das heute noch gibt (Cornelia Funke ist ein Beispiel), ist es in der Regel nicht mehr angemessen, von *Verfilmung* zu sprechen und für die Beurteilung als Maßstab die Buchvorlage zu setzen. Denn jedes Medium hat nicht nur seine eigenen ästhetischen Ausdrucksmöglichkeiten und damit auch Maßstäbe, sondern bei Medienverbundfilmen ist der gesamte Medienverbund als ein von vornherein geplantes *Hypermedium* zu betrachten. Für dieses gilt, was für alle Medien gilt: Qualitativ minderwertig ist ggf. nicht das Medium, sondern allenfalls das einzelne Medienprodukt.

Dieses aber ist zunehmend im Medienverbund anzutreffen und zu beurteilen (vgl. als Bestandsaufnahme Frederking/ Josting 2004, 7-11). Der anspruchsvolle Kinderfilm läuft dabei Gefahr, als historisch bedeutsamer Teil der Kinderkultur hinter die digitalen Medien (Computermedien) zurückzufallen. Ästhetisch ambitionierte Produkte, die mit gleicher Sorgfalt wie Erwachsenenspielfilme gemacht und daher als Lernobjekte für die ästhetischen Ausdrucksmittel des Films geeignet sind, gibt es, aber nicht zahlreich (vgl. Abraham 2002a). In der BRD werden nach wie vor pro Jahr kaum mehr als zwei Kinderfilme produziert; diese haben generell einen schweren Stand (vgl. Gangloff 2000). Auch gute Kinderbuchverfilmungen, wie *Krücke* von Jörg Grünler (nach Peter Härtling), bringen es kaum auf mehr als 3000 Kinozuschauer; wer mehr erreichen will (wie etwa Vilsmaiers Neuverfilmung von Kästners *Das doppelte Lottchen*, 1993, mit 715.000 Zuschauern oder *Rennschwein Rudi Rüssel* nach Uwe Timm, 1994, mit 900.000 Zuschauern; vgl. Abraham 2002a, 6f.), der muss mehr in Werbung investieren. Und Werbung ist heute vor allem Medienverbundwerbung. Die verschiedenen medialen Transformationen eines Stoffes bewerben sich sozusagen gegenseitig, unterstützt von Fanartikeln aller Art. Das Beispiel der *Wilden Fußballkerle* zeigt das deutlich. 13 Bücher umfasst die Serie bis jetzt, vier Filme gibt es, dann natürlich Audio-CDs und eine Reihe von Begleitprodukten wie Puzzles, Karten-, Geschicklichkeits- und Gedächtnisspiele. Daneben werden Muscleshirts für Kids (Gr. 140) angeboten, Stutzen, T-Shirts, Hosen, Umhängetaschen, Ringordner DIN-A-4, Armbanduhren, Base Caps, Schulrucksäcke. Dazu gibt es dann wiederum Begleitliteratur wie von Bettina Grabis: *Die wilden Kerle – Unser wildes Training. Technik und Fitness* (2005). Also auch auf das ehrwürdige Medium Buch kommt der Medienverbund wieder zurück; nicht nur Rowling beackert dieses Feld, auch Masannek mit *Die Wilden Fußballkerle – die wildesten aller wilden Sprüche* (2005).

Und schließlich sind auch didaktische Produkte zum Medienverbund zu rechnen – in diesem Fall beispielsweise *Texte.Medien. Lesetagebuch zu Joachim Masannek: Die Wilden Fußballkerle*. Insgesamt ist zwar durchaus nachvollziehbar, warum Eichinger (2006, 14) in diesem Medienverbundangebot das gegenwärtige „Maß aller Dinge" sieht; allerdings sollte man Erfolg und Qualität nicht von vornherein gleichsetzen. Überlegungen zu Qualitätskriterien gibt es zwar für den Kinderfilm (vgl. Abraham 2002a, 15), aber nicht für Medienverbünde.

Als relativ gelungener Medienverbund gilt Paul Maars *Sams* (vgl. Eichinger 2006): Bücher, Hörspielfassung, Musical, Brett- und Computerspiel, Liederalbum usw. Auch hier nimmt der Medienverbund so gut wie alles mit, was sich auf dem Markt absetzen lässt. Aber die Auseinandersetzung des Autors mit den medialen Gegebenheiten und Möglichkeiten des ausgehenden 20. Jahrhunderts bewertet Eichinger dabei als wichtig und ertragreich; sie führt dazu, dass der Stoff zwar – nicht nur aus lizenzrechtlichen Gründen, sondern auch um den Erwartungen der Rezipient(inn)en zu entsprechen – stets wiedererkennbar bleibt, aber die beteiligten Einzelmedien deutlich verschiedene Funktionen erfüllen und die Geschichte gleichsam jeweils medienspezifisch formatieren. Eichinger zeigt das an der Rolle des Erzählers: Im Buch ist er ein auktorialer Erzähler, der die Leseraufmerksamkeit und -meinung (z.B. durch ironische Kommentare) steuert, im Hörspiel sorgt er für Struktur, indem er zwischen Situationen und Orten auftritt und überleitet; in der Theaterfassung ist er ein ins Geschehen zeitweise einbezogener Schauspieler; für die Spiel-CD, an der der Autor maßgeblich mitgewirkt hat, ist er „eine Art Anleiter für die Spielgeschichte" (Eichinger 2006, 16), ein „Spielführer" (Lange 2000, 105). Insgesamt kommt Eichinger zu dem Ergebnis, dass die Geschichte (gemessen an der „Pilotversion Buch") „mit großer Umsicht auf stofflicher Ebene verändert und aktualisiert" (2006, 15) ist. Erst dadurch wird sie zur (und funktioniert sie als) Medienverbundgeschichte. In deren Rahmen sind die *Sams*-Filme, übrigens relativ spät entstanden, *eine* spezifische Interpretation des Stoffes, die diesen auch für etwas ältere Zielgruppen interessant macht.

Kinderfilme, die sich nicht auf diesen Weg in den Medienverbund machen, haben es schwer gegen Großproduktionen meist US-amerikanischer Herkunft, deren Erfolgsrezept es ist, dass sie zwar vorwiegend für Kinder gemacht sind, aber nicht als *Kinderfilme* laufen, sondern als *Familienfilme*. Sich gegen diese Disney-Übermacht, die ihrerseits stark auf den Medienverbund setzt (*Shrek* in jeder Form), zu behaupten, gelingt nur wenigen Produktionen.

Fragt man also, was Produzenten und Verleiher gewinnen, wenn sie Kinderfilme aus einem Medienverbund heraus anbieten, so fällt die Antwort leicht: Erhöhung der ökonomischen Erfolgswahrscheinlichkeit und damit Minimierung des Verlustrisikos (auch Kinderfilme werden heute mit hohem Aufwand hergestellt und müssen prinzipiell den gleichen ästhetischen Ansprüchen genügen wie Filme für Erwachsene).

3. Die Nachfrageseite

So leicht die Beantwortung der Motivfrage auf der Angebotsseite fällt, so schwierig ist sie auf der anderen Seite zu klären. Was gewinnen Kinder, wenn sie die Legoserie, die Plastikspielfiguren, die Aufkleber, den Schulrucksack, das PC- oder X-Box-Spiel usw. auch noch erwerben? Eine so einfache Gratifikation wie die Gewinnmaximierung auf der Angebotsseite gibt es hier nicht. Und doch muss es eine (Zusatz-)Gratifikation geben, gegenüber der bloßen Rezeption von Film und (oft auch) Buch.

Nun sind Medienverbünde keine reine Domäne der Kindermedien; es gibt ja auch das Buch zur TV-Serie für Erwachsene, und der wohl bekannteste, international erfolgreichste Medienverbund überhaupt, sagt Eichinger (2006, 14), ist George Lucas´ *Star Wars*; dabei handelt es sich um ein Angebot für ein relativ disperses Publikum, nicht um eines speziell für Kinder.

Trotzdem soll hier gefragt werden, welche Gratifikationen sich *Kinder* von der Nutzung der Medienverbundgeschichten versprechen können. Was gibt es ihnen, die Legoserie zur Geschichte, die Spielfiguren zum Film, das Muscleshirt, die Sammelmappe, die Trinkflasche zu besitzen? Die scheinbar nächstliegende Antwort, den Druck verantwortlich zu machen, den *opinion leaders* in *peer groups* ausüben und der allen Eltern wohlbekannt ist, greift dennoch zu kurz. Denn auch diese *opinion leaders* haben nichts anderes getan als dem Ruf einer Gratifikation zu folgen. Die bloße Tatsache, dass es Medienverbundangebote und Fanartikel *gibt*, reicht als Erklärung nicht aus. Weiter kommt man, wenn man auf tiefenpsychologische Überlegungen zurückgreift, wie die Literaturdidaktik sie in den 1990er Jahren rezipiert hat (vgl. Spinner 1995, Abraham 1998): Neubaur (1987) hat in ihrem Versuch, Spiel und Realität in der Pychoanalyse Winnicotts zu erklären, die Rolle des Übergangsobjekts betont: „Für uns Erwachsene gehört es der Außenwelt an, nicht aber für das Kind; andererseits gehört es auch nicht zur inneren Welt; es ist keine Halluzination." (ebd., 74) Es kündet von der kindlichen Fähigkeit, „Vorgefundenes in Selbstgeschaffenes zu verwandeln." (ebd., 72) Winnicott (1979, 11) spricht von einem durch das Übergangsobjekt definierten und besetzten intermediären Raum, Neubaur von einem „Zwischenreich" (1987, 93), das das Kind zwischen sich und der Außenwelt errichtet und das sozusagen von beiden Seiten aus betretbar ist. Der Vorstellungsraum, der sich bei der Rezeption einer Geschichte eröffnet, ist als solcher ein intermediärer Raum zwischen Innen und Außen, der gleichsam bevölkert wird mit (literarischen) Figuren und möbliert wird mit solchen fiktionalen Elementen, die für Orte, Schauplätze, Requisiten usw. stehen. Kinder, so nehmen wir an, *leben* eine Zeit lang (und in der Regel länger als Erwachsene) mit einer rezipierten Geschichte (die Unterschiede zwischen Rezeption eines Printtextes und eines AV-Mediums sind hierbei nicht entscheidend). Lektüre (eines Buchs, eines Films) ist nun allerdings ein flüchtiger Vorgang, und die sich dabei einstellende *ästhetische Erfahrung* ein eher instabiler Prozess (vgl. genauer Abraham 2000). Verdauerung ist ein Wunsch, den Kinder ganz offensichtlich haben, man denke nur an die in Lesebiografien immer wieder nachgewiesene Tendenz zur Wiederholungslektüre (was für frühere Generationen Karl Mays *Reiseerzählungen* waren, ist heute *Harry Potter*). Die hier vertretene These ist, dass es bei der Beschäftigung mit den Medienverbundangeboten zu einer Geschichte wie *Sams*, *Heidi*, *Die Wilden Fußballkerle* oder *Harry Potter* um die Gratifikation der Verdauerung geht – der Aufenthalt im einmal errichteten Übergangsraum wird verlängert, das Erlebnis der Identifikation und Empathie aufgefrischt durch die *Heidi*-Anziehpuppe, den *Harry-Potter*-Zauberstab mit Batterie, das Aufgabenlösen auf der *Sams*-CD-ROM oder das Blättern im Bilder-Sammelalbum. Auch der Aufenthalt in Internetforen und auf Fan-Sites (zum Beispiel *Harry Potter* vgl. Matern 2006), gleich ob rezeptiv oder produktiv, trägt zu dieser Verdauerung bei. Das subjektive *Leitmedium* im Medienverbund ist dabei immer dasjenige, das dem Individuum ursprünglich den Aufbau des Übergangsraums ermöglicht hat – bei Lesern sehr wahrscheinlich das Buch, bei eher AV-sozialisierten Kindern eher der Film oder die Fernsehserie.

Hinzu kommt eine weitere, eher sachstrukturelle Überlegung. Narrative Klammern in Medienverbundgeschichten für Kinder erzählen nicht selten Sozialisationsgeschichten, die von der Behauptung gegen große Widerstände handeln und vom Ausgleich, ja der Sublimation extremer Startnachteile im Leben erzählen – etwa die Geschichte vom Waisenkind Harry Potter, seinem Aufwachsen bei Verwandten, die ihn verstecken und vernachlässigen, und seinem Aufstieg zum vielversprechenden Zauberschüler (vgl. zur Analyse dieses am besten untersuchten Beispiels Spinner 2001 und Abraham 2002b). Und auch Heidis Sozialisation, ihre Verpflanzung in die Stadt und die Rückkehr zum Großvater auf die Alm, ist eine solche Geschichte, die zwar nicht ursprünglich für den Medienverbund konzipiert wurde, sich aber im Nachhinein als hervorragend dafür geeignet erwies: 9 Realfilme, 4 Animationsfilme und einen Kurzfilm zur Schweizer Imagewerbung gibt es (vgl. die Synopse am Ende des Beitrags).

Interessant ist in diesem Zusammenhang die Frage, ob auch Remakes bzw. mehrere filmische Adaptionen desselben Stoffes zu einem Medienverbund gehören können, und was das bedeutet. *Ästhetisch* bedeutet es, dass spätere Filme durch die Existenz der früheren zu intertextuellen Phänomenen werden, deren Beurteilung unmöglich ist ohne die Kenntnis der Vorgängerfilme, die oft wichtiger für das neue Produkt sind als die Buchvorlage. *Didaktisch* bedeutet es, dass intramediale Vergleiche (Filme untereinander) mindestens so wichtig sind wie intermediale zwischen Buch und Film, Buch und Theaterfassung, Buch und PC-Spiel usw.

4. Resümee und fachdidaktische Konsequenzen

Dem Phänomen *Kinderfilm im Medienverbund* angemessen ist ein unvoreingenommener Blick auf Rezeptionssituationen und -interessen (*Gratifikationen*) sowie auf das zugrunde liegende medienästhetische Konzept (vgl. auch Wermke 1998 oder Josting 2001). Fachdidaktisch ist vor allem das Verhältnis von Leseförderung und Medienerziehung zu bedenken, wenn Einsatz und Thematisierung von Medienverbünden, vor allem von Filmen, im Unterricht erwogen werden sollen (vgl. hierzu auch den Beitrag von Klaus Maiwald in diesem Band). Beide Aufträge hat der Deutschunterricht zu erfüllen; und ohne sie gegeneinander ausspielen zu wollen, muss man doch einräumen, dass entsprechende Bemühungen nicht immer in schöner Harmonie koexistieren. In der fachdidaktischen Literatur wird immer wieder vermutet oder behauptet, dass auch AV-Medien, allen voran der Kinderfilm, sich zur Leseförderung nutzen ließen. Die AV-Medien, so die These, übten einen Sog aus, der auch Wenigleser – und eben auch die Jungen – dazu bringen könne, zum Buch zu greifen, und sei es auch nur, um alle Teile des jeweiligen Medienverbunds zu kennen und in der *peer group* diskursfähig zu bleiben.

Ein Projekt der Stiftung Lesen – *Leseförderung im Medienverbund* – setzt hier an und bietet begleitende Kampagnen zu aktuellen Filmstarts sowie zu einer Reihe populärer Filme didaktische Broschüren zum Download an (vgl. http://www.ideen forumschule.de/mainframe_foerderung.html, 26.07.2007). Darunter sind auch solche zu Kinderfilmen (*Das Sams*, *Matilda*).

Auch die Bundeszentrale für politische Bildung bietet Filmhefte an (vgl. http://www.bpb.de/publikationen/SNA3WX,0,0,Filmhefte.html, 26.07.2007), aber nur ausnahmsweise zu Kinderfilmen (*Die Wilden Fußballkerle*). Schließlich ist das Österreichische Bundesministerium für Unterricht, Kunst und Kultur zu nennen, das einen ähnlichen Service bietet, und zwar speziell zu Kinderfilmen (vgl. http://www.media manual.at/mediamanual/workshop/filmanalyse/materialien/index.php, 26.07.2007). Auch diese Begleithefte thematisieren nicht nur inhaltliche Aspekte der Filme, sondern auch filmsprachliche Besonderheiten. Sie gehen darüber hinaus auch auf Möglichkeiten kreativer Anschlusshandlungen ein; auf Leseförderung wird hier nicht explizit Bezug genommen.

Empirische Belege im strengen Sinn dafür, dass der Weg über Verfilmungen zum Lesen führt, fehlen ohnehin, dürften auch schwer zu gewinnen sein. Es gibt lediglich Hinweise darauf, dass der Einbezug von Medienverbundangeboten in den Leseunterricht besonders den männlichen Lernenden auf der Primarstufe hilft, eine Beziehung zu Lesestoffen aufzubauen (vgl. Bertschi-Kaufmann 2000). Der Einbezug von Filmen in den Lese- und Literaturunterricht ist aber nicht nur für die Grundschule wichtig; obwohl eine entwickelte Filmdidaktik für den Deutschunterricht erst noch zu schreiben wäre, kann man doch aus der aktuellen Diskussion zu AV-Medien im Deutschunterricht (z.B. Frederking 2006) folgern, dass Filme (endlich) zu Unterrichtsgegenständen eigenen Rechts werden sollten, die auf eigene, medial spezifische Weise Geschichten erzählen, lebensweltlich bedeutsame Themen behandeln und die Wahrnehmungs-, Interpretations- und Urteilsfähigkeit der Lernenden nicht weniger (nur eben anders) als die Printliteratur herausfordern. Obwohl Filme, die Teil eines Medienverbunds sind, den Blick in besonderer Weise auf das Verhältnis von Buchvorlage und medialer Adaption richten (was ja der didaktische Ansatzpunkt der Stiftung-Lesen-Filmhefte ist), geht es auch bei einer Behandlung der *Sams*-, *Wilde-Kerle*- oder *Harry-Potter*-Filme nicht um die unproduktive Frage, ob das Buch oder der Film (oder das Hörbuch oder das PC-Spiel) *schöner* sei. Vielmehr setzen Filme ganz eigene Rezeptionsbedingungen:

- Anders als Bücher bringen sie ihr eigenes Tempo schon mit, jedenfalls bei der ununterbrochenen Rezeption. (Ein gewisses Tempo ist gleichsam die Voraussetzung für das Funktionieren der Filmgeschichte, was die Erklärung für die unzähligen *goofs*, d.h. Filmfehler, der Filmgeschichte ist, die unbemerkt durchgehen. Metzger 2002 hat dazu ein interessantes Unterrichtskonzept entwickelt.)
- Anders als Hörbücher konkretisieren sie Figuren, Schauplätze und Objekte visuell. (Es muss zwar nicht alles ins Bild gebracht werden, was eine Geschichte erzählt, aber *etwas* muss stets ins Bild.)
- Anders als Hörspiele und Theaterfassungen *lenken* sie Auge und/ oder Ohr im Sinn einer Wahrnehmungssteuerung durch Kameraführung, Perspektivenwahl und Kadrage (Bildbegrenzung). (Dem Theaterzuschauer sagt niemand, wohin er blicken oder was er im Operngucker heranzoomen soll.)

Eine Didaktik des Films hat vor allem dafür Sorge zu tragen, dass Kognition und Reflexivität nicht sozusagen überwältigt werden von einem Medium, das vor allem in der Tradition Hollywoods auf große Gefühle abhebt, auf Emotionalität und Empathie setzt. Das ist in Klassenzimmern nicht immer leicht zu machen. Aber gerade Medienverbundfilme bieten hier didaktische Möglichkeiten:

- Wenn die Geschichte (im Sinne von *plot*) schon bekannt ist, kann das wahrnehmende Bewusstsein dem Tempo leichter folgen, und Lernende sperren sich auch weniger dagegen, dass unterbrochen, ein DVD-Kapitel nochmals aufgesucht, eine Sequenz wiederholt wird.
- Wenn verschiedene Medien je *eigene* Visualisierungen von Figuren, Schauplätzen und Objekten anbieten, relativiert sich die Macht der Filmbilder. (Neben Daniel Radcliffe kann der Harry Potter der deutschen Illustratorin Sabine Wilharms gestellt werden, die PC-Spielfigur, die Harry Potters anderer Illustratoren aus verschiedenen Ländern usw. Das ist ein Konzept für eine medienästhetisch interessante Unterrichtsstunde zum Thema *Inszenierung einer Figur*; vgl. Schulz 2000, 83-106, zur Pinocchio-Figur im Medienverbund.)
- Die erzählerischen Mittel des Films (Kameraführung, Perspektivenwahl und Kadrage) können gut thematisiert werden als Dasjenige, was andere Medienverbundangebote *so nicht* bieten. Dass sich manchmal Einzelmedien ein solches Mittel teilen (z.B. der Film und der Comic die *Einstellungsgröße*, der Film und das PC- oder Konsolenspiel die *Musik*), widerspricht dem nicht, sondern kann didaktisch genutzt werden, etwa in einem Vergleich der zahlreichen Verbundmedien, die die *Heidi*-Geschichte erzählen (vgl. die Synopse am Ende des Beitrags).

Mit solchen Überlegungen ist noch nichts zur Qualitätsfrage gesagt. Die Bedürfnisse und Gratifikationserwartungen, die Kinder dazu bringen, zu Kinderfilmen im Medienverbund zu greifen, können ökonomisch ausgebeutet werden wie alle anderen menschlichen Bedürfnisse; Eltern, die über die in Sammelmappen, Spielfiguren und anderen Utensilien steckende Geschäftstüchtigkeit der Anbieter klagen, sollten aber nicht übersehen, dass schlechte und über die Maßen serielle Angebote (auch hierfür sind leider die *Fußballkerle* exemplarisch) nicht die Bedürfnisse der Käufer(innen) desavouieren, sondern sich selbst.

An einem Beispiel – der Wanderung des *Heidi*-Stoffes durch die Medien – soll abschließend wenigstens skizzenhaft gezeigt werden, wie Kinderfilm als Medienverbundphänomen Gegenstand einer Unterrichtseinheit werden könnte (vgl. die Synopse am Ende des Beitrags).

1. Anhand eines *Heidi*-Comic-Covers aus dem Bastei-Verlag (Abb. 1) kann das Vorwissen der Lernenden (4.-5. Schuljahr) abgerufen und verglichen werden. Die wichtigsten Figuren, der Kern-Plot, die Melodie des *Heidi*-Liedes sind mit Sicherheit bekannt. Daran anknüpfend, kann der Begriff *Medienverbund* geklärt werden.

2. Ein Ausschnitt aus der japanischen Animationsserie (1974, dt. Erstausstrahlung 1977 mit 52 Episoden zu je 25 Min) setzt gleichsam die Comic-Bilder in Bewegung; die Figuren werden aber denjenigen Kindern, die einen der Filme kennen, möglicherweise als klischeehaft erscheinen (Abb. 2):

Abb. 1: Heidi als Comic

Abb. 2: Heidi-Figuren Heidi – Alm-Öhi – Clara – Geißen-Peter – Frl. Rottenmeier – Großmutter Sesemann in der japanischen Zeichentrickserie von 1974 (http://www.heidi.ne.jp/hp/uranai/haiji.html, 26.07.07)

3. Der Film, der Filmgeschichte geschrieben hat und als Klassiker gilt, ist der Schwarzweißfilm von Luigi Comencini (Schweiz 1952). Ihn ganz zu zeigen ist gerechtfertigt und bringt in die Hauptfiguren Heidi, Alm-Öhi, Peter und Clara eine Tiefe, die den Comic- und Zeichentrickfiguren fehlt (Abb. 3).

4. Den Abschluss der Unterrichtseinheit können Ausschnitte aus der neuen, den Stoff radikal aktualisierenden Verfilmung von Markus Imboden (Schweiz 2001) bilden. Der Film hat Schwung und Witz, thematisiert Patchwork-Familien, Mediensozialisation und jugendliche Subkulturen, ohne den Plot aufzugeben: Heidi kommt gegen ihren Willen nach Berlin (statt nach Frankfurt) und findet dank

Abb. 3: Heidi-Figur in der Verfilmung von Luigi Comencini (1952) (DVD-Screenshot)

Abb. 4: Heidi-Figur in der Verfilmung von Markus Imboden (2001) (DVD-Screenshot)

eines als Computerfreak ausgelegten Peter auf Grund einer Internet-Spendenaktion auf eigene Faust den Weg zurück in die Berge (Abb. 4).

Im Deutschunterricht Medienverbundphänomene zu thematisieren ist – nimmt man alles zusammen – nicht nur legitim, sondern notwendig. Das heißt freilich nicht, dass man das unkritisch tun müsste oder dürfte. Gerade vom Film auszugehen ist oft nicht ungeschickt, denn der Film mit seinen fünf *Kanälen* (Bild, Geräusche, Sprache/ Dialog, Musik, Schrift) ist so etwas wie die Schnittmenge der Einzelmedien, aus denen Medienverbünde bestehen, und nicht wenige AV-sozialisierte Kinder sehen in ihm das Leitmedium, an dem die anderen Medienangebote gemessen werden.

Synopse der Medienverbünde *Das Sams* und *Heidi*

Das Sams

Buchvorlagen

Paul Maar: *Am Samstag kam das Sams zurück* (1980, 1996), *Sams in Gefahr* (2002, Drehbuch 2003), *Neun Punkte für das Sams* (1992), *Das Sams wird Filmstar* (2001), *Alles vom Sams* (5 Bde., 2003) (alle bei Oetinger, Hamburg)

Hörbuch

Paul Maar: *Am Samstag kam das Sams zurück* (Audio-CD 2005, Kassette 1990), *Neun Punkte für das Sams* (Horspiel CD 1993, Kassette 1993), *Ein Sams für Martin Taschenbier* (Hörspiel CD 2005, Kassette 2005), *Sams in Gefahr* (Hörbuch/ Lesung 4 CDs 2003), Rufus Beck: *Sams in Gefahr* (CD 2003)

Filme
Das Sams – der Film (Regie: Ben Verbong, 2001; DVD 2002), *Sams in Gefahr* (Regie: Ben Verbong, 2003), Augsburger Puppenkiste: *Das Sams* (DVD 2005)
Spiele
Das Sams – Abenteuer mit der Wunschmaschine (CD-ROM). Hamburg: Oetinger o.J.), Dammenhayn/ Rehak: *Lesezauber, neue Rechtschreibung, Schreibzauber mit Sams.* Berlin: Cornelsen 2001
Sonstiges
Kai Haferkamp: *Das Sams* (Spiel, Kosmos), *Sams in Gefahr* (Liederalbum zum Film. CD 2005, Kassette Nena und Gäste 2003), *Sams – Das Musical* (CD 1997, Kassette 1997), *Sams in Gefahr* (Soundtrack, CD 2004), Sams (Stoffpuppe von Steiff 1997)

Heidi

Buchvorlagen
Johanna Spyri: *Heidis Lehr- und Wanderjahre* (1880) (Arena-Ausgaben 1994, 2000, 2004, 2006), M. Krautmann/ M. Weil: *Heidi.* Edition XXl. 2003
Hörbuch
Heidi (Hörkassette, mehrere Folgen. Universal Family/ Oettinger 1998), *Heidi* (Audio CDs, Topsound 2005)
Filme
Realfilme: USA 1920, Stummfilm, R.: Frederick A. Thomson; USA 1937, R.: Allan Dwan; CH 1952, R.: Luigi Comencini; BRD 1954, R.: Hans Albin; Heidi und Peter (CH 1965, R.: Franz Schnyder); A 1965, R.: Werner Jacobs; USA/ A/ Lux. 1993, R.: Michael Rhodes; CH 2001, R.: Markus Imboden; GB 2005, R.: Paul Marcus **Animationsfilme**: Animations-Serie, Japan 1974 Japan 1995, R.: Toshiyuki Hiruma Takashi BRD/ CH 1998, R.: Alain Gsponer (= Animationsfilm zur Schweizer Imagewerbung) BRD 2002, R.: Albert Hanan Kaminski
Spiele
EMME Deutschland: *Train Simulator – Heidi Express* (Videospiel), EMME Deutschland: *Heidi Express* (CD-ROM für *Train Simulator*, Windows 2000/98), VITREX: *Heidi – das Spiel zum Film* (Videospiel Gameboy Advance), Tivola: *Heidi – Deine Welt sind die Berge* (Spiel-CD-ROM), Schwager & Steinlein: *Heidi – Mein Stickerbuch* (Lernspiele mit Stickern 2006)
Didaktische Materialien
Schweizer Institut f. Jugendmedien: *Johanna Spyri und ihr Werk – Lesarten* (Gva. 2004)
Sonstiges
Bilderbücher: Geschichtenbuch nach der orig. Comic-Figur (Buch, Edition XXL 2003) Hartpappe/ Stanzpappe nach der orig. Comic-Figur (Buch, Edition XXL 2004) Heidi mit Ankleidepuppe, Geschichtenbuch nach der orig. Comic-Figur (Buch mit Bastelbogen, Edition XXL 2005) **Comics**: 1976–1977 (21 Hefte, Bastei) 1977–1981 (179 Hefte, Bastei) 1978–1979 (8 Taschenbücher, Bastei) 1978–1981 (4 Taschenbücher, Condor Verlag) Comic-Sonderheft 1979 (Condor Verlag) 1980–1984 (9 Taschenbücher, Bastei) 1987-1988 (28 Hefte, Bastei) **Musical**:Shaun McKenna (Text) und Stephen Keeling (Musik) (CH/ GB 2005)

Literatur

Abraham, Ulf: Übergänge. Literatur, Sozialisation und literarisches Lernen. Wiesbaden 1998

Abraham, Ulf: Das a/Andere W/wahrnehmen. Über den Beitrag von Literaturgebrauch und literarischem Lernen zur ästhetischen Bildung (nicht nur) im Deutschunterricht. In: Mitteilungen des Deutschen Germanistenverbandes 47 (2000) H. 1, 10-22

Abraham, Ulf: Kino im Klassenzimmer. Klassische Filme für Kinder und Jugendliche im Deutschunterricht. In: Praxis Deutsch 29 (2002a) H. 175, 6-18

Abraham, Ulf: Familienlektüren wie z.B. Harry Potter. Fantastische Erfolgsromane mit Helden ohne Familienanschluss, gelesen vor dem Hintergrund empirischer Erkenntnisse über familiale Lesesozialisation. In: Jahrbuch für Internationale Germanistik XXXII (2002b) H. 1, 82-97

Bertschi-Kaufmann, Andrea: Lesen und Schreiben in einer Medienumgebung. Die literalen Aktivitäten von Primarschulkindern. Aarau 2000

Eichinger, Nadine: Paul Maar multimedial. Szenarien des Sams in Buch, Film, Hör- und Computerspiel. In: Kinder- und Jugendliteraturforschung. Frankfurt/ M. (2006) H. 2, 14-18

Ewers, Hans-Heino: Die Heldensagen der Gegenwart. Die Medienverbundangebote sind die großen Narrationen unserer Zeit. In: Garbe, Christine/ Maik Philipp (Hgg.): Harry Potter – ein Literatur- und Medienereignis im Blickpunkt interdisziplinärer Forschung. Münster 2006, 297-311

Frederking, Volker (Hg.): Filmdidaktik – Filmästhetik. München 2006. (Jahrbuch Medien im Deutschunterricht 2005)

Frederking, Volker/ Petra Josting: Der Vielfalt eine Chance ... Medienintegration und Medienverbund im Deutschunterricht. In: Dies. (Hgg.): Medienintegration und Medienverbund im Deutschunterricht. Baltmannsweiler 2005. (Diskussionsforum Deutsch; 18), 1-18

Gangloff, Tilmann P.: Jenseits von Disney – Experten diskutieren über die Zukunft des Kinderfilms. In: *merz* 44 (2000) H. 1, 39-40

Heidtmann, Horst: Multimediales Erzählen für Kinder und Jugendliche. In: Kämper-van den Boogaart, Michael (Hg.): Das Literatursystem der Gegenwart und die Gegenwart der Schule. Baltmannsweiler 1997, 196-205

Josting, Petra: Medienverbund, Deutschunterricht und Medienkompetenz. In: Beiträge Jugendliteratur und Medien 53 (2001) H. 3, 174-185

Lange, Günter: Paul Maar – multimedial. In: Richter, Karin/ Sabine Riemann (Hgg.): Kinder – Literatur – „neue" Medien. Baltmannsweiler 2000, 94-110

Matern, Magnus: „Bei mir ist das schon so eine Art Ritual". Zum Medienverhalten der Harry-Potter-Fans im Spiegel von Internetforen. In: Kinder- und Jugendliteraturforschung. Frankfurt/ M. (2006) H. 1, 10-13

Metzger, Klaus: Goof! Fehler in Filmen als Bausteine für eine „Schule des Film-Sehens". In: Praxis Deutsch 29 (2002) H. 175, 19-21

Neubaur, Caroline: Übergänge. Spiel und Realität in der Psychoanalyse Donald W. Winnicotts. Frankfurt/ M. 1987

Schulz, Gudrun: Geschichten lesen, erzählen, schreiben, gestalten. Kinderliteratur als Anreger für einen produktiven Unterricht. Berlin 2000

Spinner, Kaspar H.: Die Entwicklung literarischer Kompetenz beim Kind. In: Rosebrock, Cornelia (Hg.): Lesen im Medienzeitalter. München [u.a.] 1995, 81-95

Spinner, Kaspar H. (Hg.): Im Bann des Zauberlehrlings? Zur Faszination von Harry Potter. Regensburg 2001

Wermke, Jutta: Kinder- und Jugendliteratur in den Medien oder: Der Medienverbund als ästhetische Herausforderung. In: Rupp, Gerhard (Hg.): Ästhetik im Prozeß. Opladen 1998, 179-217

Winnicott, Donald W.: Vom Spiel zur Kreativität. Stuttgart 1979

Prof. Dr. Ulf Abraham, Universität Bamberg, Lehrstuhl für Didaktik der deutschen Sprache und Literatur (Fakultät Sprach- und Literaturwissenschaften), An der Universität 5, 96047 Bamberg

Petra Wonsowitz

Bilder in Bewegung: Animationsfilme und Literaturadaptionen

„Der bewegte Film ist nicht die Kunst der Bilder, die sich bewegen, sondern die Kunst der gezeichneten Bewegung."
Norman McLaren (zit. n. D. Chevallier 1967, 29)

Trickfilm ist nicht gleich Trickfilm. Ebenso unterschiedlich wie die ihn kennzeichnenden Techniken sind die Sujets, derer er sich bedient. Ein Großteil davon entstammt der Literatur. Im Bereich der Feature-Filmproduktionen für das Kino mit 90 Minuten oder mehr Lauflänge werden von Hand gezeichnete Trickfilme, die so genannten Zeichentrick- oder 2D-Filme, seit Ende der 1990er Jahre immer stärker durch computergenerierte 3D-Filme ersetzt. Allein im Jahr 2006 fanden sich hierzulande mehr als 24 Animationsfilme im Kinoprogramm, darunter etwa 50 Prozent 3D-Animationen. In der Serienproduktion für das Fernsehen hat sich eine Mischung aus Zeichentrickfilm und Computeranimation etabliert. Auch hier gehören Animationsfilme zum festen Bestandteil des Unterhaltungsangebots für Kinder und Jugendliche und nicht zuletzt für Erwachsene, wie etwa die spät am Abend ausgestrahlte Serie *South Park* oder verschiedene *Anime*-Serien auf MTV.

1. Typisierung

Zu den 2D-Trickfilmen zählen neben den Zeichentrickfilmen die Legetrickfilme oder *Cut-outs*, eine Technik, die insbesondere *Lotte Reiniger* in den 1920er Jahren in ihren Scherenschnittfilmen perfektionierte. Als Pionierin der Trickfilmkunst schuf sie den ersten langen Feature-Trickfilm überhaupt: *Die Abenteuer des Prinzen Achmed*, 1926, und das elf Jahre, bevor Walt Disney mit *Snow White (Schneewittchen und die sieben Zwerge)* den Trickfilm revolutionierte. Die Bedeutung der deutschen Regisseurin für den internationalen Trickfilm wird von vielen Filmhistorikern aber gerne übersehen oder heruntergespielt. Selbst in Standardwerken wie dem Kracauers ist lediglich zu lesen:

> „In einem eigenen kleinen Reich für sich selbst arbeitet Lotte Reiniger fleißig mit der Schere und fertigt einen niedlichen Scherenschnittfilm nach dem anderen an." (Kracauer 2005, 92)

Außer den *Cut-outs* gehören auch Computeranimationen wie beispielsweise *Flash-Filme* in die 2D-Kategorie. Diese Art der computergestützten, digitalen

Bildbearbeitung ist nach dem Animationsprogramm *Flash* benannt. Das Flash-Format ist besonders im Internet weit verbreitet. Aber auch im TV-Trickfilm-Sektor setzen sich Flash-Filme aufgrund ihrer kostengünstigen Produktionsweise immer häufiger durch. Aktuelles Beispiel sind u.a. die in der *Sendung mit der Maus* laufenden kurzen Zeichentrickfilme *Erdbeermarmeladenbrot mit Honig* des Stuttgarter Filmemachers *Andreas Hykade.*

Neben der computergenerierten 3D-Animation gibt es noch die Modell- , Puppen- oder Objekt-Animation sowie die Knettechnik oder *Clayanimation,* die durch das Trickfilm-Duo *Wallace and Gromit* des britischen *Aardman*-Studios seit Ende der 1990er Jahre der 3D-Computeranimation den Rang streitig macht (mittlerweile arbeitet auch das *Aardman*-Studio in der 3D-Computer Technik und produziert rasante Filme wie *Flushed Away,* 2007).

Hinzu kommen noch Realfilme, die durch Tricksequenzen (2D oder 3D) ergänzt werden, die so genannten Mischformen, wie zum Beispiel die Feature-Filme *Jurassic Park* (2002) oder die Fantasy-Trilogie *Lord of the Rings* (2005) *(Der Herr der Ringe*) nach der gleichnamigen Romanvorlage von J.R.R. Tolkien (1972 hatte bereits *Ralph Bakshi* versucht, diesen aufwändigen Stoff als Zeichentrickfilm zu realisieren, jedoch mit geringem kommerziellen Erfolg).

Im Zeitalter der digitalen Medien hat das Genre der Mischform ein so hohes Maß an Perfektion erreicht, dass es für das Auge eines ungeübten Betrachters nahezu unmöglich ist zu unterscheiden, wie und wann Realfilm und Tricktechnik ineinander übergehen. Eine ganze Branche lebt mittlerweile von der Entwicklung solcher *Special Effects* und auch aus der Werbung ist diese Art der Tricktechniken nicht mehr wegzudenken.

2. Das Prinzip Animation

In der Fachwelt verwendet man im Allgemeinen den angloamerikanischen Begriff Animation (in Frankreich *film d'animation*) anstelle von Trickfilm, da er auf die charakteristische Aufnahmetechnik im Einzelbildverfahren hinweist: Animation beschreibt die Bewegung von Bild zu Bild, wobei die Kunst des Animators darin besteht, die einzelnen Phasen einer Bewegung vom Beginn bis zum Ende zu gestalten. Je mehr Zeichnungen pro Sekunde Film entstehen, desto flüssiger erscheint die Bewegung. Das Maximum an Bildern pro Sekunde bei der Trickfilmerstellung liegt analog zu der Kino-Realfilmproduktion bei 24 Bildern pro Sekunde. Bei heutigen Animationsfilmen für das Kino werden im Durchschnitt etwa 18 Bilder pro Sekunde angelegt. Dagegen kommen TV-Trickfilmproduktionen häufig mit acht oder weniger Bildern pro Sekunde aus. Für einen abendfüllenden Zeichentrickfilm werden insgesamt mehrere zehntausend Zeichnungen von über 200 Animatoren in verschiedenen Studios angefertigt.

3. USA: Die ersten bewegten Comic-Helden

Ein Blick in die Geschichte des Animationsfilms zeigt, dass lange bevor computergenerierte 3D-Filme wie *Toy Story*, 1995, *Monster AG*, 2001, aus dem *Pixar*-Studio oder *Shrek I-III*, 2001-2007, von *DreamWorks* Einzug in die Kinos hielten, es vorzugsweise erfolgreiche amerikanische Comic-Helden aus Tageszeitungen waren, die für den Zeichentrickfilm adaptiert wurden. Generell spielte die Entwicklung der Filmindustrie Amerikas eine Vorreiterrolle bei der Entwicklung des Animationsfilms als anerkanntes Genre weltweit. Und nicht zuletzt ist es dem Verdienst von Walt Disney zuzuschreiben, dass der Animationsfilm heute als ernstzunehmendes Genre eingestuft wird und eine breite Akzeptanz in der Öffentlichkeit besitzt.

Beispiele für die ersten animierten amerikanischen Zeichentrick-Serienhelden sind die Comic-Figuren *Krazy Kat* von *George Herriman*, *Felix The Cat* von *Pat Sullivan* ebenso wie *Mutt And Jeff* von *Bud Fisher*, ein gezeichnetes Komiker-Duo ähnlich wie Laurel und Hardy (Scheugl/ Schmidt 1974, 55). Nicht selten litten allerdings die einstmals brillant gezeichneten Comic-Strips unter der Bearbeitung für den Film: Um die Figuren den filmischen Produktionsprozessen anzupassen, wurden sie meist auf nur wenige Linien reduziert, die Körper, Gliedmaßen und Kopf markierten, zugleich waren ihre Bewegungen auf die einfachsten Grundformen beschränkt; Hintergründe wurden bloß angedeutet oder fehlten ganz. Die jeweilige Story war oftmals nur sehr undeutlich definiert.

Comicausschnitt: *Krazy Kat* (*George Herriman)*, Quelle: http://ignatz.palmdrive.net/archives/kk/images/1916-05-28-b.jpg

Regulär wurden die Zeitungscartoonisten von den Produzenten der Zeichentrickfilme angeworben und mit der Trickfilmtechnik vertraut gemacht. Erst mit der Entstehung von Zeichentrickstudios in den 1930er Jahren vollzog sich allmählich die industrielle Periode des Genres. Neben der neuen Industrie, die sich heranbildete, entwickelte sich gleichzeitig ein völlig neuer Berufszweig, der des Trickfilmzeichners.

4. Produktionsablauf, Standardisierung und Langfilmproduktion

Das war aber erst der Anfang vom beginnenden Spezialistentum in den Trickfilmateliers, aus dem das arbeitsteilige System resultierte, das bis heute Gültigkeit besitzt: Nachdem die vollständige Handlung nebst Dialogen und festgelegten Toneffekten im Storyboard skizziert ist, wird als erstes die Tonspur fertiggestellt. Der Chefanimator plant danach die Hauptbewegungen, so dass schließlich die vollständige Handlung im Voraus zeichnerisch feststeht. Die Aktionen der Figuren werden in verschiedene Einzelzeichnungen zerlegt, wobei es Animatoren für die Eckphasen gibt, die Anfang und Ende eines Bewegungsablaufes festlegen, und *Inbetweener*, die die Zwischenphasen ergänzen. Entwicklung und Überwachung der Figuren obliegt den *Character Designers* sowie *Art Directors*; für die Hintergründe werden spezielle *Layouter* eingesetzt. Die Farbe wird zuletzt von *Coloristen* auf die Folie aufgetragen – heutzutage geschieht das direkt im Computer.

Zu Beginn der 1930er Jahre stand das skizzierte arbeitsteilige System natürlich noch am Anfang. Bestimmte Spezialisierungen stellten sich erst mit zunehmender Popularität des Genres sowie mit Beginn der abendfüllenden Kinofilme ein. Die wichtigste Errungenschaft war damals die Arbeit mit einem Storyboard, das im Gegensatz zum Comic-Strip mehr einer filmischen Dramaturgie folgte und deshalb für die Zeichner eine große Orientierungshilfe und Arbeitserleichterung darstellte. Auch heute ist selbst bei der 3D-Produktion der erste Schritt das Storyboard. Die Spezialisierungen bei den nachfolgenden Produktionsschritten ist durch den fortschreitenden Realitätsanspruch der 3D-Filme aber noch mehr verfeinert worden – von Haar-/ Fell-Animatoren über Spezialeffekte-Animatoren bis hin zu Kleidungsspezialisten.

Die arbeitsteilige Produktionsweise brachte zwei entscheidende Veränderungen des Genres mit sich: Zum einen entwickelte sich ein technischer und grafischer Standard, der zu einer permanenten Qualitätssteigerung führte. Zum anderen wurde gemessen an Aufwand und Zeit die Produktion von animierten Kurzfilmen immer teurer, so dass die Trickfilmateliers daraus die ökonomische Konsequenz zogen, sich auf die Produktion von abendfüllenden Trickfilmen zu konzentrieren. Da sich die Adaption allgemein bekannter und beliebter Stoffe wie Comic-Serien oder Märchen bereits in der Kurzfilmproduktion als erfolgreich und ökonomisch sinnvoll erwiesen hatte, wurde dieser Schwerpunkt auch bei der Langfilmproduktion von den Ateliers beibehalten.

5. Märchenonkel Disney

Wenn es im Animationsfilmbereich jemanden gegeben hat, der es wie kein Zweiter verstand, den Gesetzen der Ökonomie zu folgen und abendfüllende Zeichentrickfilme gewinnbringend, publikumswirksam und international erfolgreich zu produzieren und zu vermarkten, dann war es Walt Disney. Die Standardisierung des Trickfilms verschaffte ihm die notwendigen Voraussetzungen, um einen Film optimal auswerten zu können und gleichzeitig auf das eher unterhaltungsorientierte, aber anspruchsvolle Interesse des Publikums einzugehen.

Zu der Erfolgsformel für die Feature-Zeichentrickfilme aus dem Disney-Studio gehörte neben der permanenten Qualitätssteigerung durch Verbesserung der Produktionsmittel insbesondere der Rückgriff des Ateliers auf literarische Quellen wie Märchen, Legenden, Fabeln oder historische Romane. Um das ungewisse Verhältnis von Kosten und Ertrag zu minimieren, verlegte sich Disney auf die Verfilmung bereits erfolgreicher und allgemein populärer Literaturvorlagen, die dazu eine Verminderung des Absatzrisikos mit sich brachten.

Aus ökonomischen und marktpolitischen Interessen wurden die adaptierten Filmgeschichten im Gegensatz zu ihren ursprünglichen Quellen nicht explizit auf die Zielgruppe Kinder ausgerichtet, sondern vielmehr auf ein Allgemeinpublikum. Die formale und inhaltliche Gestaltung der Filme zielte dabei stets auf *Familienkino* ab, damit den Vorführungen keine Einschränkungen wie etwa eine bestimmte Altersfreigabe auferlegt wurden. Angesichts des großen Publikumserfolges der Disney-Trickfilme warben die Verleiher sogar zeitweise mit der Marke *Märchenfilm.* Und auch die anderen Trickfilm-Studios machten es Disney nach.

5.1 Populäre Beispiele von Literatur-Adaptionen aus dem Disney-Studio

*Snow White and the Seven Dwarfs,*1937 (*Schneewittchen und die sieben Zwerge*) – ein Märchen der Brüder Grimm

Pinocchio, 1940 – ein italienisches Kunstmärchen von Carlo Lorenzini alias Carlo Collodi

Bambi, 1942 – basiert auf dem Buch *Bambi, ein Leben im Walde* von Felix Salten

Sleeping Beauty, 1950 (*Dornröschen*) – ein Märchen der Brüder Grimm

Peter Pan, 1953 – nach der Theaterstückvorlage von James Barrie

The Sword in the Stone, 1963 (*Die Hexe und der Zauberer*) – nach Motiven der König Artus-Sage

The Djungle Book,1967 (*Das Dschungelbuch*) – nach dem gleichnamigen Roman von Rudyard Kipling

Robin Hood, 1973 – nach der Legende des gleichnamigen englischen Volkshelden.

Little Mermaid, 1990 (*Arielle, die Meerjungfrau*) – nach dem Märchen: *Die kleine Meerjungfrau* von Hans Christian Andersen

Beauty and the Beast, 1991 (*Die Schöne und das Biest*) – nach dem gleichnamigen französischen Volksmärchen (Originaltitel: *La belle et la bête* – in Deutschland auch bekannt unter dem Titel: *Tausendschönchen*)

Aladdin, 1992 – nach dem orientalischen Märchen *Aladin und die Wunderlampe* aus: *Märchen aus 1001 Nacht*

The Lion King, 1994 (*Der König der Löwen*) – freie Adaption nach dem Drama *Hamlet* von William Shakespeare

The Hunchback of Notre Dame, 1996 (*Der Glöckner von Notre Dame*) – nach dem gleichnamigen Roman von Victor Hugo (Originaltitel: *Notre Dame de Paris)*

Hercules, 1997 – nach den Abenteuern der Figur *Herkules* aus der griechischen Mythologie

Mulan, 1998 – nach Motiven der gleichnamigen Heldin aus einem alten chinesischen Volksgedicht

Treasure Planet, 2002 (*Der Schatzplanet*) – freie Adaption des Romans *Die Schatzinsel* von Robert Louis Stevenson

The Lion King (*Disney Productions*), Quelle: http://german.imdb.com/title/tt0110357/

Daneben entstanden in dem Disney-Atelier auch Zeichentrickfilme, deren Geschichten speziell für den Film geschrieben wurden, wie beispielsweise *Brother Bear*, 2003 (*Bärenbrüder*) oder *Chicken Little*, 2005 (*Himmel und Huhn*), der erste von Walt Disney Pictures selbst produzierte computeranimierte Film ohne Koproduktionspartner.

5.2 Charakter-Design und Story-Entwicklung

Da die Originalfassungen der Filmvorlagen oft nur Stoff für eine zehnminütige Handlung hergeben, muss die Geschichte von vornherein erweitert und ausgeschmückt werden. Die Herausstellung von Individualität und Charakter der Figuren gehört dabei zur Hauptaufgabe der Animatoren (bei Disney werden sie eigens dafür ausgebildet).

Prinzipiell gilt, dass die Glaubwürdigkeit von gezeichneten Charakteren beim Publikum umso besser gelingt, je mehr menschliche, emotionale und nachvollziehbare Eigenschaften sie besitzen. Nur so bieten sie dem Zuschauer ausreichend Projektions- und Identifikationsmöglichkeiten. Im Gegensatz zu den adaptierten Vorlagen sind die Filmgeschichten meistens mit einem Happy End versehen und der Tod wird immer nur dann thematisiert, wenn er für den Verlauf einer Handlung unvermeidbar ist, wie beispielweise der Tod der bösen Stiefmutter am Ende des *Schneewittchen*-Films. Der bereits zu Anfang der Handlung mit starken Emotionen in Szene gesetzte Tod der Rehmutter in dem Disney-Tierfilm *Bambi*, 1940, wurde vom damaligen Publikum dann auch prompt als unangemessen empfunden und der Film floppte an der Kinokasse (was das Studio u.a. dazu bewog, den Film lange Zeit unter Verschluss zu halten und ihn erst kürzlich als DVD auf den Markt zu bringen). Um trotz dieser dramaturgischen Modifikationen ein Erwachsenenpublikum zu erreichen, werden verschiedene Filmsequenzen häufig mit lustigen Gags angereichert, die Kinder in der Regel nicht verstehen oder gar nicht mitbekommen.

5.3 Nebencharaktere, Serien und Fortsetzungen

Die Rahmenhandlung der eigentlichen Geschichten bevölkern in der Regel mehrere putzige und harmlose Nebencharaktere, oftmals anthropomorphe Wesen wie sprechende Tiere, deren Rolle darin besteht, dramatische Situationen abzudämpfen, um die Gefühle des Publikums nicht zu stark zu strapazieren. Einige dieser Nebenfiguren erlangten zum Teil genauso große Popularität wie die eigentlichen Titelhelden, wie beispielsweise die zwei Randfiguren *Timon* und *Pumbaa* aus dem Film *The Lion King*, 1994 (*Der König der Löwen)*. Ihre lustigen Show-Einlagen kamen bei den Zuschauern so gut an, dass sie eine eigene TV-Trickfilmserie erhielten.

1998 erschien der zweite Teil *Der König der Löwen 2 - Simbas Königreich* nicht im Kino, sondern direkt auf Video. Der vorerst letzte Teil *Der König der Löwen 3 - Hakuna Matata* kam 2004 ebenfalls nur auf Video und DVD heraus.

Das Prinzip der Mehrteiler basiert auf der ökonomischen Notwendigkeit eines Studios, aus dem Erfolg eines Films weiteres Kapital zu schlagen, um beispielsweise laufende Kosten zu decken. Mit relativ geringem Aufwand und wenig finanziellem Risiko werden Folgegeschichten produziert, in denen die bereits für den Erfolgsfilm teuer entwickelten Charaktere und Animations-Sequenzen geringfügig modifiziert zu einer neuen Story zusammengeschnitten werden. Die *alten* Figuren müssen dann *nur* noch neu bewegt werden. Die Fortsetzungen eines erfolgreichen Films sind dann aber meistens auch qualitativ schlechter und werden von vornherein nicht für den Kinomarkt produziert. Sie gelangen nur auf DVD oder Video in den Handel.

Der 1997 fertiggestellte, recht erfolgreiche Zeichentrickfilm *Hercules* ist ein anderes Beispiel für erfolgreiche Trickfilm-Produktionen, deren Fortsetzungen nur für den Video- oder DVD-Verkauf produziert wurden. 1999 erschien ein zweiter Teil des griechischen Helden-Mythos mit dem Titel *Hercules: Zero to Hero* explizit auf Video.

Auch von dem Zeichentrickfilmabenteuer aus *1001 Nacht*, *Aladin*,1992 erschienen zwei weitere Fortsetzungen nur auf DVD und Video. 1994 kam *Dschafars Rückkehr* heraus und 1996 *Aladin und der König der Diebe*. Zusätzlich entstand ab 1994 eine 86-teilige Fernsehserie, die zeitlich zwischen dem zweiten und dritten Film angesiedelt ist. Hier zeigt sich ein weiteres, die Trickfilmproduktion der Neuzeit kennzeichnendes ökonomisches Prinzip: Die Filme werden gleichzeitig für das Kino und als Serie für das Fernsehen realisiert. Jüngere Beispiele aus Deutschland hierfür sind: *Der kleine Eisbär* (2001) nach dem gleichnamigen Kinderbuch von *Hans de Beer* sowie *Lauras Stern* (2002) nach dem Bilderbuch von *Klaus Baumgart* sowie *Der kleine König Macius* (2007) nach dem Kinderbuchklassiker von *Janusz Korczak* und der gleichnamigen TV-Serie von 2002, die gleichzeitig als Serie und auf Video herauskam.

6. Europa: Zeichentrickfilme mit Asterix und Co.

Was sich in Amerika innerhalb der Kurzfilmproduktion der 1930er Jahre als erfolgreich erwiesen hatte, entpuppte sich auch bei der europäischen Produktion abendfüllender Animationsfilme als Kassenschlager und Publikumsmagnet: die Adaption populärer Comic-Alben für den Zeichentrickfilm, allen voran die *Asterix*-Zeichentrickfilme. Von 1967 bis 1994 entstanden für den deutschen Kinomarkt sieben Verfilmungen der insgesamt 33 Comic-Alben mit *Asterix und Obelix*, einer vom Autor *René Goscinny* und Zeichner *Albert Uderzo* geschaffenen französischen Comic-Serie über ein kleines gallisches Dorf, das mit allerhand List und Tücke der römischen Übermacht trotzt. 2006 kam schließlich noch der achte animierte Asterix-Film heraus: *Asterix und die Wikinger*. Um dem Retro-Charme des Originals *Asterix bei den Normannen* von 1966 Rechnung zu tragen, wurden bei dieser vorerst letzten Verfilmung bewusst die traditionelle Zeichentricktechnik angewandt und computergenerierte Elemente nur sehr sparsam eingesetzt. Der Publikumserfolg dieses *Asterix*-Abenteuers kam aber lange nicht an den seiner Vorgänger früherer Jahre heran, u.a. auch wegen der Konkurrenz 23 weiterer Animationsfilme, die 2006 ins Kino kamen.

Die zweiterfolgreichste Comic-Serie nach *Asterix* hieß *Lucky Luke* und entstammte der Feder des belgischen Comic-Zeichners Maurice de Bévère, genannt Morris. In den 1970er und 1980er Jahren entstanden insgesamt drei Verfilmungen der bis dahin rund 50 erschienenen Wildwestgeschichten um den *poor lonesome cowboy*. Außerdem wurden zwei Zeichentrickserien für das Fernsehen (1983 und 2001) mit jeweils 52 Folgen produziert. Zurzeit wird ein neuer *Lucky Luke*-Film in traditioneller Zeichentricktechnik produziert, der voraussichtlich nächstes Jahr in die Kinos kommt.

Nicht weniger erfolgreich unter Comic-Liebhabern war die Detektiv-Serie *Tim und Struppi* (im französischen Original *Les aventures de Tintin*), eine Schöpfung des Belgiers *Hergé*. Auf den deutschen Kino- und Fernsehmarkt gelangten jedoch lediglich zwei Film-Adaptionen der insgesamt 23 Comic-Alben: *Tim und Struppi im Sonnentempel* (*Le temple du soleil*) von 1969 und *Tim und Struppi und der Haifischsee* (*Le Lac Aux Requins*) von 1972. In Frankreich wurden dazu noch zwei weitere Zeichentrickabenteuer aus der Comic-Reihe realisiert: *Tintin et le mystère de la Toison d'or* (1960) sowie *Tintin et les oranges bleues* (1964). Beide Filme erschienen bisher nicht auf dem deutschen Kinomarkt.

1996 schaffte es der Zeichentrickfilm *Werner – Das muss kesseln* mit über fünf Millionen Zuschauern unter die Top Ten der erfolgreichsten deutschen Filmproduktionen. *Werner* ist eine Comic-Figur von *Rötger Feldmann* (Künstlername *Brösel*), die seit 1980 in der Comic-Szene beheimatet ist. Bisher erschienen 12 Comic-Alben, von denen vier verfilmt wurden, davon drei reine Zeichentrickfilme. Die erste Werner-Verfilmung *Werner – Beinhart* von 1990 war eine Mischung aus Real- und Zeichentrickfilm. Auch sie erreichte mit 3,2 Millionen Zuschauern einen der oberen Plätze in der Hitliste deutscher Filmproduktionen. Zum Vergleich: Der 3D-Animationsfilm *Urmel aus dem Eis* (2006), eine Adaption des gleichnami-

Comic-Figur: *Werner* (*Rötger Feldmann*), Quelle: http://www.ehapa-comic-collection.de/werner.jsp

gen recht erfolgreichen Kinderbuchs von *Max Kruse* (1969), erreichte bisher 681.000 Kinozuschauer in Deutschland (Quelle: FFA).

Kleines Arschloch heißt eine in der Szene bekannte Comic-Figur von *Walter Moers*. Von 1990 bis 1995 erschienen insgesamt sieben Bände mit dem kleinen, kurzsichtigen Jungen als Titelhelden, der 1997 recht erfolgreich für den Zeichentrickfilm adaptiert wurde. 2006 folgte dann die Fortsetzung: *Das kleine Arschloch und der alte Sack – Sterben ist Scheiße*, der aber nicht an den ersten Erfolg anknüpfen konnte.

7. Japan: Manga-Kultur und Animes

In Japan genießen Zeichentrickfilme, die so genannten *Animes*, eine viel größere Popularität als in Europa. Ihre Grundlage bilden fantastische Comic-Geschichten, die *Manga*, die als Unterhaltungsmedium bei allen gesellschaftlichen Gruppen akzeptiert sind, bieten sie doch für jeden Geschmack etwas. Wenn in Japan ein *Manga* erfolgreich ist, entsteht daraus ein Trickfilm. Das Land unterhält mittlerweile eine riesige Animationsfilmindustrie, die ununterbrochen *Animes* auf den Markt bringt. Durch den Verzicht auf aufwändige Animationen (5 Bilder pro Sekunde) ist diese Massenproduktion möglich. Im Gegensatz zu der kleinen aber feinen europäischen Comic-Szene sind japanische *Manga* schnelllebige Massenware und billig hergestellte Wegwerfprodukte. Sobald eine Serie nicht mehr erfolgreich vermarktet werden kann, wird sie eingestellt. Ein hierzulande bekanntes Beispiel aus dem TV-Kinderfilmbereich ist u.a. die Trickfilm-Serie *Heidi*, die 1974 nach dem Kinderbuchklassiker von Johanna Spyri in Japan entstand und 1977 zum ersten Mal im deutschen Fernsehen ausgestrahlt wurde.

Was von den japanischen Animationsfilmen allerdings seit jüngerer Zeit auf den europäischen Fernsehmarkt schwappt und das Kinderprogramm regelrecht überflutet, wirft leider ein völlig falsches Bild auf das Genre. 2003 wurde beispielsweise *Spirited Away*, 2001 (*Shihiros Reise ins Zauberland*), ein hochgradig künstlerisch gestalteter Animationsfilm von *Hayao Miyazaki*, mit dem amerikanischen Filmpreis *Oscar* ausgezeichnet (ein Jahr zuvor hatte er auf der *Berlinale*

Spirited Away, 2001 (*Hayao Miyazaki*), Quelle: http://www.imdb.com/title/tt0245429/photogallery

den *Goldenen Bären* gewonnen). Aus dem japanischen *Ghibli*-Studio, zu dessen Gründern *Miyazaki* gehört und aus dem auch die Fernsehserie *Heidi* stammt, gelangten in den letzten 10 Jahren mehrere aufwändig gestaltete *Animes* auf den europäischen Kinomarkt: In die deutschen Kinos kamen *Princess Mononokee*, 1997 (*Prinzessin Mononoke*) und *Howl's Moving Castle*, 2004 (*Das wandelnde Schloss*) – bis auf die TV-Serie *Heidi* alles Filme, die ohne Buchvorlage entstanden, ein international herausragendes Merkmal der *Ghibli*-Produktionen.

8. Crossmedia-Produktionen der Neuzeit

In der Sparte der animierten Feature-Filme der Neuzeit lässt sich international eine an die veränderte Markt- und Wettbewerbssituation angepasste Produktionsweise erkennen, die durch die Kooperation mehrerer Geschäftspartner gekennzeichnet ist. Sie dient dem strategischen Ziel, den Konsumenten ein Produkt über mehrere Kanäle nahezubringen. Für solche Crossmedia-Produktionen eignet sich der Animationsfilm in besonderer Weise. Durch die neue digitale Technik ist es ohne große Mühen möglich, bestimmte Teile eines Films zur weiteren Medienauswertung zu separieren, u.a. für Computer- und Konsolenspiele oder für Musik-CDs. Alle hierfür benötigten Inhalte wie Bewegungsabläufe oder Lieder existieren bereits und müssen nicht neu produziert werden. Wer bei einem Animationsfilm einmal genau hinschaut, wird leicht erkennen, dass verschiedene Handlungsstränge bereits der Dramaturgie von Spielen folgen, wie beispielsweise Verfolgungsjagd und Hindernislauf (für sogenannte *Jump and run-Spiele*) oder die turbulente Achterbahnfahrt, Wurfeinlage oder Kletterpartie (*Geschicklichkeitsspiele*). Besonders in den neueren 3D-Animationsfilmen lassen sich viele solcher Handlungsstränge entdecken, da die Computertechnologie immer mehr Möglichkeiten zur Vernetzung und Mehrfachverwertung bereithält. Hieraus resultieren auch die zahlreichen Spielauskopplungen, die zu Werbezwecken bereits vor dem Start eines Films im Internet veröffentlicht werden. Beispiele hierfür gibt es viele, um nur einige zu nennen: *Monster Inc.* 2001, *Shrek II* 2004 oder der Film *Robots* aus dem Jahr 2005.

Robots (20th Century Fox), Quelle: http://www.robotsmovie.com/intl_splash.php?country=DE

9. Filmdidaktik: Animationsfilm im Unterricht

Eine Beschäftigung mit dem Genre Animationsfilm im Unterricht eignet sich für die geisteswissenschaftlichen und musischen Fächer sowie im fächerübergreifenden, projektorientierten Unterricht. Sollten die Schüler(innen) noch keine Erfahrung mit audiovisuellen Medien im Unterricht gesammelt haben, empfiehlt sich vorab die Auseinandersetzung mit dem Medium Film und seinen ästhetischen Zeichensystemen (Bilder, Geräusche, gesprochener Text) sowie dramaturgischen Mitteln (Handlungsverlauf, Erzählstruktur, Montage). Wenn es sich um eine Literaturverfilmung handelt, sollte ein Vergleich von Textvorlage und Filmadaption erfolgen, der insbesondere

- die medialen Unterschiede,
- die wirtschaftliche, kulturelle und soziale Perspektive,
- das Prinzip der Modifikation von Film und Buch,
- die Intention von Regisseur und Autor

herausarbeitet. Grundsätzlich sollte das Analyseverfahren in einem handlungsorientierten Kontext stattfinden und genügend Raum für praktische Erfahrungen lassen, etwa durch die Arbeit mit Filmsequenzen unter bestimmter Fragestellung und/ oder Separierung von Bild- und Tonebene unter wirkungsanalytischen Gesichtspunkten. Die Aufarbeitung von Inhalten durch Rollenspiele, die per Video aufgezeichnet und ggf. zu einem neuen Handlungsverlauf montiert werden, stellt eine weitere Möglichkeit dar, ebenso wie das Anfertigen von Sequenzprotokollen, die den Filminhalt skizzieren.

Detaillierte Praxisbeispiele zum Thema Filmanalyse gibt es zahlreich im Internet, u.a. auf der Webseite des *Instituts für Kino und Filmkultur* (http://www.filmkultur.de). Unter der Rubrik *Kino und Curriculum* findet sich eine Reihe von ausgearbeiteten Einsatzvorschlägen für Filme (auch Animationsfilme) im Unterricht mit dem entsprechenden Fach- und Lehrplanbezug.

10. Praxistipps: Animationsfilm

Bei der praxisorientierten Beschäftigung mit dem Genre Animationsfilm im Unterricht sollten zunächst die filmtechnischen Besonderheiten des Einzelbildverfahrens verdeutlicht werden, beispielsweise durch die Anfertigung eines Daumenkinos bzw. *flip-books.*

Die mittlerweile recht einfach zu bedienende, kompakte Videotechnik ermöglicht die Aufnahme von Legetrick-Filmen oder Knetanimationen im *stop-motion*-Verfahren im überschaubaren Zeitrahmen. Benötigte Hintergründe und Kulissen könnten dabei im Projektunterricht von einer Kunst-AG angefertigt werden. Eine andere Möglichkeit zur Verdeutlichung der Einzelbildtechnik sind Sandanimationen, die am effektvollsten auf einer von unten beleuchteten Glasplatte und mit verschiedenfarbigem Sand zur Geltung gebracht werden. Als Werkzeug bieten sich Pinsel in verschiedenen Größen an. Mit relativ geringem Aufwand können beispielsweise auch mit farbiger oder weißer Kreide aufgetragene Tafelbilder, die laufend modifiziert und per Video aufgenommen werden, das Prinzip Animation verdeutlichen. Eine Vertonung erfolgt über einfache Geräusche oder selbst komponierte Musikstücke.

Das Erstellen eines Storyboards mit einer kurzen Handlungssequenz, die in der Abfolge von Einzelbildern das Prinzip von Ausdehnung und Zusammenziehen (*Squeezing and Stretching*) verdeutlicht, ist eine gute Möglichkeit, um ein wesentliches Gestaltungsmittel des Animationsfilms herauszuarbeiten.

Die Ausarbeitung von Comics und deren Übertragung in ein Storyboard setzt schon ein gewisses Maß an zeichnerischem Können voraus, wogegen das Durchpausen von Zeichnungen, die für einen Bewegungszyklus drei- oder vierbildweise verändert und mit der Videokamera aufgenommen werden, bereits von weniger geübten Grundschulkindern vorgenommen werden kann.

Und nicht zuletzt kann mithilfe einer Art Webquest im Internet nach den Ursprüngen von Karikatur und Comic geforscht werden. Mit dem Themenschwerpunkt *Manga* wird man dabei besonders bei Jugendlichen Begeisterung wecken.

Literatur

Bailey, Adrian: Walt Disney's World of Fantasy. New Jersey 1982
Bendazzi, Giannalberto: Cartoons - one hundred years of cinema animation. London 1994
Chevallier, Denys: Eintritt frei. Der Zeichentrickfilm. Lausanne 1967
Knigge, Andreas C.: Comics. Vom Massenblatt ins multimediale Abenteuer. Reinbek b. Hamburg 1996
Kracauer, Siegfried: Theorie des Films: die Errettung der äußeren Wirklichkeit. Frankfurt/ M. 2005
Maltin, Leonard: The Disney Films. (III). New York 1995
Nieder, Julia: Die Filme von Hayao Miyazaki. Marburg 2006
Scheugl, Hans/ Ernst Jr. Schmidt: Eine Subgeschichte des Films. Lexikon des Avantgarde-, Experimental- und Undergroundfilms. Bd.1. Frankfurt/ M. 1974
Silbermann, Alphons/ Michael Schaaf/ Gerhard Adam: Filmanalyse. Grundlage – Methodik – Didaktik. München 1980
Wiedemann, Julius Ed./ Mundi Anima: Animation Now! Köln 2004

Petra Wonsowitz, DigiVision/ DigiOnline GmbH, Neusser Str. 93, 50670 Köln

Karla Müller

Hörbücher

1. Historische Perspektive

Der Hörbuchmarkt boomt seit einigen Jahren. Laut der Gesellschaft für Konsumforschung hat er 2006 rund 22% mehr umgesetzt als noch im Vorjahr, wobei die Entwicklung vor allem auf neue Käufer zurückzuführen ist. Gut zwei Drittel der Hörbuchkäufer im Jahr 2006 hatten 2005 noch kein Hörbuch erworben (vgl. http://www.gfk.com/imperia/md/ps_de/chart_der_woche/2007/kw12_07_buchmarkt panel.pdf, 31.03.2007). Verlagsgründungen oder Segmentgründungen innerhalb von Buchverlagen spiegeln die Zuversicht, dass das Wachstum anhält. Dieses Phänomen ist verblüffend, glaubte man doch lange, die audiovisuellen Medien hätten die rein auditiven abgelöst. So wurden Hörbücher noch 2000 in einem medienkundlichen Fachbuch für Bibliothekare als „Nischenphänomen" (Umlauf/ Sarnowski 2000, 31) bezeichnet. Die Hörmedien für Kinder haben an diesem allgemeinen Wachstum Anteil. Wie überraschend diese Entwicklung kam und wie wenig sie in die Wahrnehmungsmuster der Medienforscher passte, zeigt sich daran, dass bislang keine valide Erklärung für die neue Lust am Hören vorliegt. Selbst zur Geschichte der Kinderhörmedien sind Forschungen vergleichsweise selten (vgl. z.B. Weber 1997). Welche Phasen nach 1945 zu unterscheiden wären, kann hier daher nur skizziert werden. Dabei scheint interessanterweise der Wandel der materiellen Tonträger mit einem Wandel der Inhalte und der Rezeptionsmodi zu korrespondieren.

1.1 Die Vinylschallplatte

Sie beruhte auf Erfindungen zu Anfang der 1930er Jahre, setzte sich aber erst nach dem 2. Weltkrieg durch und beherrschte bis Ende der 1980er Jahre den Schallplattenmarkt (vgl. Umlauf/ Sarnowski 2000, 29). Bei den *Kinder(sprech)platten* handelte es sich anfangs häufig um Märchenproduktionen, wie sie die heute über 50-jährigen noch aus ihrer Kindheit kennen: Erzähler, Hörspielszenen, Musik und Geräusche in Kombination (Abb. 1).

Reine Lesungen für Kinder waren weniger populär, vermutlich weil das relativ teure Medium Platte nicht verkauft worden wäre, wenn es nicht mehr, Anderes und Attraktiveres geboten hätte als das, was man auch einfach selbst tun konnte, nämlich etwas vorzulesen. Im propagierten Familienmuster der 1950er Jahre gab es ja auch noch häufiger Erwachsene oder Geschwister, die im häuslichen Alltag

Abb 1: Märchenschallplatte aus den 1960er Jahren (Quelle: http://www.ddr-hoerspiele.net/single/Holle.html, 30.07.2007)

präsent waren und kleineren Kindern vorlesen konnten. Vollständige Bücher waren schon deshalb kaum auf Platte erhältlich, weil die Spieldauer relativ kurz war und auch weil die Kinder, wenn sie das Lesen erst einmal erlernt hatten, in der Regel selbst lasen. So erklärt sich auch das geringe Hörplattenangebot für Jugendliche. Mit dem niedrigen Alter der Hauptzielgruppe ließe sich auch die anfängliche Vorliebe für Märchenstoffe erklären. Eine Rolle spielte sicher ferner, dass das Hören einer Sprechplatte oft noch etwas Besonderes war: Kaum ein Kind durfte das einzige Abspielgerät im Haus, oft eine würdige Musiktruhe, allein bedienen, war doch die Nadel des Tonarms eine empfindliche Angelegenheit. Da musste auch der Inhalt, dem man aufmerksam lauschte, *würdig* sein. Eine Konkurrenz zum Buch war die Kinderplatte nie, allerdings entwickelten sich im Laufe der Jahre durchaus Medienverbünde aus Buch und Schallplatte, aus Kinderfunk und Schallplatte, aus Film und Schallplatte (*Winnetou*) usw.

1.2 Die Kinderkassette

Mit der Erfindung und Verbreitung der Tonkassette (auch dann MC/ Musikkassette genannt, wenn sie nur Worte enthielt) ab 1963 veränderten sich die Verhältnisse deutlich. Der vergleichsweise niedrige Preis, die Unempfindlichkeit, einfache Handhabbarkeit und geringe Größe machten Massenhaftigkeit möglich. Hinter der Unterhaltungsmusik wurden dabei Kinderprogramme zum zweithäufigsten Inhalt. Das Hörmedium wanderte nun vom Wohnzimmer ins Kinderzimmer, in dem bald der Mehrzahl der Kinder ein eigenes einfaches Abspielgerät zur Verfügung stand. Dabei wandelte sich der Rezeptionsmodus. Während die Kinder spielten, bauten und bastelten, sorgte die Kassette im Hintergrund für eine *Klangtapete*, die – häufig wiederholt – den Hörern, unter ihnen mehr Einzelkinder als früher, das Gefühl der Einsamkeit vertrieb, Stille bekämpfte und die gezielte Herbeiführung von Stimmungen (Heiterkeit, Angstlust durch Spannung, angenehmer Grusel etc.) ermöglichte. Zu dieser Rezeptionsform passen Inhalte, die wenig Ansprüche an die Aufmerksamkeit stellen und die dem Kind das Gefühl von Vertrautheit vermitteln: Kinderkassetten-Serien, die es bis heute gibt, vor allem die

Abb. 2: Benjamin Blümchen *als typische Kinderhörkassette* (Quelle: http://g-ec2.images-amazon.com/images/I/510PT1Z8XNL._SS500_.jpg, 30.07.2007)

Funnies (lustige Abenteuergeschichten) erfüllen diese Anforderungen in idealer Weise, weil sie zumeist recht schlicht gestrickt sind und innerhalb einer Serie nach dem immer gleichen Schema funktionieren (Abb. 2).

Statt klassischer Märchenhelden dominieren nun Figuren, die den jeweiligen Zeitgeist widerspiegeln (vgl. Strohmeier 2005). Detektivgeschichten erfüllten auch älteren Kindern das Bedürfnis nach Unterhaltung durch Spannung und abenteuerliche Sujets, nach Weltflucht und Tagträumen – Bedürfnisse, die das Fernsehen früher nachmittags noch nicht in dem Ausmaß bediente wie heute. Der sehr hohe Verbreitungsgrad der Serien zog eine Merchandising-Welle nach sich, wie sie die Kinderplatte nie hätte auslösen können. So entstanden Malbücher, Stofftiere und auch Bücher als sekundäre Produkte. Der Weg vom *TKKG*-Hörspiel konnte durchaus zum *TKKG*-Buch führen, wenn auch sicher nicht zu anspruchsvollerer Lektüre, weil „Tempo, Rhythmus und Kontrast" (Wermke 1999) in ähnlicher Form von Literatur nicht geboten werden können. „Literatur für Kinder" – nach Buchvorlagen, als Lesung oder Hörspiel – blieb auf Kassette ein „sehr kleines Segment" (Umlauf/ Sarnowski 2000, 153). Das künstlerisch anspruchsvolle Kinderhörspiel hatte ohnehin vor allem im Rundfunk (Kinderfunk) seine Nischenexistenz. Sachinformationen auf MC bildeten das Schlusslicht, was damit erklärt wurde, dass eine bloß „verbalerklärende Umsetzung" ohne Illustrationen „weder kind- noch mediengerecht" (ebd., 154) sei.

1.3 Hörbücher auf CD

Die neue Generation der Hörbücher auf CD löste die Kassetten nicht ab, sondern läuft als ein eigener Strang nebenher. Obgleich es CDs als Trägermedium seit 1982/ 83 gibt, spielten sie bis Mitte der 90er Jahre für Kinderhörprogramme praktisch keine Rolle (vgl. ebd., 155). Mittlerweile ist jedoch eine Verschiebung zugunsten der CD beobachtbar. CDs sind wie Kassetten handlich und einfach benutzbar, so dass sie ebenfalls von den Kindern selbstständig abgespielt werden können. Die Einteilung in Tracks, die direkt angesteuert werden können, erleichtert den Ein- und Ausstieg und das Wiederfinden bestimmter Stellen im Vergleich zur MC deutlich, so dass sich die CD besser zum Hören von längeren Texten eignet. Auch sind mehr und mehr Abspielgeräte in Kinderzimmern vertreten, zumindest bei den etwas älteren Kindern (nach der Einschulung). Zwar sind CDs meist teurer als Kassetten desselben Inhalts, doch spiegelt sich im oft üppigen CD-Sortiment von

Kindern und Jugendlichen eine Tendenz zu mehr und mehr Unterhaltungselektronik als Geschenk.

Zugleich ist eine enorme Ausweitung des inhaltlichen Spektrums der Hörbücher zu beobachten. Längst haben lieblos gestaltete Tonträger, die lediglich den Soundtrack eines Zeichentrickfilms enthalten, Konkurrenz bekommen durch aufwändig gestaltete Hörspiele von künstlerischem Rang mit exzellenten Sprecherinnen und Sprechern. Wachsendes Interesse an anspruchsvoller Literatur auf Hörmedien zeichnete sich erstmals 1997 deutlich ab. (Der wachsenden Nachfrage wie der Ausweitung des qualitativen Spektrums trägt auch das Institut für angewandte Kindermedienforschung mit seinen Hörmedientipps seit 1997 Rechnung.) Die Hörspielfassung von *Sofies Welt* wurde „sensationell" (ebd., 170) gut verkauft, wie man damals empfand. Die schon legendären Lesungen der *Harry Potter*-Romane durch Rufus Beck ab 1999 haben dem *hörverlag* einen *wirklich* sensationellen Umsatzerfolg beschert – und dem Sprecher einen Bekanntheitsgrad, wie ihn bei Kindern vorher allenfalls Hans Clarin als Stimme der Kinderfunk- und Kassettenfigur *Pumuckl* hatte. An *Harry Potter* kann man gut erkennen, dass Hörbücher nicht automatisch nur als Teil eines kommerziellen Aggregats von Buch, Film, Computerspiel etc. anzusehen sind, sondern einen eigenen ästhetischen Wert besitzen können, der auch geschätzt wird. So finden sich unter den *Harry Potter*-Hörern durchaus viele Kinder, die ausgezeichnete Leser und deshalb über jeden Verdacht erhaben sind, sie bräuchten die CD, weil ihnen Lesen schwer fällt. Dass neue Kinder- und Jugendromane zeitgleich als Buch und Hörbuch (Lesung) auf den Markt kommen, ist heute häufig der Fall. Es wird nicht abgewartet, bis ein Buch zum Verkaufsschlager geworden ist. Zugleich ist zu beobachten, dass auch Jugendliche ab 14 Jahren zur Belletristik-CD greifen, freilich abhängig vom Bildungsgrad (vgl. ebd., 171). Wie genau, d.h. bei welchen Gelegenheiten und in welcher Rezeptionsform, Kinder und Jugendliche Literatur auf CDs hören und was sich gegenüber dem MC-Konsum geändert hat, ist noch nicht genug erforscht. Deutlicher sind freilich die gewandelten Distributionswege. Anders als die Vinylplatte, die im Musikgeschäft verkauft, und anders als die MC, die meist in Supermärkten vertrieben wurde, wird das Hörbuch auf CD vornehmlich in Buchhandlungen oder im Internetbuchhandel angeboten – ein weiterer Beweis für einen gewandelten Anspruch des Genres. Von einer *Literarisierung* zu sprechen, wäre aber zu einseitig, denn es spielen auch Sachtitel für Kinder und Jugendliche eine Rolle. Keine Rede mehr ist davon, dass sie nicht kind- und mediengerecht seien, denn sie dienen weniger als Informationsvermittler denn als emotional ansprechender und unterhaltsamer Stoff (vgl. im Medienverzeichnis *Dschingis Khan*) für Hörer, die mit poetischen Texten nicht so viel anfangen können (eine Gruppe, die seit der ersten PISA-Studie deutlicher gesehen wird).

Und schon zeichnet sich mit dem MP3-Player eine neue Hör-Generation unter den Jugendlichen ab, deren Konturen aber zurzeit noch nicht klar erfassbar sind. Die folgenden Ausführungen beziehen sich deshalb auf Kinder- und Jugendliteratur auf CDs zum Zeitpunkt der Entstehung des Artikels.

2. Gattungsspezifische Perspektive

2.1 Genres des Hörbuchs

Hörbücher werden je nach Kontext nach unterschiedlichen Systematiken – oder ganz unsystematisch – klassifiziert. Im Folgenden sollen nur diejenigen Begriffe geklärt werden, die für die anschließende Gegenüberstellung von Buch und Hörbuch von vorrangiger Bedeutung sind. Dabei wird *Hörbuch* als Sammelbegriff verwendet und meint Tonträger mit überwiegendem Wortanteil. Unterbegriffe sind:

- die *Lesung*: vorgelesener Text; ein Sprecher liest alle Rollen innerhalb eines Texts; kann mit Musikelementen versehen sein, dann oft eigens so ausgewiesen: *Lesung mit Musik*;
- das *Hörspiel*: szenisch gestalteter Text auf Tonträger; Rollen sind auf mehrere Sprecher verteilt; enthält neben den Szenen meist auch Erzählerkommentare.

Eine Untergattung zur Lesung ist die *Inszenierte Lesung*: überwiegend Lesung, gelegentlich szenische Elemente, oft mit Musik und Geräuschen. Untergattungen zum Hörspiel sind:

- das *Originalhörspiel*: eigens als Hörspiel geschriebener Text ohne vorher veröffentlichte Printfassung;
- das *adaptierte Hörspiel*: Hörspielfassung eines Printtextes eines anderen Genres, z.B. eines epischen Textes.

Als *Kinderhörspiel*, gleichviel ob Originalhörspiel oder adaptiertes Hörspiel, wird ein eigens für Kinder bis zum Alter von etwa 12 Jahren konzipiertes Hörspiel bezeichnet.

2.2 Buch und Hörbuch: systematische Unterschiede und deren Einfluss auf die Rezeptionsweisen

a) Besonderheiten auditiver Textrezeption

Leseverstehen ist ein Konstruktionsprozess, der einerseits textgeleitet (*bottom up*), andererseits vorwissengeleitet (*top down*) ist und zum Aufbau eines *mentalen Modells* führt (vgl. Christmann/ Groeben 2001). Hörverstehen funktioniert im Prinzip ebenso, aber unter spezifischen Bedingungen rein auditiver Rezeption. Das bedeutet für den textgeleiteten Aspekt des Verstehens: Der Leseprozess lässt sich an die individuelle Rezeptionsgeschwindigkeit leichter anpassen als der Hörprozess. So kann langsam *gelesen*, aber nicht langsam *gehört* werden, da beim Hören das Tempo vorgegeben ist, und es kann im Buch zurückgeblättert werden, während bei Hörmedien gewisse technische Hürden erschwerend im Wege stehen. In jedem Fall aber ist der *Text* beim Hörbuch ein kontinuierlicher Lautstrom, der segmentiert werden muss, damit Wörter erkannt werden können. Das ist beim Lesen einfacher, weil hier die Wortgrenzen schon optisch deutlich sind. Auch das Erkennen von Makrostrukturen und Sinnzusammenhängen kann beim Lesen durch optische Signale, wie z.B. Satzzeichen, Anführungszeichen und Absätze, unterstützt werden. Auf der anderen Seite fehlen dem gedruckten Text die akustischen Signale, die beim Hörtext das Verstehen erleichtern: So fördern die prosodischen Elemente (Stimmführung, Intonation, Pausen etc.) nachweislich die Identifikation sinntragender Wörter, das Bilden von Inferenzen und das Erkennen poetologischer Mittel wie Ironie etc. (vgl. Gailberger 2007). Affektiv-expressive rhetorische Elemente, über den Stimmklang vermittelt, können bei Hörmedien ein unmittelbar sinnliches Verstehen z.B. von Emotionen ermöglichen. Außerdem gibt es teilweise auch Möglichkeiten, optische Gliederungssignale durch akustische zu ersetzen, z.B. Kapitelgrenzen durch Musik oder Tonsignale.

Wie aber sieht es mit dem vorwissengeleiteten Aspekt des Textverstehens unter auditiven Rezeptionsbedingungen aus? Was das Sprachwissen angeht, so ist z.B. das Wortverständnis beim Lesen insofern einfacher, als das Stammprinzip in der deutschen Rechtschreibung dem Leseverstehen sehr entgegenkommt. Auch ist beim Hörverstehen ein akustisches Weltwissen unabdingbar: Geräusche müssen schnell identifiziert und zugeordnet, das Alter und Stimmung der Figuren aus ihrer Stimme erschlossen, Musik in ihrer Bedeutung z.B. als Hinweis auf einen Schauplatzwechsel erkannt werden etc. Musikzitate setzen oft ein *Bildungswissen* voraus, welches ebenso anspruchsvoll sein kann wie intertextuelle Anspielungen auf dem gedruckten Papier.

Die möglicherweise bedeutsamste Besonderheit jedes akustischen Textes liegt darin, dass er bereits eine Interpretation darstellt. Für den Sprecher ist der gedruckte Text eine *Partitur*, die er gemäß seinem Textverständnis konkretisiert. So ist ein Hörbuch, selbst dann, wenn es sich um eine wortgetreue Lesung ohne irgendwelche akustischen Zusätze handelt, nie das Gleiche, schon gar nicht dasselbe wie das gedruckte Buch! Dies gilt umso mehr beim Genrewechsel, wenn z.B. ein epischer Text in ein Hör*spiel* transformiert wird. Mit der relativen Nähe bzw. Ferne von akustischer und gedruckter Textfassung bei einzelnen Genres befassen sich in der gebotenen Kürze die folgenden Abschnitte:

b) Epischer Text und Lesung oder Hörspiel

Während bei der Lesung die Interpretation des gedruckten Textes durch die stimmliche Realisierung erfolgt, tritt beim Hörspiel neben dieser prosodischen Komponente auch noch die Umgestaltung des Textes selbst hinzu, da der narrative Text in einen szenischen (gleichwohl meist mit einem Erzähler) umgeschrieben worden ist. Verbunden ist damit eine Bewegung von konzeptioneller Schriftsprachlichkeit hin zu konzeptioneller Mündlichkeit. Welche Gründe ein Hörbuchverlag dafür hat, ob er ein Kinder- bzw. Jugendbuch als Lesung oder als Hörspiel herausbringt, darüber kann nur von Fall zu Fall spekuliert werden. Jedenfalls erschienen in den letzten Jahren auch – sofern es sich um einen bekannten Autor handelt – sowohl Lesung als auch Hörspiel zu ein und demselben Buch (vgl. Enquist: *Großvater und die Wölfe*). Neben Geschmacksfragen und Fragen der mutmaßlichen Wirkungsästhetik („Hörspiele sind unterhaltsamer") spielt bei sehr umfangreichen Romanen sicher auch die Überlegung eine Rolle, dass beim Hörspiel stark gekürzt werden kann (aber auch Lesungen geben in den seltensten Fällen den Ausgangstext völlig unverändert wieder). Auf dem Wege dieser Kürzungen können dabei sprachlich antiquierte Texte vereinfacht werden, was z.B. bei den Romanen von

Jules Vernes eine Rolle spielt. Auch kann so veränderten Rezeptionsgewohnheiten, z.B. dass die *Action* möglichst schnell beginnen soll, Rechnung getragen werden. Was die Qualität von Hörspielen angeht, so werden in der Literatur immer wieder genannt: die Besetzung mit altersangemessenen Stimmen, die Begrenzung der Anzahl der Stimmen, die Integration von *Stille* anstelle von Dauerberieselung und bei Hörspielen für kleine Kinder eine *Wellendramaturgie*, die nicht auf eine ständig ansteigende Spannung setzt, sondern auf überschaubare Einheiten und einen Wechsel von Anspannung und deren Auflösung (vgl. Kibler 1995; Rogge/ Rogge 1999, 22; Böckelmann 2002; Ostermayer 2002).

c) Lyrik und Hörbuch

Kinderlyrik ist in aller Regel eine Lyrik, die nicht dafür geschrieben wurde, dass sie still gelesen, sondern dass sie laut gesprochen, wenn nicht gar gesungen wird. Eine Ausnahme bildet naturgemäß nur die visuelle Poesie. Der Ursprung der Kinderlyrik in Ammenversen, Abzählreimen etc. macht den Zusammenhang von Text und Stimme unmittelbar sinnfällig. Insofern gehen seit den Anfängen der auditiven Medien Lyrik und Hörbuch eine geradezu ideale Verbindung ein. Dies gilt im besonderen Maße für den Teilbereich der Nonsenspoesie, bei der die Wörter teils keine lexikalische Bedeutung haben, sondern nur Buchstabenfolgen sind, die durch ihre Phoneme und die Intonation eine assoziative Bedeutung erhalten, z.B. im Abzählreim *Ele mele mink mank, pink pank* ... Dieses Gestaltungsprinzip kann bis hin zu rein auditiver Dichtung führen, die sich im Extremfall sogar einer Aufzeichnung mittels Buchstaben entzieht. Obgleich Lautpoesie keineswegs allein der Kinderlyrik zuzurechnen ist, sondern z.B. im Dadaismus von Erwachsenen für Erwachsene produziert wurde, weist sie doch eine große Überschneidungsmenge mit der sprachspielerischen Lyrik für Kinder auf. So findet sich Christian Morgensterns bekanntes Gedicht *Das große Lalula* in (Hör-)Anthologien für Kinder ebenso wie für Erwachsene.

Gegenüber der anerkannten literarischen Kategorie *Kinderlyrik* tut sich der Begriff *Jugendlyrik* schwer, wohl weil sich der lebensweltliche Bezug zur Lyrik auflöst bzw. in die Rezeption von Popmusik-Texten verlagert. Gleichwohl ist in der Jugendkultur seit einiger Zeit eine neue Lust am gesprochenen, oft auch rhythmischen Wort erkennbar: in Rap-Texten und im Poetry Slam. Obgleich es zu beiden Phänomenen Hörbücher gibt, leben diese Literaturformen doch im Wesentlichen vom Reiz der Aufführungssituation.

d) Szenischer Text und Hörbuch

Da dem Hörbuch das optische Element fehlt und es dies auch nur partiell ausgleichen kann, eignet es sich nur bedingt für die Wiedergabe von Kindertheater. Dementsprechend ist dieses Genre auch nur selten vertreten. Am ehesten finden sich Derivate wie das Musical zu einem bekannten Kinderbuch, der Soundtrack zu der Verfilmung eines kinderliterarischen Stoffs, angereichert durch Erzählerkommentare oder eine stoffliche (Hörspiel-)Adaption.

e) Bilderbuch und Hörbuch

Abb. 3: Grüffelo auf CD zum Mitsingen (Quelle: Scheffler, Axel/ Julia Donaldson: Der Grüffelo und Das Grüffelokind. Hamburg: Hörcompany, 2005)

Man sollte meinen, dass das, was für das Kindertheater gilt, im besonderen Maße auch auf das Bilderbuch zutreffen müsste, dass nämlich das visuelle Element eigentlich unentbehrlich ist und deshalb das Genre nicht vorrangig unter den Hörbüchern zu finden ist. Auf den ersten Blick überraschend, gibt es aber viele Hörbücher zu Bilderbüchern. Die Tatsache jedoch, dass sie neuerdings Bilderbüchern nicht selten direkt beiliegen, verweist darauf, dass sie nicht als Ersatz für das Bilderbuch, sondern als dessen Ergänzung gedacht sind. Insofern fällt das bildliche Element auch nicht weg. Weil die Bilderbuchtexte für die Vorlesesituation geschrieben sind, eignen sie sich sprachlich besonders gut für ein Hörmedium. Im Grundsatz substituiert das Hörbuch nur die vorlesende Person, passt also durchaus in den Medienverbund. Häufig geht jedoch das, was auf den CDs zu hören ist, über das bloße Vorlesen des Textes hinaus. Der Aktivierung der Kinder dienen Zusatzangebote auf der CD, etwa wenn Lieder zu hören sind, die zum Mitsingen einladen, wobei dann der Liedtext im *booklet* zur Verfügung gestellt wird (Abb. 3).

In die Lesung selbst werden bisweilen Geräusche und Musik integriert. So können sich die Kinder das Hörbuch anhören und zugleich – allein oder mit einer anderen Person – die Bilder im Buch betrachten oder aber auch zu einem ihnen bekannten Bilderbuch nachträglich die CD hören, mitsprechen und sich die Bilder vorstellen; keine abwegige Situation, wenn man bedenkt, dass das Wiederholungshören eine sehr weit verbreitete Gewohnheit ist und – wie schon bei den Kinderkassetten – zur unbewussten oder bewussten Stimmungsregulierung dient.

Dass das Spektrum neben Banalem auch höchst künstlerische Produktionen umfasst, beweist das aus Frankreich stammende Buch *Detektiv John Chatterton* (vgl. Medienverzeichnis), das 1995 den Deutschen Jugendliteraturpreis in der Sparte Bilderbuch erhielt und seit 2003 mit einer CD ausgestattet ist. Die Detektivgeschichte, die auf *Rotkäppchen* und andere Märchen anspielt, wird im künstlerischen Comic-Stil in großflächigen Bildern und mit wenigen Worten erzählt. Die nur 10minütige CD inszeniert höchst wirkungsvoll die Krimi-Atmosphäre und stellt Anforderungen an die Vorstellungs- und Kombinationsgabe, da auf einen auktorialen Erzähler verzichtet wird und die Schüler(innen) oft aus Geräuschen und den äußerst sparsamen verbalen Hinweisen die Handlung konstruieren müssen: Kino im Kopf, das durchaus etwas älteren Kindern, die – aus welchen Gründen auch immer – mit der Sprache Schwierigkeiten haben, eine unterhaltsame literarische Verstehensaufgabe stellt. Wem das schwer fällt, dem können die Bilder helfen.

f) Das Buch zum Hörbuch

Noch sehr selten, aber immerhin in bemerkenswerten Einzelfällen, kommt es vor, dass das *Buch zum Hörbuch* zeitlich nach einem erfolgreichen Hörbuch erscheint. Dies soll an zwei Beispielen erläutert werden: *Abenteuer und Wissen* heißt eine Hörbuchreihe mit Sachbuchinhalt (vgl. *Dschingis Khan*). Dass hier das (sehr hochwertige) Hörbuch ein Druckwerk nach sich zog, verwundert nicht so sehr: Während nämlich alle *literarischen* Werke aus Sprache eine eigene fiktionale Welt schaffen, die ihre jeweilige *Realität* erst in der Vorstellung des Rezipienten erhält, also ebenso lesend wie hörend konstruiert werden kann, ist es beim Sachtext so, dass es eine äußere Realität gibt, auf die sich der Text bezieht, ja die er zu dokumentieren vorgibt. Insofern liegt der Wunsch nahe, Karten, Fotos etc. des betreffenden Weltausschnitts zur Veranschaulichung zu erhalten. Bei einem zweiten Beispiel liegt der Fall anders: Hartmut El Kurdis *Angstmän* war ein erfolgreiches Kindertheaterstück, bevor es als adaptiertes Hörspiel mit dem Deutschen Kinderhörspielpreis 2002 ausgezeichnet wurde. Nachdem diese packende Geschichte schon in zwei verschiedenen Genres funktioniert hatte, war der Schritt zum Buch nahe liegend: ein klassischer Fall von Transmedialität. Hervorzuheben gilt in beiden Fällen, dass das Buch – trotz gleichen Titels – einen ganz eigenen Text enthält, der gegenüber dem Text des Hörbuchs so stark differiert, dass ein simultaner Gebrauch unmöglich ist. Im Fall der Sachbuchreihe wird offensichtlich auf den Leser gesetzt, der *noch mehr* wissen will, im Fall des Kinderhörspiels wird vermutlich einfach eine gut gehende Geschichte nochmals vermarktet.

3. Didaktische Perspektive

Hörbücher können einer Vielzahl von hochrangigen didaktischen Zielen dienlich sein. Das Spektrum reicht von sehr allgemeinen Zielen wie Konzentrationsförderung bis zu sehr speziellen wie der Entwicklung phonologischer Bewusstheit. Von großer Bedeutung wäre auch eine moderne Konzeption einer allgemeinen Hörerziehung/ Hörsensibilisierung (vgl. Bergmann 2000, Wermke 1996ff.), die ein weiteres Spektrum abdecken müsste, als es bisher der Musikunterricht tat, und dabei Hörbücher zentral einbezieht. Da es im vorliegenden Aufsatz um das Verhältnis von Kinder- und Jugendliteratur und Hörbüchern geht, werden allein diejenigen Ziele im Überblick thematisiert, die im engeren Sinne lese- und literaturdidaktischer Art sind (vgl. hierzu Müller 2004a, 2006a).

3.1 Die Bedeutung des Hörens von Literatur im Prozess der frühkindlichen Lesesozialisation

Auch wenn es inzwischen Hörbücher zu Bilderbüchern gibt, findet die erste Begegnung des Kindes mit Büchern nach wie vor in der authentischen Vorlesesituation statt – wenn sie denn überhaupt stattfindet. Petra Wieler (1997) und andere haben die überragende Bedeutung des Vorlesens und damit auch der Rezeptionsform Hören für die Lesesozialisation nachgewiesen.

a) Hörbuch und Lesekompetenz
Neueste Untersuchungen dokumentieren und begründen stichhaltig auf der Basis von Erkenntnissen der linguistisch-kognitiven Leseforschung und der neurokognitiven Psycholinguistik, dass der simultane Einsatz von Hörbüchern und Lesetexten (hörbuchunterstütztes Lesen) die Lesekompetenz in allen ihren Teildimensionen erleichtert und fördert. Gerade sehr schwachen Lesern ermöglicht stimmklangvermittelte Literatur durch den unterstützenden Einsatz prosodischer Mittel das Werkverständnis (vgl. Gailberger 2007).

b) Hörbuch und literarische Kompetenz
Hörbücher können verschiedene Teilaspekte literarischer Kompetenz ermöglichen (vgl. Müller 2004a, 2006a). So können sie literarische Erfahrungen vermitteln und die Teilnahme am literarischen Gespräch ermöglichen, auch wenn die Lesefähigkeit noch nicht entsprechend ausgeprägt ist, also vor allem bei Leseanfängern. Vereinzelt gibt es ferner bereits kinderliterarische Hörbücher, die wie in einem simulierten Vorlesegespräch den Hörer ansprechen und zu Leistungen auffordern, die für das literarische Verstehen konstitutiv sind: Imagination, Herstellung von Inferenzen, Einsicht in den Konstruktcharakter von Literatur durch Wiederholung stehender Wendungen etc. Hier sind die Lesungen zu den Kinderromanen *Despereaux* (vgl. Müller 2006b) von Kate DiCamillo und *Der kleine Ritter Trenk* von Kirsten Boie zu nennen. Älteren Schüler(inne)n können Hörbücher literarische Stoffe vermitteln und so eine Form *literarischer Bildung* auch in den Fällen, in denen das Originalwerk sprachlich, hinsichtlich des Umfangs oder des Schwierigkeitsgrads kaum rezipierbar sein dürfte (vgl. Kafka, *Das Schloß* sowie Müller 2005). Ebenso ermöglicht ein Lernarrangement aus Buch und Hörbuch zahlreiche Differenzerfahrungen, die Anlässe zu Interpretationen bieten: die Differenz zwischen dem eigenen Textverständnis und der stimmlichen Interpretation durch den Sprecher, die Differenz zwischen Prosatext und Hörspieladaption, die Differenz zwischen verschiedenen Rezitationen ein und desselben Textes. Nicht zuletzt ist das eigene Herstellen von Hörfassungen durch die Schüler(innen), ob bloße Lesung, szenische Präsentation oder Toncollage mit Musik, immer eine Form intensiver inhaltlicher Auseinandersetzung mit dem Text.

c) Hörbuch und Lesemotivation
Die Zusammenhänge zwischen Hörbuch und Lesemotivation sind noch nicht ausreichend erforscht, weshalb hier nur Hypothesen aufgestellt werden können: So könnten beim simultanen Hören und Lesen durch die erlebte Leseerleichterung bei schwachen Lesern ein größerer Lesegenuss und damit auch eine gestiegene Lesemotivation erzielt werden (vgl. Gailberger 2007).

Ferner ebnet das Hörmedium (noch ohne begleitenden Printtext) in vielen Fällen den Einstieg in einen Erzähltext, so dass frühzeitige Leseabbrüche vermieden werden können. Das ist so zu erklären, dass z.B. bei einer Hörspielfassung die Neugier stärker geweckt wird, so dass die Motivation gegeben ist, selbst weiter zu lesen. Und schließlich sollte auch nicht unterschätzt werden, dass der Sprachklang ein sinnliches Erlebnis darstellen kann, welches hilft, die Welt der Literatur als genussvoll zu erleben. Daniel Pennac (1994) hat dies treffend beschrieben.

Insgesamt kann festgestellt werden, dass Kinder- und Jugendliteratur und Hörmedien eine erfreuliche Allianz mit einem großen didaktischen Potenzial darstellen. Da jedoch in bildungsfernen Elternhäusern ebenso wenig mit dem Kauf von Hörbüchern wie mit dem Kauf von Büchern für Kinder und Jugendliche gerechnet werden kann, wird es Aufgabe der Lehrer(innen) sein, verstärkt in sinnvollen Lernarrangements Hörmedien einzubeziehen. Darüber sollte jedoch eines nicht vergessen werden: dass es auch oft schon ein großer Fortschritt wäre, wenn die uralte Tugend des gekonnten Vorlesens wieder stärker zum Zuge käme (vgl. ebd.).

Primarliteratur

Boie, Kirsten: Der kleine Ritter Trenk, gelesen von Karl Menrad. Hamburg: Jumbo, 2006

DiCamillo, Kate: Despereaux. Von einem, der auszog das Fürchten zu verlernen, gelesen von Rosemarie Fendel, Hamburg: Hörcompany, 2004

Enquist, Per O.: Großvater und die Wölfe, gelesen von Udo Wachtveitl oder als Hörspiel. Dortmund: Igel-Records, 2004

Hartmut El Kurdi: Angstmän. Ein panisches Kammerspiel. Düsseldorf: Patmos, 2003

Kafka, Franz: Das Schloß. Hörspiel von 1953 mit Gert Westphal u.a. Berlin: Der Audio Verlag, 2003

Nielsen, Maja: Dschingis Khan – Die geheime Geschichte des Steppenkämpfers. Köln: Headroom, 2005. (Reihe Abenteuer & Wissen)

Pommaux, Yvan: Detektiv John Chatterton, Bilderbuch mit CD. Frankfurt/ M.: Moritz Verlag, 1995/ 2003

Rowling, Joanne K.: Harry Potter und der Stein der Weisen, gelesen von Rufus Beck. München: der hörverlag, 1999

Scheffler, Axel/ Julia Donaldson: Der Grüffelo und Das Grüffelokind. Hamburg: Hörcompany, 2005

Wolf Euba liest Adalbert Stifter: Der große Eisbruch im Böhmerwald. München: Literaturerleben, 2004

Sekundärliteratur

Bergmann, Katja: Hörgänge. Konzeption einer Hörerziehung für den Deutschunterricht. Oberhausen 2000

Böckelmann, Angelika: Hörspiele für Kinder. Kinderliteratur als Vorlage für Hörspiele – Otried Preußler als Autor – Bewertungskriterien. Oberhausen 2002

Christmann, Ursula/ Norbert Groeben: Psychologie des Lesens. In: Franzmann, Bodo u.a. (Hgg.): Handbuch Lesen. Baltmannsweiler 2001, 145-223

Gailberger, Steffen: Leseförderung durch Hörmedien – eine verbal-auditive Leseförderungstheorie für den Deutschunterricht. In: Lecke, Bodo (Hg.): Mediengeschichte, Intermedialität und Literaturdidaktik. Frankfurt/ M. [u.a.] 2007 [im Druck; ich danke dem Verf. für die gewährte Einsichtnahme]

Kibler, Ingeborg: Die Beurteilung von Hörspielkassetten – ein Leitfaden. In: Deutsches Medieninstitut (Hg.): Handbuch Medienerziehung im Kindergarten. Teil 2. Opladen 1995, 209-216

Müller, Karla: Literatur hören und hörbar machen (Basisartikel). In: Praxis Deutsch 31 (2004a) H. 185, 6-13

Müller, Karla: Hörmedien als Mittel der Leseförderung. In: Literatur im Unterricht 5 (2004b) H. 3, 207-212

Müller, Karla: Gar nicht langweilig: Stifter auf CD. In: Praxis Deutsch 31 (2005) H. 193, 66

Müller, Karla: Hörbücher im Deutschunterricht (Basisartikel). In: Die Grundschulzeitschrift 20 (2006a) H. 193, 4-8

Müller, Karla: Literarische Kompetenz durch Vorlesegespräche erwerben. „Despereaux" – ein Hörroman für Klassenstufe 4. In: Die Grundschulzeitschrift 20 (2006b) H. 193, 50-55
Müller, Karla: Kinder- und Jugendliteratur: Hören versus/ und Lesen, in: Frederking, Volker (Hg.): Taschenbuch des Deutschunterrichts, Bd. 3: Literatur und Medien. Baltmannsweiler [in Vorbereitung]
Ostermayer, Eva: Hörkassetten – aber bitte mit Qualität. In: Sache, Wort, Zahl 30 (2002) H. 43, 40-44
Pennac, Daniel: Wie ein Roman. Frankfurt/ M. 1994
Rogge, Jan-Uwe/ Regine Rogge: Zuhören macht Spaß. Die besten Kassetten und CDs, Hörclubs für Kids, Tips zum Selbermachen. Reinbek b. Hamburg 1999
Strohmeier, Gerd: Politik bei Benjamin Blümchen und Bibi Blocksberg. In: Aus Politik und Zeitgeschichte (2005) H. 42, 7-15
Umlauf, Konrad/ Daniella Sarnowski: Medienkunde. Wiesbaden 2000
Weber, Wibke: Strukturtypen des Hörspiels – erläutert am Kinderhörspiel des öffentlich-rechtlichen Rundfunks seit 1970. Frankfurt/ M. [u.a.] 1997
Wermke, Jutta: Die Kunst des Hörens – ein Desiderat der Deutsch-Didaktik. In: Josting, Petra/ Jan Wirrer (Hgg.): Bücher haben ihre Geschichte. Festschrift für Norbert Hopster zum 60. Geburtstag. Hildesheim 1996, 111-131
Wermke, Jutta: Integrierte Medienerziehung im Fachunterricht. Schwerpunkt: Deutsch. München 1997
Wermke, Jutta: Hörästhetik. Ein Beispiel integrierter Medienerziehung im Deutschunterricht. In: Medien praktisch 22 (1998) H. 1, 15-18
Wermke, Jutta: Tempo – Rhythmus – Kontrast. Zur Veränderung der Rezeptionsbasis am Beispiel von Kinderhörkassetten. In: Groeben, Norbert (Hg.): Lesesozialisation in der Mediengesellschaft. Tübingen 1999. (Sonderheft des Internationalen Archivs für Sozialgeschichte der deutschen Literatur), 190-204
Wermke, Jutta (Hg.): Hören und Sehen. Beiträge zu Medien- und ästhetischer Erziehung. München 2001
Wieler, Petra: Vorlesen in der Familie. Fallstudien zur literarisch-kulturellen Sozialisation von Vierjährigen. Weinheim 1997

Prof. Dr. Karla Müller, Universität Passau, Didaktik der deutschen Sprache und Literatur, Innstraße 25, 94032 Passau

Mette Börder

Hörbuch-Krimis für Kinder

Krimis erfreuen sich bei Kindern, Jugendlichen und Erwachsenen großer Beliebtheit und sind in allen Medien vertreten. Zahlreiche Titel werden im Medienverbund angeboten und erscheinen parallel als Buch, Film, Computerspiel oder auch als Hörbuch. Insbesondere Hörbücher bilden einen Knotenpunkt im Medienverbund, da sie zum einen auf der Grundlage von Buchvorlagen, zum anderen nach Filmen oder TV-Serien produziert werden. Nur das Originalhörbuch wird zunächst eigens für das Hörmedium erstellt. Aber auch hier gibt es einzelne Produktionen, die im Nachhinein in weiteren Medien erfolgreich vermarktet wurden, wie z.B. *Benjamin Blümchen* oder *Bibi Blocksberg*.

Die meisten Hörbuch-Krimis werden nach einer Buchvorlage produziert. Hier kann zwischen der Lesung und dem Hörspiel unterschieden werden. Lesungen kommen als reine Lesung oder als inszenierte Lesung, die mit Musik oder einzelnen Geräuschen unterlegt bzw. gegliedert ist, vor. In beiden Fällen kann es sich sowohl um eine gekürzte als auch um eine ungekürzte Lesung handeln. Inszenierte Lesungen nähern sich, je nachdem welchen Stellenwert Geräusche und Musik einnehmen, dem Hörspiel an. Der entscheidende Unterschied begründet sich jedoch darin, dass der literarische Ausgangstext bei einer Lesung keine grundlegende Veränderung erfährt. Diese Produktionsform hat auf dem Hörbuchmarkt in letzter Zeit stark zugenommen, weil sie einfacher und dementsprechend kostengünstiger zu erstellen ist als die Bearbeitung kompletter Hörspiele (vgl. Germann u.a. 2004, 7). Beim Soundtrack zu einem Film oder einer TV-Serie wird in der Regel die Tonspur des Films direkt übernommen und mit begleitenden Kommentaren eines Erzählers ergänzt. Im Folgenden bilden Hörbuch-Krimis, die auf der Grundlage eines gedruckten Textes basieren, den Schwerpunkt.

1. Marktüberblick

Das Angebot an Krimis auf dem Hörbuchmarkt für Kinder ist vielfältig und breit gefächert. Zwar bestimmen Serien – klassische wie aktuelle – nach wie vor den Markt, darüber hinaus finden sich aber auch zahlreiche Einzeltitel im Programm der Verlage. Aufgrund der Vielzahl an Krimi-Hörbüchern kann hier nur eine Auswahl des aktuellen Angebots getroffen werden. An einigen Beispielen – insbesondere anhand der Serienproduktionen – möchte ich verdeutlichen, wie einzelne Krimi-Hörbücher im Medienverbund verankert sind bzw. in welchem Ausmaß sie medienübergreifend vermarktet werden. Denn die Produktion im Verbund mit Literatur und Film „gilt heute generell und ist charakteristisch für den Medienverbund als Marktstrategie" (Wermke 1999a, 374).

Zu den seit Jahrzehnten erfolgreichsten Krimiserien zählen *Die drei ???* (seit 2006 mit dem Titel *Die Dr3i*), *TKKG* und *Fünf Freunde*, die unter dem Label Europa bei Sony BMG Family Entertainment produziert werden. Besonders *Die drei ???* und *TKKG* haben in den letzten Jahren zunehmend *Kultstatus* erlangt (vgl. Heidtmann 2002, 111).

Als erste der drei Serien startete *Fünf Freunde* 1978 als Hörspielbearbeitung nach Enid Blytons Buchvorlagen. Mittlerweile gibt es 72 Folgen der Serie um die Kinder Julian, Ann, Dick, Georgina und den Hund Timmy; davon basieren jedoch nur die ersten 21 auf den Originalgeschichten der Autorin (vgl. Bastian 2003, 49). Die Sprecher dieser ersten Folgen sind identisch mit den Synchronsprechern der damals gleichzeitig laufenden englischen TV-Serie (vgl. ebd., 65). Die enge Verankerung im Medienverbund, sowohl in Bezug zum Buch als auch zum Film, wird hier deutlich. Nachdem eine Fortsetzung der *Fünf Freunde* 1990 mit einem neuen Sprecherteam scheiterte (Folgen 22-29), konnte die Serie seit 1998 und wiederum mit einer neuen Sprecherbesetzung erfolgreich weitergeführt werden (vgl. Heidtmann 2002, 112). Ab der dreißigsten Folge wurden die Drehbücher für die Serie in Zusammenarbeit mit der Enid Blyton Company in England geschrieben. Die Hörbuch-Episoden liegen exklusiv bei Europa. Drehbuchautor ist u.a. André Minninger, der zum Teil auch die Drehbücher von *TKKG* und *Die drei ???* verfasst (vgl. ebd., 112). Mittlerweile werden die *Fünf Freunde* auch als Lesung auf dem Hörbuchmarkt angeboten. Der Verlag Random House, bei dem die *Fünf Freunde* als Buchserie erscheinen, hat unter seinem Label Random House Audio bislang vier Titel als Lesung der gleichnamigen Bücher im Programm.

Der eigentliche Autor der ursprünglich aus dem Amerikanischen stammenden Serie *Die drei ???* ist Robert Arthur. Insgesamt hat er zehn Bände verfasst. 1964 erschien der erste Band bei Random House unter dem Titel *The Three Investigators and the Secret of Terror Castle* (vgl. Bastian 2003, 73). 1968 erschien in Deutschland der erste Band *Die drei Fragezeichen und das Gespensterschloss* beim Franckh Verlag. Insgesamt wurden 55 Bücher aus dem Amerikanischen übertragen, danach haben deutsche Autoren die Serie fortgesetzt (vgl. ebd., 74f.). 1979 kamen die ersten Hörspiele auf den Markt, wobei die Reihenfolge nicht mit der der Bücher übereinstimmt. Die erste Aufnahme basiert auf der Grundlage des achten Bandes *Die drei Fragezeichen und der Superpapagei* (vgl. Heidtmann 2002, 111). Die Sprecher der drei Detektive Justus Jonas, Peter Shaw und Bob Andrews sind heute noch immer die gleichen wie bereits 1979. Insgesamt liegen 120 Hörspiele von durchaus unterschiedlicher Qualität vor.

Zählten ursprünglich die 9- bis14-Jährigen zur Kernzielgruppe, so sind es heute zum einen Kinder im frühen Grundschulalter und zum anderen junge Erwachsene zwischen 20 und 35 Jahren, die von der Serie angesprochen werden (vgl. ebd.). Die Serie wird heute mehr denn je medienübergreifend vermarktet. Neben spezi-

ellen Fan-Editionen der Bücher und Hörspiele, zum Beispiel Folge 1 bis 10 auf Vinyl, sind beim United Soft Media Verlag (USM) inzwischen sechs CD-ROMs erschienen. Der erste Film soll 2007 in die Kinos kommen. Während *Die drei ???* beim Kosmos Verlag als Buchserie fortgeführt werden, veröffentlicht Europa nach einem Lizenzstreit die Hörspiele seit 2006 mit gleichbleibendem Sprecherteam unter dem neuen Namen *Die Dr3i*. Bislang liegen sechs Folgen der *neuen* Serie um das Detektivteam Jupiter Jones (ehemals Justus Jonas), Bob Andrews und Peter Crenshaw (ehemals Peter Shaw) vor.

An eine jüngere Zielgruppe richtet sich die seit 1999 vom Kosmos Verlag herausgegebene Buchserie *Die drei ??? Kids* von Ulf Blanck. Auch hier löst das Detektivteam um Justus Jonas, Peter Shaw und Bob Andrews Rätsel, die Protagonisten sind jedoch etwas jünger und die Fälle einfacher zu lösen als bei *Die drei ???*. Zu den ersten neun Folgen der mittlerweile 31 Titel umfassenden Buchserie sind beim Kosmos Verlag auch Hörbücher produziert worden. Im Unterschied zu den klassischen *Die drei ???* allerdings nicht als Hörspiel, sondern als Lesung vom Autor selbst.

Die größte Serie bei Europa ist *TKKG*, von der seit dem ersten Hörspieleinsatz 1981 bislang 154 Folgen erschienen sind. Sie wurde zunächst auf der Grundlage der gleichnamigen, 1979 erstmals veröffentlichten Buchvorlagen von Stefan Wolf konzipiert. Bis zur 88. Folge schrieb H.G. Francis die Drehbücher für die Hörspiele. Seitdem wurden sie überwiegend vom Autor selbst verfasst (vgl. ebd.). Auch nach dem Tod des Autors 2007 wird die Serie bei Europa fortgesetzt. Inzwischen gibt es weitaus mehr Hörspiele als Bücher, da Wolf einige Geschichten ausschließlich als Hörspiel-Drehbuch geschrieben hat (vgl. Bastian 2003, 101). Die Titel, zu denen es keine Buchveröffentlichung gibt, sind demnach streng genommen Originalhörspiele.

Wie *Die drei ???* bietet sich auch *TKKG* zum Nostalgieren an, der Anteil an erwachsenen Hörern ist hier jedoch geringer (vgl. Heidtmann 2002, 111). Die medienübergreifende Vermarktung ist bei *TKKG* sehr ausgeprägt, ich nenne hier nur einige Beispiele: Bereits 1985 lief die erste Staffel einer Fernsehserie im ZDF, basierend auf den Buchvorlagen. Die TV-Titelmelodie wurde bald darauf für die Hörspiele übernommen, und 1987 folgte die zweite Staffel. Im September 2005 startete im KI.KA nach der ersten Staffel 1998 eine neue Staffel von *TKKG – Club der Detektive*. Im Jahr 1992 gab es den ersten Kinofilm von *TKKG*. Der zweite Film um das vierköpfige Detektivteam lief 2006 in den Kinos, und Europa veröffentlichte den Soundtrack zum Film als Hörbuch. Darüber hinaus sind mittlerweile 14 CD-ROMs beim Tivola Verlag erschienen.

Seit 25 Jahren erfolgreich sind die von Ursel Scheffler verfassten Ratekrimis mit *Kommissar Kugelblitz*, von denen inzwischen 28 Bände vorliegen. Universal Music hat unter seinem Label Deutsche Grammophon die ersten 13 Hörbuch-Folgen der gleichnamigen Buchserie als Lesung mit Musik veröffentlicht. Die darauf folgenden Titel – bislang Folge 14 bis 17 – hat Der Hörverlag (DHV) in sein Programm aufgenommen. In den Büchern können die Leser mit Hilfe einer *Geheimfolie* die verschlüsselte Lösung am Ende eines jeden Falles entziffern bzw. ihre eigenen Lösungsideen überprüfen. Auch den Hörbüchern ist diese rote Folie beigelegt, die Geheimschrift befindet sich im Booklet. Alternativ haben die Hörer hier aber auch die Möglichkeit, sich die Lösungen aller Fälle am Ende des Hörbuchs anzuhören. Neben den Büchern und Hörbüchern sind bislang auch drei Fälle des Kommissars als hypermediale Detektivgeschichte beim Terzio Verlag auf CD-ROM erschienen.

Auch der Verlag Igel-Records hat mit *Nick Nase*, *Ein Fall für Kwiatkowski* und *Oberschnüffler Oswald* Hörbuch-Krimiserien im Programm, die auf den gleichnamigen Buchvorlagen basieren. Die von Marjorie Weinmann Sharmat verfasste Buchserie *Nick Nase* wird bereits seit 1987 bei Ravensburger veröffentlicht. Seit 2005 sind acht Hörbuch-Folgen als Lesung erschienen. Die zu lösenden Fälle richten sich eher an jüngere Zuhörer. Jede CD enthält zwei Fälle, in denen sich *Nick Nase* – gesprochen wird er von einer Kinderstimme – z.B. um rätselhafte Botschaften auf einem Zettel, eine Schildkröte im Garten oder vermisste Schachteln kümmert.

Die erfolgreiche Serie *Ein Fall für Kwiatkowski* von Jürgen Banscherus erscheint seit 1995 in gedruckter Form bei Arena. Mittlerweile gibt es neun Folgen der Serie um den jungen Privatdetektiv als Hörbuch, wobei es sich jeweils um inszenierte Lesungen mit verschiedenen Sprechern, Musik und Geräuschen handelt. Wie bei den gedruckten Texten erzählt *Kwiatkowsi* – von einem Erwachsenen gesprochen – in der Ich-Perspektive. Sein Markenzeichen sind Kaugummis, frische Milch und sein Skateboard. Die Fälle handeln von verschwundenen Rollschuhen und Kaugummis, verschrammten Autos oder einem beschädigten Karussell. Die Geschichten sind logisch aufgebaut und schon für jüngere Kinder leicht verständlich.

Ebenfalls in der Ich-Perspektive berichtet *Oberschnüffler Oswald* von seinen Fällen. Allerdings handelt es sich bei diesem Ermittler um einen Hund. Als Hörbuch sind drei Fälle des gewitzten Vierbeiners, der z.B. gemeinsam mit seinen zweibeinigen Detektivkollegen Diebesbanden stellt, als gekürzte Lesung mit Musik erschienen. Daneben hat Igel-Records noch weitere Hörbuch-Krimis im Programm. Von *Meisterdetektiv Siggi Sonne* wurden zwei Hörbücher als Lesung in Anlehnung an die Bücher von Jo Pestum produziert, auch hier mit einem Ich-Erzähler. Darüber hinaus bietet der Verlag mit *Willy Watson* und dem Ratekrimi *Ein Fall für zwei Schlitzohren* (jeweils zwei Folgen) auch Originalhörspiele an.

In dem Hörbuch-Krimi *Heiße Spur in Dixies Bar* vom Patmos Verlag übernimmt ein Käfer die Rolle des Detektivs: Privatdetektiv Wanze Muldoon will sich soeben in Dixies Bar – diese befindet sich unter einem Rhabarberblatt im Garten – von seinem letzten Fall erholen, da betritt ein Igel die Bar und bricht vor seinen Augen zusammen. Nun gilt es gemeinsam mit seinen Freunden den plötzlichen Tod des Igels aufzuklären. Der Insektenkrimi um Wanze Muldoon, dessen Ähnlichkeit mit Philip Marlowe unverkennbar ist, wird in der Ich-Perspektive erzählt. Die Buchvorlage von Paul Shipton ist im Fischer Taschenbuch Verlag erschienen.

Ein ebenfalls an Chandler angelehnter Krimi ist Yvan Pommaux' *Detektiv John Chatterton*, der bereits seit 1993 als Bilderbuch vorliegt. 2003 veröffentlichte der Moritz Verlag das Buch um den Katerdetektiv in Kombination mit dem gleichnamigen Hörbuch als Hörspiel. Dass Buch und Hörbuch in Kombination angeboten werden, lässt sich in letzter Zeit zunehmend beobachten, bei den Krimis bildet diese Produktionsform allerdings noch die Ausnahme. Die gelungene Umsetzung der Detektivgeschichte, die klassische Märchenmotive aufgreift, ist auch ohne die parallele Betrachtung der Bilder im Buch verständlich. Dennoch: „Bilderbuch und CD – zwei verschiedene Medien, zwei eigenständige Erzählversionen. Wer beide zusammenfügt, erlebt einen kleinen dreidimensionalen Krimi." (Germann u.a. 2004, 29)

Klassiker der Kinderliteratur sind bereits seit Jahren besonders populär und es gibt kaum einen Verlag, der sie nicht als Hörbuch anbietet. Viele dieser Titel liegen gleich mehrfach als Hörbuch und in unterschiedlichen Produktionsformen vor. So auch bei Astrid Lindgrens *Kalle Blomquist.* Der Verlag Oetinger Audio hat neben der bereits 1950 im Rundfunk erschienenen Hörspielproduktion von Rose Marie Schwerin eine neuere Hörspielproduktion von Kurt Vethake (1973) im Programm. Erich Kästners *Emil und die Detektive* bietet Oetinger Audio sowohl als Hörspiel als auch als ungekürzte Lesung an (übernommen von Deutsche Grammophon). Auch für ältere Kinder und Jugendliche werden zunehmend Krimi-Hörbücher angeboten, die auf der gleichnamigen Buchvorlage basieren. Dies sind z.B. *Ein Fakir für alle Fälle* von Bjarne Reuter (Patmos Verlag), *Das Pentomino Orakel* von Blue Balliett (Verlag Megaeins) oder *Schwarze Spuren* von Paul Bajoria (Der Hörverlag). Bei allen Hörbüchern handelt es sich um Lesungen.

Auffallend ist, dass gerade auch Hörbuch-Krimis zu aktuellen Buchtiteln im Programm der Hörbuchverlage zu finden sind. Weber (2003, 7) bemerkt in diesem Zusammenhang, dass die Produktionszyklen zunehmend kürzer werden: „Immer schneller folgt der Buchvorlage die akustische Umsetzung. Kaum ist ein Buch erfolgreich, erscheint es als Hörbuch". Sie fügt weiter an, dass diese enge Verzahnung von Buch und Hörbuch vor allem dadurch bedingt ist, dass immer mehr Verlage ihren eigenen Hörbuchverlag haben. Zudem werden die beiden Medien nicht mehr in dem Maße als Konkurrenten angesehen wie noch vor wenigen Jahren (vgl. ebd.).

Die Grenzen zwischen dem Krimi und anderen Genres sind manchmal fließend. Dies ist beispielsweise bei der Serie *Die Zeitdetektive* von Fabian Lenk der Fall. Eingebettet in einen Krimi, reisen drei Kinder in jeder Folge in die Vergangenheit und lösen dort einen Fall. Hierbei mischen sich Elemente des Krimis mit denen des Abenteuerromans und des Sachtextes.

Der vorangegangene Überblick gibt einen Einblick in das aktuelle Krimi-Angebot für Kinder auf dem Hörbuchmarkt. Bei den meisten Hörbuch-Krimis handelt es sich – wie in anderen Medien auch – um klassische Detektivgeschichten, bei der die Aufklärung eines Falles im Mittelpunkt steht (zur Typologie des Krimis für Kinder und Jugendliche vgl. Lange 2002, 13ff.). Sie setzen in der Regel bei der Vorgeschichte eines Falls ein, danach folgt in chronologischer Form die Detektion und am Ende die Auflösung des Falls (vgl. ebd., 13f.).

Die unterschiedlichen Varianten der klassischen Detektivgeschichte sind auch auf dem Hörbuchmarkt vertreten, wie z.B. Kinder, die allein (sowohl Mädchen als auch Junge) oder in einer Gruppe als Detektive ermitteln, Erwachsene als Detektive, Kinder gegen Erwachsene oder – wiederum eine Variante der drei genannten Typen – Detektivgeschichten zum Mitraten (vgl. ebd.). Detektivteams können eine homogene Gruppe bilden (wie bei *Die drei ???*) oder sich aus einer gemischten Gruppe zusammensetzen (*Fünf Freunde, TKKG*). Auch Tiere treten als Ermittler in Erscheinung, wie z.B. bei *Heiße Spur in Dixies Bar, Oberschnüffler Oswald* oder *John Chatterton.*

2. Begründung für den Einsatz von Hörbuch-Krimis im Deutschunterricht

Hören und Sprechen, Lesen und Schreiben sind grundlegende Kompetenzen, die im Deutschunterricht vermittelt werden sollen (vgl. Rahmenrichtlinien Deutsch Niedersachsen 1984, 4). Im Mittelpunkt stehen die Förderung und Erweiterung der *sprachlichen Fähigkeiten*, die von besonderer Bedeutung für die Entwicklung sind. Der Ausbau der sprachlichen Fähigkeiten „geschieht durch sprachliches Handeln und Auseinandersetzung mit Sprache in all ihren Erscheinungsformen und mit Texten und Medien aller Art" (Lehrplan Grundschule – Deutsch Schleswig-Holstein 1997, 53). Wenn die Schüler(innen) gerne lesen und schreiben und Freude an Sprache und sprachlicher Gestaltung gewinnen, kann der Deutschunterricht dazu beitragen, dass sie sich „in ihrer literarisch-kulturellen und medial vermittelten Umwelt auskennen und an ihr teilhaben" (ebd.).

Die Berücksichtigung auch anderer Medien, neben dem Buch, begründet sich vor allem darin, dass Kinder heute mit einer Vielzahl an Medien aufwachsen und diese selbstverständlich nutzen. Auch Literatur ist heute nicht mehr nur an das Buch gebunden. Kinder kennen in ihrem Alltag viele Titel der Kinder- und Jugendliteratur aus anderen Medien, sie müssen sie gar nicht selbst gelesen haben (vgl. Wermke 1997, 67). Dem Deutschunterricht kommt durch die Entwicklung der Medien und damit einhergehenden veränderten Medienerfahrungen, -gewohnheiten und -interessen der Kinder die Aufgabe zu, diese Veränderungen auch wahrzunehmen und zu berücksichtigen. Das bedeutet beispielsweise, dass bei der Konzeption und Durchführung von Unterricht neben dem zumeist noch von Büchern dominierten Deutschunterricht auch andere Medien im Sinne eines *medienintegrativen Deutschunterrichts* einzubeziehen sind (vgl. Wermke 1997; Josting 2003, 43). Insbesondere die neueren Lehrpläne gehen zunehmend von einem weiten Textbegriff aus und fordern neben dem Buch auch den Einsatz anderer Medien im Unterricht. Bei der Auseinandersetzung mit elektronischen Medien sowie Druck-, Hör- und Bildmedien kann der Deutschunterricht einen besonderen Beitrag zur Medienerziehung leisten und die Schüler(innen) lernen auf diese Weise „Medien für sich sinnvoll zu nutzen, aber auch kritisch mit ihnen umzugehen" (Lehrplan für die bayerische Grundschule – Deutsch 2000, 25).

In diesen Zusammenhang möchte ich den Einsatz von Hörbuch-Krimis im Deutschunterricht einordnen. Insbesondere im Rahmen der Leseförderung und der Hörerziehung lassen sich sinnvolle Einsatzmöglichkeiten aufzeigen.

3. Hörbuch-Krimis im Rahmen der Leseförderung und Hörerziehung

Der Deutschunterricht in der Grundschule hat die grundlegende Aufgabe, die Lesefreude der Schüler(innen) zu wecken und zu fördern. Dabei muss er auch die Leseinteressen der Kinder aufgreifen. Der Einsatz von Krimis hat hier einen berechtigten Stellenwert, da sie bei Mädchen und Jungen gleichermaßen beliebt sind und somit die bereits vorhandenen Leseinteressen von Mädchen *und* Jungen Berücksichtigung finden.

Die Beliebtheit von Krimis begründet sich vor allem in der Spannung der Handlung. Der Leser findet in dem Detektiv oder der Detektivgruppe Personen, mit denen er sich identifizieren kann (vgl. Lange 2002, 16). Krimis fordern darüber hinaus zum Mitraten auf, insbesondere Rate-Krimis. Die Beteiligung an der Lösung eines Falles bereitet den heranwachsenden Lesern großes Vergnügen (vgl. ebd.). Die Rezipienten sind in die Ermittlungen des Detektivs eingeweiht oder manchmal sogar seinen Überlegungen voraus. „Diese Beteiligung des Lesers an der Lösung des Falles verhindert zudem, dass er nur flüchtig liest, denn jeder einzelne Hinweis im Text kann für die Lösung des Falles bedeutsam sein." (Ebd.) Krimis fördern demnach auch das genaue Lesen, das im Deutschunterricht angebahnt werden soll. Mit dem Einsatz von Hörbuch-Krimis als akustisch vermittelte Literatur können die Schüler(innen) sich mit altersangemessenen und für sie interessanten Krimis auseinandersetzen, noch bevor der Lese- und Schreiblehrgang abgeschlossen ist. Damit wird der Forderung nachgekommen, dass die Texte dem Entwicklungsstand der Schüler(innen) entsprechen müssen (vgl. Lehrplan Grundschule – Deutsch Schleswig-Holstein 1997, 63f.).

Beim Einsatz von Hörbuch-Krimis sind unterschiedliche methodische Herangehensweisen möglich:

Das Hörbuch kann zunächst unabhängig von einem Buch eingesetzt werden. Zahlreiche Methoden, die im Umgang mit gedruckten Texten angewandt werden, lassen sich auch auf die Arbeit mit Hörbuch-Krimis übertragen. Die Kinder verständigen sich beispielsweise über den Inhalt und über das, was sie beim Hören wahrgenommen haben, fertigen Steckbriefe oder Täterbeschreibungen an, verarbeiten das Gehörte durch Schreiben, Malen, szenisches Spiel oder antizipieren den weiteren Handlungsverlauf. Diese Aufgaben fordern und fördern zudem ein aktives, bewusstes Zuhören. Zahlreiche lesedidaktische Möglichkeiten lassen sich auch auf das Hören von Krimis anwenden, z.B. unterschiedliche Verfahren zur Spannungserzeugung kennen lernen, formale Merkmale eines Krimis erkennen oder Krimis bewerten (vgl. Kammler/ Wilczek 2005, 11ff.).

Durch die Auseinandersetzung mit Hörbuch-Krimis in kreativer, handelnder Form erwerben die Kinder wiederum Fähigkeiten, die auch beim Lesen von grundlegender Bedeutung sind und im Rahmen der Leseförderung angebahnt werden sollen. Dazu gehört beispielsweise, dass Kinder einen Text inhaltlich, sprachlich und ästhetisch erfassen und die Absicht des Gelesenen verstehen können, dass sie sich in den Inhalt, in Personen und Figuren hineinversetzen, ihre eigenen Erfahrungen einbringen und ihre persönliche und die dargestellte Wirklichkeit in

Beziehung zueinander setzen (vgl. Lehrplan Grundschule – Deutsch Schleswig-Holstein 1997, 70).

Hierbei spielt es zunächst keine Rolle, ob zu dem Hörbuch-Krimi eine Buchvorlage existiert bzw. ob es sich um ein Hörspiel, Originalhörspiel, einen Soundtrack oder eine Lesung handelt. Die Kinder müssen verschiedene Produktionsformen kennen lernen, um mit der Zeit Unterschiede, beispielsweise zwischen Lesung und Hörspiel, benennen und eine begründete Auswahl treffen zu können. Das schließt allerdings nicht aus, dass das Hören eines Krimis, zu dem keine Buchfassung vorliegt, auch zum Lesen anregen kann. Im Anschluss an das Hören von Rate-Krimis können z.B. weitere Texte dieser Art gelesen werden. Buchtitel hierzu liegen in großer Auswahl vor, z.B. *Die Abenteuer der schwarzen Hand* oder *Die heiße Spur* von Press, *Club der Detektive* von Ecke oder *Die drei ??? Kids*.

Auch die Kombination von Hörbuch-Krimi mit gleichnamiger Buchvorlage ist sinnvoll. So können beispielsweise einzelne Ausschnitte aus einem Hörbuch-Krimi das Interesse für den weiteren Verlauf des Krimis wecken, der anschließend gelesen wird.

Für Kinder ab der vierten Klasse bietet es sich auch an, dass sie Ausschnitte aus einem Krimi hören, der in unterschiedlichen Produktionsformen vorliegt (z.B. von *Kalle Blomquist* oder *Emil und die Detektive*). Die Lesemotivation ergibt sich aus der Frage, welche der gehörten Ausschnitte dem zugrunde liegenden Buchtext am nächsten kommt. Die Aufgabe erfordert von den Schüler(innen) eine intensive Auseinandersetzung mit dem Text. Sie machen auf diese Weise die Erfahrung, dass es unterschiedliche Formen der Umsetzung gibt. In diesem Zusammenhang sollten sie darüber diskutieren, was ihnen gut oder weniger gefällt und dabei ihre Meinung begründen. Die mögliche Feststellung, dass ein Hörbuch, auch wenn es sich sehr eng an die Vorlage hält, nicht unbedingt ein gutes *Hör*buch sein muss, könnte hier eine zusätzliche wichtige Erfahrung sein.

Wenn Hörbuch und Buch als Reihe oder Serie vorliegen, kann die Auseinandersetzung mit dem Hörbuch auch dazu motivieren, weitere Titel der Reihe oder Serie zu lesen. Für Leseanfänger und im differenzierten Unterricht bietet sich auch der parallele Einsatz von Hörbuch und Buch an. Alle oder auch nur einzelne Kinder können zunächst während des Hörens im Buch mitlesen (vgl. Wermke 2004, 57). Anschließend lesen sie entweder selbst, oder sie lesen sich in einer kleinen Gruppe gegenseitig vor. Dadurch, dass der Inhalt bekannt ist und die Kinder wissen, worum es geht, wird ihnen das Erlesen des Textes erleichtert (vgl. Pfennig/ Stenzel 2001, 3). Voraussetzung hierbei ist, dass Hör- und Buchtext absolut identisch sind. Das Vorlesen sollte aber gelegentlich auch weiterhin durch die Lehrkraft übernommen werden (vgl. Wermke 2004, 57).

Ein Krimi kann darüber hinaus auch abwechselnd gelesen und gehört werden. Das zu Beginn für viele Kinder beschwerliche Erlesen eines Textes kann sich mit dem Hören einiger Passagen abwechseln und besonders langsame Leser verlieren somit nicht den Anschluss und die Lust am Lesen (vgl. Pfennig/ Stenzel 2001, 3). Trotzdem haben es alle Kinder am Ende geschafft, einen ganzen Krimi zu *lesen*.

Auch der umgekehrte Weg ist möglich: Die Kinder lesen zunächst einen Krimi bzw. Ausschnitte daraus, um dann das Hörbuch zu hören. Nach der intensiven Auseinandersetzung mit dem gedruckten Text können sie an einem Textausschnitt Vorstellungen darüber entwickeln, wie sich für eine Vertonung die Stimmen der Sprecher anhören sollten, welche Geräusche und Klänge zu hören sind, ob der Text besser gelesen oder in einen Dialog umgeschrieben werden müsste oder ob er sich vielleicht gar nicht für eine Vertonung eignet. Sie sollten dabei auch selbst mit ihrer Stimme und mit Geräuschen und Klängen experimentieren und verschiedene Versionen ausprobieren. Nach der intensiven Arbeit am Text hören die Kinder die Vertonung und vergleichen sie mit ihren Vorschlägen, Vorstellungen und Erwartungen.

Neben dem gezielten Einsatz von Hörbuch-Krimis im Rahmen der Leseförderung bietet sich ausgehend von einem Krimi in gedruckter Form auch die eigene Produktion eines Hörspiels an. Solche Projekte sind zeitintensiv, aber in mehrfacher Hinsicht lohnenswert und sinnvoll, da sich hier in besonderem Maße Leseerziehung, Hör- und Sprecherziehung, Ästhetische Erziehung und Medienerziehung miteinander verbinden (vgl. Wermke 2003, 19ff.). Obwohl bei den genannten Beispielen zunächst das Lesen im Vordergrund steht, werden bereits Fähigkeiten angebahnt, die im Rahmen einer Hörerziehung von grundlegender Bedeutung sind.

Der Einsatz von Hörbuch-Krimis kann auch ideale Anknüpfungspunkte für eine lange im Deutschunterricht vernachlässigte Hörerziehung bieten, die durch die Entwicklung der Medien wieder als notwendiger Lernbereich des Deutschunterrichts, auch der Sekundarstufen, erkannt wird. Die Rezeption eines Hörbuchs erfordert zunächst ganz allgemein die Fähigkeit, den Inhalt ausschließlich auditiv wahrzunehmen und zu erschließen und sich in besonderer Weise auf das Gehörte einzulassen. Im Unterschied zum Buch werden Situationen, Schauplätze, Personen und deren Charaktere nicht beschrieben, sondern akustisch dargestellt. Dies setzt ein aktives Zuhören und eine aktive Auseinandersetzung mit dem Gehörten voraus. Die Beschränkung auf den Hörsinn lässt zugleich Raum für Assoziationen zum Gehörten, sei es zu Wörtern, Geräuschen, Klängen oder zur Musik (vgl. Heidtmann 1993, 27). Darüber hinaus erfordert die Rezeption – je nach Art der akustischen Gestaltung – beispielsweise die Fähigkeit, Geräusche zu identifizieren und zuzuordnen, Musik in symbolischer Form wahrzunehmen und zu verstehen und allein aus den Stimmen der handelnden Personen auf ihre Befindlichkeit und ihr Verhältnis zueinander zu schließen (vgl. Engel 1993, 9).

Die Förderung des Hörens als aktive, kreative Wahrnehmungsleistung erfordert von den Schüler(innen) vor allem die grundlegende Bereitschaft, zuhören zu wollen. Sie müssen sich angesprochen fühlen und motiviert sein zuzuhören (vgl. Becker 2004b, 43). In diesen Zusammenhang lässt sich der Einsatz von Hörbuch-Krimis einordnen, da die Hörer motiviert sind, beim Lösen eines Rätsels mitzuhelfen. Durch das Hören von Krimis – insbesondere auch von Rate-Krimis – sind die Kinder darüber hinaus gefordert, genau zu hören. Das Gehörte muss während der Rezeption verarbeitet werden, die Hörer „müssen die gehörten Informationen sortieren und werten, sie müssen Hypothesen bilden oder auch verwerfen" (Becker 2004a, 7).

Die aufgeführten Beispiele, die sich noch weiter fortsetzen ließen, sollen verdeutlichen, dass der Einsatz von Hörbuch-Krimis sowohl im Rahmen der Leseförderung als auch bei der Hörerziehung zahlreiche Anknüpfungspunkte bietet. Er will nicht das Lesen oder die Auseinandersetzung mit einem Buch ersetzen, sondern ergänzen. Lesen und Hören gleichermaßen zu berücksichtigen, führt dazu, dass sowohl das Hin- und Zuhören als auch das Interesse an Sprache, Sprechen und Lesen gefördert werden kann (vgl. Karst 2003, 29). Hörbuch-Krimis als medial vermittelte Literatur haben eine Berechtigung im Deutschunterricht und können wie jeder andere Text im Unterricht eingesetzt werden. Gleichwohl verfügen sie über spezifische Leistungs- und Darstellungsmöglichkeiten in der akustischen Dimension, die zum Hören, Horchen und Lauschen herausfordern können (vgl. Heidtmann 1996, 176). Das bedeutet, dass der Unterricht die künstlerisch-ästhetische Eigenwertigkeit des Mediums berücksichtigen muss (vgl. ebd.).

Primärliteratur/ Serien

Banscherus, Jürgen: Ein Fall für Kwiatkowski. Dortmund: Igel-Records
Blanck, Ulf: Die drei ??? Kids. Stuttgart: Kosmos
Bieniek, Christian: Oberschnüffler Oswald. Dortmund: Igel-Records
Blyton, Enid: Fünf Freunde. Köln: Random House Audio
Blyton, Enid: Fünf Freunde. Hamburg: Sony BMG Family Entertainment/ Europa
Die Dr3i. Hamburg: Sony BMG Family Entertainment/ Europa
Die drei ???. Hamburg: Sony BMG Family Entertainment/ Europa
Lenk, Fabian: Die Zeitdetektive. Hamburg: Jumbo Neue Medien
Scheffler, Ursel: Kommissar Kugelblitz. Berlin: Universal Music/ Deutsche Grammophon
Scheffler, Ursel: Kommissar Kugelblitz. München: Der Hörverlag
TKKG. Hamburg: Sony BMG Family Entertainment/ Europa
Weinmann Sharmat, Marjorie: Nick Nase. Dortmund: Igel-Records

Primärliteratur/ Einzeltitel

Bajoria, Paul: Schwarze Spuren. München: Der Hörverlag, 2005
Balliett, Blue: Das Pentomino Orakel. Berlin: Megaeins Verlag, 2005
Fischer, Arno: Ein Fall für zwei Schlitzohren. Hannah übernimmt. Dortmund: Igel-Records, 2004
Kästner, Erich: Emil und die Detektive. Hörspiel. Hamburg: Oetinger, 2006
Kästner, Erich: Emil und die Detektive. Ungekürzte Lesung. Hamburg: Oetinger, 2006
Lindgren, Astrid: Kalle Blomquist Meisterdetektiv. Hörspiel von Kurt Vethake. Hamburg: Oetinger, 2006 [EA: 1973]
Lindgren, Astrid: Kalle Blomquist Meisterdetektiv. Hörspiel von Rose Marie Schwerin. Hamburg: Oetinger, 2006
Pestum, Jo: Meisterdetektiv Siggi Sonne. Der Täter mit der Maske. Dortmund: Igel-Records, 2003
Pommaux, Yvan: Detektiv John Chatterton. Frankfurt/ M.: Moritz, 2003
Reuter, Bjarne: Ein Fakir für alle Fälle. Düsseldorf: Patmos, 2001
Shipton, Paul: Heiße Spur in Dixies Bar. Ein neuer Fall für die Wanze. Düsseldorf: Patmos, 2004
Vanhoefer, Markus: Willy Watson und der Mops der Königin. Dortmund: Igel-Records, 2003

Sekundärliteratur

Bastian, Annette: Das Erbe der Kassettenkinder ... ein spezialgelagerter Sonderfall. Brühl 2003
Bayerisches Staatsministerium für Unterricht und Kultus (Hg.): Lehrplan für die bayerische Grundschule – Deutsch. München 2000 (http://www.isb.bayern.de/isb/index.asp - 25.05.2007)

Becker, Susanne: Hördetektive: Fälle lösen mit Kommissar Schlotterteich. In: Deutsch (2004a) H. 1, 6-9
Becker, Susanne: K(l)eine Hördidaktik. In: Deutsch (2004b) H. 1, 40-43
Engel, Eva: Hörerziehung mit Hörspielen. In: Grundschule 25 (1993), H. 7-8, 9-11
Germann, Heide/ Katja Bergmann/ Susanne Brandt/ Karen Gröning/ Willy Gröning: Töne für Kinder. Kassetten und CDs im kommentierten Überblick. Ausgabe 2003/2004. München 2004
Heidtmann, Horst: Mit dem Hören spielen. In: Grundschule 25 (1993) H. 7-8, 27-29
Heidtmann, Horst: Pädagogische Arbeit mit Tonträgern. In: Schill, Wolfgang/ Dieter Baacke (Hgg.): Kinder und Radio. Frankfurt/ M. 1996, 173-182
Heidtmann, Horst: Krimi-Hörspielserien sind Kult. Eine Marktübersicht. In: Josting, Petra/ Gudrun Stenzel (Hgg.): Auf heißer Spur in allen Medien. Weinheim 2002. (Beiträge Jugendliteratur und Medien; 13. Beih.), 107-117
Josting, Petra: Der Einfluss von Medien-Orientierungen auf die Rezeption. Untersucht am Beispiel einer hypermedialen Detektivgeschichte. In: Wermke, Jutta (Hg.): Literatur und Medien. München 2003, 42-66
Kammler, Clemens/ Reinhard Wilczek: Krimi. Neue Ansätze für eine Einbindung von Kriminalliteratur in den Deutschunterricht. In: Praxis Deutsch 32 (2005) H. 192, 6-14
Karst, Karl: Medienkompetenz – Sinneskompetenz. In: Julit (2003) H. 3, 27-32
Lange, Günter: Krimi – Analyse eines Genres. In: Josting, Petra/ Gudrun Stenzel (Hgg.): Auf heißer Spur in allen Medien. Weinheim 2002. (Beiträge Jugendliteratur und Medien; 13. Beih.), 7-20
Ministerium für Bildung, Wissenschaft, Forschung und Kultur des Landes Schleswig-Holstein (Hg.): Lehrplan Grundschule – Deutsch. Kiel 1997 (http://www.lehrplan.lernnetz.de/content/index.php - 25.05.2007)
Niedersächsischer Kultusminister (Hg.): Rahmenrichtlinien für die Grundschule – Deutsch. Hannover 1984
Pfennig, Dorothee/ Gudrun Stenzel: Handreichung für den Unterricht zu: Ingrid Uebe: Vampirgeschichten – Parallele Nutzung von Buch und Kassette/ CD. Hamburg 2001. http://www.jumbo-medien.de/elterntipps.pdf (25.05.2007)
Weber, Wibke: Von Odysseus bis Kanak Attack. In: Julit (2003) H. 3, 3-10
Wermke, Jutta: Integrierte Medienerziehung im Fachunterricht. Schwerpunkt: Deutsch. München 1997
Wermke, Jutta: Kinderhörkassetten zwischen Literatur und Film. In: Deutschunterricht 52 (1999) H. 5, 371-379
Wermke, Jutta: Ein Wassermärchen-Hörspiel-Projekt. In: Deutschunterricht 56 (2003) H. 3, 19-26
Wermke, Jutta: Das Hörbuch im Rahmen einer Hördidaktik. In: Der Deutschunterricht 56 (2004) H. 4, 50-62

Mette Börder, In der Riehe 26, 32479 Hille

Daniel Ammann

Geschichten zum Mitspielen: Kinder-CD-ROMs

Wenn Geschichten der Kinder- und Jugendliteratur als Hörbücher oder Hörspiele herauskommen, fürs Kino verfilmt oder als Zeichentrickserie fürs Fernsehen produziert werden, so handelt es sich dabei um etablierte und weitgehend vertraute Mediengenres und Textsorten. Seit einiger Zeit sind Adaptionen für den Computer ebenfalls üblich und gehören zur medienübergreifenden Vermarktung beliebter Stoffe dazu.

In diesem Beitrag geht es nicht um Spielversionen für Videokonsolen und Handhelds, sondern um Spielgeschichten auf CD-ROM, die auf leistungsfähigen Multimediacomputern laufen. Damit ist schon einer der Vorteile dieser Produktsparte angesprochen. Um interaktive Geschichten zu spielen, muss nicht spezielle Hardware angeschafft werden. Sofern Kindergärten, Kindertagesstätten oder Schulen über entsprechende Geräte verfügen, können Bildschirmspiele auch im Unterricht genutzt und im Medienverbund thematisiert werden. Nach grundsätzlichen Überlegungen zur Bedeutung von Spielangeboten im Medienverbund sollen anhand aktueller Titel gattungsspezifische Merkmale beleuchtet und verschiedene Nutzungsformen sowie didaktische Einsatzmöglichkeiten aufgezeigt werden.

1. Konvergenz statt Konkurrenz

Im Medienensemble von Kindern und Jugendlichen kommen Geschichten in vielfältigen Gattungen und Formaten vor, die in gewisser Weise unabhängig nebeneinander existieren, sich aber gleichzeitig im Medienverbund ergänzen können. Bücher und Bildschirmangebote, audiovisuelle Erzählungen und multimediale Spiele sind heute Teil einer crossmedialen Verwertungskette und stehen daher nur bedingt in Konkurrenz zueinander. Der Begriff Medienkonvergenz meint in diesem Zusammenhang nicht nur das technische Zusammenwachsen ursprünglich getrennter Medienkanäle und Darbietungsformen, sondern verweist ebenso auf Aspekte wirtschaftlicher Medienkonzentration und internationale Vermarktungsstategien (vgl. Wagner 2005).

Hans-Heino Ewers bezeichnet *Medienverbundangebote* in einem Aufsatztitel als „die großen Narrationen unserer Zeit"; für ihn stellen sie eine neue Gattung dar, deren Adressaten

> „*sämtliche* medialen Versionen rezipieren und sich nicht unter den verschiedenen medialen Versionen nur eine auswählen. […] Dass die Geschichten zuerst als Buch

> oder als Film oder als Fernsehserie auf den Markt gekommen sind, stellt für sie nicht mehr als ein äußerliches Faktum dar; es hätte genauso gut in anderer Reihenfolge geschehen können." (Ewers 2006, 298)

Sieht man von der Chronologie solcher Medienverbundangebote ab und richtet das Augenmerk auf die unterschiedlichen medialen Umsetzungen eines fiktionalen Stoffes, verliert die Bezeichnung Adaption zusehends an Bedeutung. Die Bearbeitung eines bestimmten Werkes für eine andere Gattung oder ein anderes Medium kommt zwar immer noch vor. So gibt es zu Jostein Gaarders 600 Seiten starkem Roman *Sofies Welt* aus dem Jahre 1991 eine deutsche Hörspielinszenierung (1995), ein multimediales Spielabenteuer auf CD-ROM (Navigo 1997/2000) sowie eine Literaturverfilmung (Norwegen 1999). Auf der anderen Seite ist es heute ebenso üblich, für verschiedene Mediensparten je eigene Geschichten zu entwickeln. Beim Film *TKKG – Das Geheimnis um die rätselhafte Mind-Machine* (Deutschland 2005) oder den zahlreichen TKKG-Detektivspielen auf CD-ROM, die seit 1997 bei Tivola erscheinen, handelt es sich in dem Sinne nicht um Adaptionen, sondern um unabhängige Produktionen nach Motiven der Erfolgsserie.

Gelegentlich treten Medienverbundangebote, wie Ewers festhält, erst im Nachhinein als solche in Erscheinung.

> „Der Schritt zur Produktion anderer medialer Versionen erfolgt in solchen Fällen zumeist dann, wenn sich der Film, die Fernsehserie, der Comic oder das Buch als besonders erfolgreich erwiesen haben." (Ewers 2006, 299)

Dabei kommt es häufig vor, dass nicht die Originalversion einer Geschichte, sondern eine der späteren Medienadaptionen die Führungsrolle im Medienverbund übernimmt. So stehen die Bildschirmspiele mit der Biene Maja (Tivola 2001, 2002 und 2005), mit Wickie (Tivola 2001, 2003, 2004 und 2005) oder Heidi (Tivola 2004) den japanisch-deutschen Zeichentrickserien aus den 1970er Jahren viel näher als den ursprünglichen Buchvorlagen von Waldemar Bonsels, Runer Jonsson und Johanna Spyri. Zeichnungsstil oder Titelmelodien werden direkt aus der TV-Serie übernommen.

Trotz wachsender Bedeutung des Computers bleibt das Fernsehen, wie die *KIM-Studie 2006* erneut gezeigt hat, beliebtestes Freizeitmedium der Sechs- bis 13-Jährigen (ebd., 10). Der Fernseher ist dasjenige Medium, zu dem diese Altersgruppe die größte emotionale Bindung empfindet und auf das sie am wenigsten verzichten möchte (ebd., 17). Eine Trendbefragung des Instituts für angewandte Kindermedienforschung zu den beliebtesten Mediencharakteren von Kindern im Jahr 2004 konstatiert ebenfalls eine Dominanz des Fernsehens als Leitmedium im Kindermedienalltag. Bereits in einer früheren Erhebung 1995 hatte sich gezeigt, dass die Begegnung mit Medienfiguren vornehmlich über Zeichentrickserien im Fernsehen stattfand (vgl. Heidtmann 2004, 61). Selbst für Klassiker der populären Kinderliteratur dürften moderne Medien also eine tragende Rolle spielen, da sie durch inhaltliche und formale Aktualisierung für eine Anpassung an den Zeitgeschmack sorgen – man denke etwa an die Narnia-Chroniken von C.S. Lewis, J.R.R. Tolkiens *Herr der Ringe*-Trilogie oder Neuverfilmungen von Kästner-Stoffen und Kinoversionen zu den *Sams*-Geschichten von Paul Maar.

2. Adaption und Variation

Ein Blick auf ausgewählte Titel der letzten Jahre mag illustrieren, wie Angebote in den verschiedenen Medien aufeinander bezogen sind und sich gegenseitig bewerben und ergänzen. Eine wichtige Rolle scheinen Kinofilme zu spielen, zu denen oft ein passendes *Original-Hörspiel* produziert wird und die bereits nach kurzer Zeit schon als DVD erhältlich sind.

Die Spielgeschichten *Lauras Stern* (Tivola 2004) und *Der kleine Eisbär 2 – Die geheimnisvolle Insel* (Oetinger 2005) nach bekannten Bilderbüchern von Klaus Baumgart und Hans de Beer knüpfen zwar an frühere Spieladaptionen auf CD-ROM an und stehen in enger Verbindung mit den erfolgreichen Zeichentrickserien im Kinderprogramm des Fernsehens, erscheinen aber primär als CD-ROM zu aktuellen Kinofilmen. *Der kleine Eisbär 2* ist als spannendes Spielabenteuer konzipiert, das sich zwar nicht an den Filmplot hält, aber dennoch einzelne Videosequenzen übernimmt. Bei *Lauras Stern* hingegen handelt es sich lediglich um eine einfache Spielesammlung mit zahlreichen Filmausschnitten, ausdruckbaren Bastelbögen sowie kurzen Making-of-Clips, die Einblick in die Entstehung des Kinofilms geben.

Die Spielgeschichten *Räuber Hotzenplotz* und *Neues vom Räuber Hotzenplotz* (Cornelsen 2004 und 2005) können im Vergleich dazu fast als originalgetreue multimediale Umsetzungen der vierzig Jahre alten Kinderbuchklassiker von Otfried Preußler bezeichnet werden. Um die Handlung der beiden Vorlagen ungekürzt wiederzugeben, wird die Geschichte im virtuellen Kasperletheater teilweise von den Figuren erzählt oder in interaktiven Spielsituationen nachgestellt, wobei die animierten Szenen den Buchillustrationen von F.J. Tripp nachempfunden sind. Etwas freier geht die Kinoproduktion aus dem Jahr 2006 mit der Vorlage um und führt die Handlung der ersten beiden Hotzenplotz-Bände in einem einzigen Realfilm zusammen. Dennoch dürften die Spielgeschichten auf CD-ROM (und natürlich die Bücher und Hörfassungen) von der neuen Aktualität des Stoffes profitieren.

Als letztes Beispiel sei die Spielversion zur erfolgreichen Buchserie *Die Wilden Hühner* von Cornelia Funke erwähnt (Oetinger 2004). Auch hier dürften die beiden Kinoproduktionen (2005 und 2007) dem Verkauf der CD-ROM zugutekommen. Die Spielgeschichte übernimmt zwar Figurenpersonal und Handlungselemente aus den Romanvorlagen, entwickelt aber eine eigene, dem Medium angemessene Aufgabensituation. Die Spielerin schlüpft dabei in die Rolle einer Anwärterin und soll sich in verschiedenen Denk- und Geschicklichkeitsspielen bewähren, um schließlich als vollwertiges Bandenmitglied aufgenommen zu werden.

3. Zwischen Spiel und Erzählung

Was unterscheidet Spielgeschichten auf CD-ROM grundsätzlich von anderen Erzählmedien und Bildschirmangeboten? Wie aus den bisherigen Ausführungen hervorgeht, sind Spielgeschichten nicht generell unter dem Aspekt der Adaption zu subsumieren. Kinder- und jugendliterarische Stoffe können im Medienverbund je nach Textsorte und Medientyp ganz unterschiedliche Bearbeitungen erfahren. Bei der Verfilmung eines Buches kommen naturgemäß zusätzliche Symbolsysteme sowie gattungs- und medienspezifische Konventionen hinzu. Bei einer Multimediaproduktion in Form eines Computerspiels lassen sich nun nicht nur verschiedene Zeichencodes und Gestaltungsmittel bisheriger Medien kombinieren. Selbst unterschiedliche Darbietungsformen und Rezeptionsweisen wie sequenzielle Präsentation, Hypertext und partizipative Nutzung können auf einer digitalen Plattform und in einem Werk zusammengeführt werden.

Erzähltheoretische Modelle sind daher für die Analyse von Bildschirmspielen und den intermedialen Vergleich mit anderen Angeboten im Medienverbund nur bedingt von Nutzen. Wesentlich ergiebiger scheint es, Spielgeschichten als Konglomerat aus Narration und Spiel zu begreifen und die Spieltätigkeit mit Bezug auf *präsentative* und *interaktive* Phasen zu beschreiben.

Im Vergleich zu herkömmlichen Erzählmedien wie Bilderbüchern, Romanen, Comics oder Filmen gestaltet sich das junge Genre der Spielgeschichten weniger einheitlich. Je nach Kombination und Gewichtung der beiden Elemente Spiel und Erzählung lassen sie sich in verschiedene, nicht immer trennscharfe Kategorien bündeln (vgl. Ammann 2004). Das Spektrum reicht von einfachen interaktiven Bildergeschichten, die in animierten Szenenfolgen erzählt und durch diverse Denk- und Geschicklichkeitsspiele aufgelockert werden, bis hin zu actionorientierten Spielabenteuern, bei denen die Narration zwar noch einen Handlungsrahmen vorgibt, aber doch weitgehend hinter das Spielgeschehen zurücktritt. *Interaktive Bildergeschichten* richten sich in der Regel an die Zielgruppe der Drei- bis Achtjährigen und stehen inhaltlich und formal dem Bilderbuch sehr nahe. Die einzelnen Bildszenen (oft mit Texttafeln) und Klickpunkte, hinter denen sich Animationen oder Spiele verstecken, sind meist linear verknüpft oder in einer einfachen Netzstruktur organisiert. Die *Spielabenteuer* (oder Adventures) können durchaus etwas anspruchsvoller sein und stellen Lernaufgaben und Aktionsspiele in den Dienst einer übergeordneten Mission, die es zu erfüllen gilt. Während man schon bei den Buchvorlagen zu *Mats und die Wundersteine* oder *Mats und die Streifenmäuse* ein glückliches oder trauriges Ende wählen kann, hängt der Ausgang der Geschichte in den Spieladaptionen (Cornelsen 2001 und 2002) von Handlungsentscheidungen und dem Geschick der Spieler(innen) ab. Typische Beispiele von Spielabenteuern mit hohem Aktionsgrad sind *Alice im Wunderland* (Cornelsen 2001), *Der Fall Fox* (Bajazzo 2001), *Jim Knopf und Lukas der Lokomotivführer* (Terzio 2003) oder *Ronja Räubertochter* (Oetinger 2000). Detektivgeschichten und Krimiadventures stellen einen Sonderfall dieser Kategorie dar (vgl. Josting 2004).

Neben solch narrativen Formen mit mehr oder weniger ausgeprägtem Spielanteil existieren zahlreiche *virtuelle Spielwelten*, die keine nachzuerzählende Geschichte aufweisen. Schauplätze und Figurenpersonal stellen zwar intertextuelle Bezüge zu bekannten Geschichtenuniversen her, werden aber nicht durch einen Handlungsbogen dominiert.

Gattungsmerkmale von Spielgeschichten sind eng verknüpft mit den technischen Möglichkeiten des Computers sowie der spezifischen Aufbereitung der Inhalte für dieses Medium. Das Zusammenspiel narrativ-präsentativer Darbietungsformen mit interaktiven Spielphasen soll nun am Beispiel einer Janosch-Spielgeschichte illustriert und zu anderen medialen Umsetzungen in Kontrast gesetzt werden.

4. Vom Bilderbuch zum Bildschirm

Janoschs Bilderbuchklassiker *Oh, wie schön ist Panama* erlebt seit seinem Erscheinen im Jahr 1978 immer wieder Neuauflagen und ist in diverse Sprachen übersetzt worden. Der kleine Bär und der kleine Tiger sind auch Protagonisten in anderen Geschichten und gelten gleichsam als Markenzeichen des Autors. Janosch-Motive figurieren auf zahlreichen Merchandising- und Fanartikeln wie Anhängern, Briefpapier, Kinderbesteck und Servietten oder dienen als Aushängeschild für andere Medienprodukte wie zum Beispiel den Tigerenten Club des Südwestrundfunks oder eine Lernsoftware-Reihe für den Vorschulbereich bei Terzio. In der *Sendung mit der Maus* des WDR wurde das Panama-Abenteuer bereits 1979 als 11-minütige Trickfilmadaption gezeigt und bildete den Auftakt zur TV-Reihe *Janoschs Traumstunde* (1986–1989), die anschließend auf Video vermarktet wurde. Selbstverständlich existieren diverse Hörfassungen der Geschichte, von der szenischen Lesung bis zur musikalischen Erzählung.

Gegenwärtig sind drei Umsetzungen der Panama-Geschichte für den Bildschirm auf dem Markt: das Bilderbuch auf DVD (Tivola 2005, 17 Min.), die interaktive Spielgeschichte auf CD-ROM (Terzio 2003/2006) sowie ein Kino-Zeichentrickfilm (Warner Bros. 2006, 73 Min.), den es seit Februar 2007 auf DVD gibt. Diese Medienverbundangebote bereiten den Inhalt der Geschichte unterschiedlich auf und sollen mit Blick auf die verschiedenen Nutzungsmuster kurz vorgestellt werden.

4.1 Bilderbuchkino im Kleinformat

Bei der einfachsten Bearbeitung der Geschichte für den Bildschirm handelt es sich um ein *Bildschirmbuch*. Für dieses Bilderbuchkino auf DVD wurden lediglich die Buchillustrationen (ohne Schrifttext) abgefilmt und durch eine Tonspur ergänzt. Mit Ausnahme von Schnitten, Überblendungen und musikalischer Untermalung wird auf formale Gestaltungsmittel bewusst verzichtet. Ein professioneller Sprecher übernimmt die Rolle des Erzählers und spricht mit veränderter Stimme auch die Dialoge der Figuren. Die präsentative Darbietung der Geschichte erinnert an eine reale Vorlesesituation, bietet aber weniger Interaktionsmöglichkeiten als das gemeinsame Betrachten eines Bilderbuchs. Szenen können auf der DVD zwar angehalten oder wiederholt werden, ansonsten läuft die Geschichte jedoch in vorgegebenem Tempo ab. Verschiedene Medienquellen könnten auch individuell kombiniert werden, indem man beispielsweise das Bilderbuch in Verbindung mit der Hörbuch-Lesung von Til Schweiger nutzt (der im Kinofilm die Rolle des Tigers spricht).

4.2 Spielgeschichte mit Lese- und Spielmodus

Nahe an der Bilderbuchbetrachtung bleibt auch die Präsentation der Erzählung im sogenannten *Lesemodus* auf der Spielgeschichten-CD-ROM. Die Bildszenen lehnen sich eng an die Illustrationen der Buchvorlage an, werden aber animiert und musikalisch untermalt. Der Schrifttext erscheint wie auf einer gedruckten Buchseite, wobei die vorgelesenen Sätze wie bei einem Karaoke farblich hervorgehoben werden. Im Gegensatz zum Bildschirmbuch bestimmen die Leser(innen) anschließend selbst, ob sie zur nächsten Szene weiterblättern oder zu einer früheren Passage zurückkehren möchten. Die Navigation erfolgt über verschiedene Buttons auf einem aufklappbaren virtuellen Wegweiser. Klickt man hier auf das Nochmal-Schild (mit dem Symbol für Kreiselverkehr) wird der Text noch einmal vorgelesen, aber ebenso können Wörter im Text direkt angeklickt und einzeln wiederholt werden, um so vielleicht spielerisch eigene Wortketten zu bilden. Eine Ergänzung bieten schließlich einfache Buchstabenspiele, bei denen im Schrifttext Wörter und Buchstaben gesucht und angeklickt oder Geräusche und Farben bestimmten Bildelementen zugewiesen werden sollen. Als zusätzliche Lesehilfe steht eine illustrierte und lautierte Alphabettabelle zur Verfügung.

Im alternativen *Spielmodus* kann die Geschichte mit Tiger und Bär auch als interaktives Reiseabenteuer bestanden werden. An den verschiedenen Schauplätzen gibt es hinter Klickpunkten im Bild jeweils Animationen und Toneffekte zu entdecken. Um zur nächsten Etappe zu gelangen, müssen bestimmte Aufgaben in Form vielfältiger Denk- und Geschicklichkeitsspiele erfüllt werden (für ein vollständiges Inventar vgl. Ammann/ Hermann 2004, 116-120). Der Erzähler fungiert dabei als Spielleiter und selbst die Figuren interagieren mit den Spielern, fordern sie zur Mithilfe auf oder geben Rückmeldungen. Auf einer einblendbaren Übersichtskarte, zu der man über den Menü-Wegweiser gelangt, werden die bereits besuchten Schauplätze mit einem farbigen Pin markiert und können fortan direkt angesteuert werden.

Während die Spielgeschichte präsentative und interaktive Elemente geschickt verbindet, verschiedene Zugangsmöglichkeiten eröffnet und darüber hinaus Anregungen und Materialien für weitere Aktivitäten anbietet (Druckvorlagen für Fingerpuppentheater, Tischkarten oder Würfelspiel), setzt die jüngste Trickfilmadaption fürs Kino wieder ganz auf Dramaturgie.

4.3 Animationsfilm auf DVD

Für die Kinofassung des Panama-Abenteuers wurde die Geschichte sogar um weitere Episoden und Spannungselemente angereichert. Damit geht diese freie und sehr eigenständige Bearbeitung des Stoffes weit über die Verfilmung der ursprünglichen Geschichte hinaus und entfernt sich auch im Zeichnungsstil von der Buchvorlage. Die DVD bietet neben der Filmversion verschiedene Specials an, z.B. ein fast 20-minütiges Making-of zur Entstehung der aufwändigen Filmproduktion, Beiträge über die Musiker, Kurzporträts der Figuren oder eine Karaokeversion des Panama-Koffersongs aus dem Film. Auf der Website www.panamaderfilm.de (31.08.2007) gibt es weiteres Material zum Herunterladen: filmische

Porträts der Synchronsprecher, Filmposter zum Ausdrucken, Bildschirmschoner, acht verschiedene Bildschirmhintergründe, Malvorlagen, Masken und Spielfiguren zum Selberbasteln. In einem Shop werden neben dem *Buch zum Film* Lernfibeln für die Vorschule, Malbücher, Kinderlieder, das Hörspiel und die CD-ROM angeboten.

5. Attraktivität von Spielgeschichten im Medienverbund

Vor dem Hintergrund bisheriger Beispiele seien im Folgenden einige Wesensmerkmale von Spielgeschichten und deren Nutzungsformen nochmals zusammenfassend hervorgehoben.

Spieler(innen) von Bildschirmspielen sind nicht nur Rezipienten eines vorgefertigten und abgeschlossenen Textes, sondern sie können gleichsam in die virtuelle Welt eingreifen, den Fortgang der Handlung aktiv steuern und unter Umständen sogar den Verlauf oder den Ausgang der Geschichte maßgeblich beeinflussen.

Neben der Partizipation an der Geschichte – beispielsweise beim *Tirritieren* der Haushälterin Fräulein Bock in *Karlsson vom Dach und die Kuckelimuckmedizin* (Oetinger 2005) – und der Beschäftigung mit seinen Lieblingsfiguren tragen nicht zuletzt die einzelnen Denk- und Geschicklichkeitsspiele wesentlich zum Unterhaltungserleben bei. Spiele wie Memorys, Schiebepuzzles, Konstruktionsspiele, Labyrinthe, Treffer-, Lenk- und Reaktionsspiele in Echtzeit haben einen hohen Aufforderungscharakter und sorgen mit verschiedenen Schwierigkeitsgraden und wechselnden Herausforderungen für anhaltendes Spielvergnügen. In Multiplayer-Spielen können Spieler(innen) sogar direkt gegeneinander antreten oder sich – wie bei *Das Sams: Abenteuer mit der Wunschmaschine* (Oetinger 2004) – via Highscoreliste im Internet mit andern messen. Jürgen Fritz (1995) verweist in diesem Zusammenhang auf das zentrale Motiv von Kontrolle und Erfolg. Klimmt (2006) legt für Computerspiele ein analoges Erklärungsmodell mit den Ebenen *Selbstwirksamkeitserleben*, *Spannung und Lösung* und *simulierte Lebenserfahrungen* vor.

Ein Teil der Faszinationskraft von Spielgeschichten leitet sich aus Bezügen zu themenverwandten Angeboten im Medienverbund ab. Der hohe Bekanntheitsgrad von Medienfiguren und deren fiktionalen Welten schafft zusätzliche Anreize. Im Gegensatz zu Büchern oder Filmen erlauben Computerspiele den Kindern, mit ihren Medienfreunden handelnd in Beziehung zu treten, ihnen beim Bestehen eines Abenteuers und der Lösung von Aufgabenstellungen zu helfen. Die parasoziale Beziehung zu den Akteuren im Spiel wird einerseits durch Elemente der Interaktion verstärkt – indem die Figuren die Spieler(innen) beispielsweise direkt ansprechen und zu konkreten Aktionen auffordern. Andererseits ist zu vermuten, dass Navigation, Eingabeaufforderungen, Spielinstruktionen oder Pausen (infolge von Inaktivität der Spieler) die Aufmerksamkeit vermehrt auf die Benutzeroberfläche lenken und damit zu einem Bruch mit der Illusion führen können.

6. Lernen mit Spielgeschichten

Wie traditionelle Erzählmedien können Spielgeschichten sowohl als Unterhaltungs- wie als Lernangebote betrachtet werden. Abschließend sollen deshalb anhand eines konkreten Unterrichtsprojektes mögliche didaktische Perspektiven skizziert werden.

In einer zweiten Klasse der Grundschule ist die Arbeit mit Spielgeschichten in einen Werkstattunterricht zum Thema Bauernhof eingebettet, der sich über mehrere Wochen erstreckt. In verschiedenen Zeitfenstern haben die Kinder die Möglichkeit, sich selbstständig in Einzel- oder Gruppenarbeit bestimmten Arbeitsaufträgen zu widmen. Die Arbeit an den Computerstationen erfolgt jeweils zu zweit in festen Lernpartnerschaften und wird auf persönlichen Postenblättern dokumentiert. Ergänzt wird das Angebot durch klassische Spielzeuge (Bauernhof mit Holztieren und Maschinen, welche die Kinder von zu Hause mitgebracht haben) sowie einen Büchertisch mit Materialien, die im Medienverbund zu den behandelten Spielgeschichten erhältlich sind (Bilder-, Bastel- und Liederbücher).

Vor der ersten Begegnung mit den Figuren im Medienverbund stellen die Schüler(innen) Überlegungen dazu an, wo und in welcher Form uns Geschichten begegnen, wie sie überhaupt in unsere Köpfe kommen und wie wir sie weitergeben können. Als Quellen werden neben dem mündlichen Erzählen praktisch alle Angebotstypen aus dem Medienensemble genannt. Die Kinder sollen sich unter anderem Gedanken darüber machen, ob Erzählungen wahre Begebenheiten schildern (z. B. in Nachrichten oder Tierdokumentationen) und welche Eigenschaften sie als Produkt der Fantasie ausweisen. Wenn etwa Menschen in Realfilmen zaubern und fliegen oder Tiere sprechen und auf zwei Beinen gehen können, deutet dies ebenso auf Fiktionalität hin wie die formalen Darstellungsformen im Comic oder Animationsfilm.

6.1 Virtuelle Bauernhöfe

Mit Hilfe von Laptop, Lautsprechern und Beamer kann jedes Klassenzimmer in ein kleines Kino verwandelt werden. Die Einrichtung erlaubt aber ebenso das gemeinsame Erkunden einer CD-ROM oder die Betrachtung von Impulsbildern aus verschiedenen Medien. Für die Einführung der Spiel- und Lerngeschichten *Mama Muh und die Krähe* (Oetinger 2004) und *Neues von Pettersson und Findus* (Oetinger 2003) werden verschiedene medienübergreifende Zugänge gewählt. Eines der vielen Mama-Muh-Bilderbücher von Jujja und Tomas Wieslander wird in Form eines selbst angefertigten Bilderbuchkinos erzählt. – Buchseiten oder Bildausschnitte lassen sich beispielsweise einscannen oder fotografieren und können dank Projektion einer größeren Gruppe gezeigt und erzählt werden, als dies mit dem Buchmedium möglich ist. – Bei der Vorstellung der Spielgeschichte wird den Kindern anschließend gezeigt, wie sie sich in der virtuellen Geschichtenwelt bewegen und Spiele auswählen können. Auf dem persönlichen Postenblatt sollen später dann die Klickpunkte auf dem Übersichtsbild mit Klebern markiert und mit der entsprechenden Nummer der Spielliste versehen werden.

Da die CD-ROM *Neues von Pettersson und Findus* von Sven Nordqvist sich an dessen Bilderbuch *Aufruhr im Gemüsebeet* anlehnt und dieses in einer 15-minütigen Trickfilmadaption vorliegt, wird diese Geschichte mit Verweis auf das Bilderbuch als Film auf DVD eingeführt. In einer späteren Unterrichtsstunde lernen die Kinder auch das passende Lied aus dem *Großen Liederbuch von Pettersson und Findus* kennen. Eine der übergeordneten Spielaufgaben auf der CD-ROM besteht darin, einen virtuellen Garten anzulegen und zu pflegen. Saatgut und Setzlinge gewinnt man in verschiedenen Spielen, die auf dem Bauernhof versteckt sind.

Zu beiden Spielgeschichten hängt im Klassenzimmer ein großes Poster mit Übersichtsbild und Spielinventar. Hier tragen die Kinder von Zeit zu Zeit ihre Fertigkeiten in den einzelnen Denk- und Geschicklichkeitsspielen ein und können somit von anderen als Expertinnen oder Experten herbeigezogen werden. Parallel finden immer wieder Expertenrunden im Klassenverband statt, in denen Spiele am Beamer gemeinsam angeschaut und Fragen oder Schwierigkeiten diskutiert werden. Das Vorzeigen wird dabei durch lautes Denken begleitet und gibt den Kindern die Gelegenheit, ihr eigenes Vorgehen mit dem anderer zu vergleichen oder deren Arbeitsweise als Modell (im Sinne der Cognitive Apprenticeship) zu übernehmen.

6.2 Vom Erleben zum Schreiben von Geschichten

In einem gestalterischen Teilprojekt erproben die Kinder schließlich Möglichkeiten, eigene Geschichten zu generieren und zu transportieren. Nach einer kurzen Einführung in die Grundzüge sequenziellen Erzählens beginnen sie ab der 2. Projektwoche damit, aus dem Bilderfundus der beiden Buch- und Spielgeschichten selbst Episoden zu entwickeln. Hierfür wird der Klasse eine Auswahl an Bildern (Kopien, Screenshots) auf Papier zur Verfügung gestellt, die sie anfangs probeweise in verschiedenen Variationen auslegen, dann zu einer eigenen Geschichte montieren, bemalen und schließlich durch Sprech- und Denkblasen oder Textfenster ergänzen dürfen. Dabei machen sie beispielsweise die Erfahrung, dass ein Teil der Handlung zwischen den Bildern gleichsam in unseren Köpfen stattfindet.

Da beide Bauernhofsettings aus der Feder von Sven Nordqvist stammen, könnten Bilder aus beiden Quellen ohne ästhetische Brüche kombiniert werden. Allerdings tendieren die Kinder dazu, das Figurenpersonal der beiden Ursprungsgeschichten nicht zu mischen. Während viele Geschichten Handlungselemente additiv aneinanderreihen, gelingt es einigen Kindern doch, einen Spannungsbogen zu finden oder völlig losgelöst vom ursprünglichen Bedeutungskontext eine eigenständige Geschichte zu erzählen oder gar persönliche Themen zu artikulieren.

6.3 Förderung der Medienkompetenz

Narratives Lernen und der Erwerb von Nutzungskompetenzen gehen heute mit dem Zusammenspiel aller verfügbaren Medien einher. Deshalb ist es – gerade mit Blick auf die Leseförderung – zu begrüßen, dass Bibliotheken neben Printmedien vermehrt auch Hörbücher, Kinderfilme und Computerspiele im Sortiment führen und damit eine Brücke zwischen Buch und digitalen Medien legen.

> „*Die Beschäftigung mit den digitalen Medien fördert bestimmte Teilfähigkeiten im Umgang mit Texten.* Beispielsweise kennen die Kinder dank ihrer Erfahrung mit Spielen und Fernsehfilmen gewisse Erzählmuster oft schon, bevor sie schreiben und lesen können. Die Vielfalt des Medienangebots fördert also eine Fähigkeit, die sich wiederum für die Produktion eigener Geschichten nutzen lässt." (Sträuli 2005, 94)

Laut Uwe Mattusch

> „gehört die Befähigung zur Auseinandersetzung mit den verschiedenen Textsorten in den digitalen Medien ebenso in den Lehrplan wie die Auseinandersetzung mit gedruckten Texten, wenn sich die Schule nicht von der Lebenswelt von Kindern und Jugendlichen entfernen will." (Mattusch 1999, 39)

Dieser Forderung kann sich die Medienbildung nur anschließen. Die Arbeit mit Spielgeschichten im Medienverbund, das heißt die Nutzung und Reflexion verschiedener Medien, Angebotsformen, Textsorten und Symbolsysteme, bedeutet immer auch Förderung der Lese- und Medienkompetenz.

Literatur

Ammann, Daniel: Kinder- und Jugendliteratur als Computerspiel. Angebot und Genres. In: Ammann, Daniel/ Thomas Hermann (Hgg.): Klicken, lesen und spielend lernen. Interaktive Spielgeschichten für Kinder. Zürich 2004, 8-23

Ammann, Daniel/ Thomas Herrmann: Klicken, lesen und spielend lernen. Interaktive Spielgeschichten für Kinder. Zürich 2004

Ewers, Hans-Heino: Die Heldensagen der Gegenwart. Die Medienverbundangebote sind die großen Narrationen unserer Zeit. In: Garbe, Christine/ Maik Philipp (Hgg.): Harry Potter – Ein Literatur- und Medienereignis im Blickpunkt interdisziplinärer Forschung. Hamburg 2006, 297-311

Fritz, Jürgen: Aktion, Kognition, Narration. Der Versuch einer Systematisierung der Computerspiele in praktischer Hinsicht. In: Fritz, Jürgen/ Wolfgang Fehr (Hgg.): Computerspiele: Virtuelle Spiel- und Lernwelten. Bonn 2003. PDF-Datei auf CD-ROM

Fritz, Jürgen: Modelle und Hypothesen zur Faszinationskraft von Bildschirmspielen. In: Fritz, Jürgen (Hg.): Warum Computerspiele faszinieren. Empirische Annäherungen an Nutzung und Wirkung von Bildschirmspielen. Weinheim [u.a.] 1995, 11-38

Heidtmann, Horst: Hexen und Zauberer, Stars und Prinzessinnen: Die ‹Medienfreunde› unserer Kinder. In: merz (2004) H. 5, 60-63

Josting, Petra: Kinder und narrative Bildschirmspiele. Eine Produkt- und Rezeptionsstudie am Beispiel einer Detektivgeschichte auf CD-ROM. München 2004. (Medien im Deutschunterricht – Beiträge zur Forschung; 1)

KIM-Studie 2006: Kinder + Medien, Computer + Internet. Basisuntersuchung zum Medienumgang 6- bis 13-Jähriger in Deutschland. Redaktion: Sabine Feierabend (SWR Medienforschung), Thomas Rathgeb (LFK). Stuttgart: 2007 (http://www.mpfs.de/fileadmin/KIM-pdf06/KIM2006.pdf - 16.08.2007)

Klimmt, Christoph: Computerspielen als Handlung. Dimensionen und Determinanten des Erlebens interaktiver Unterhaltungsangebote. Köln 2006

Mattusch, Uwe: Zwischen Interaktion und Narration: Erzählen in digitalen Medien. In: Computer + Unterricht 9 (1999) H. 36, 39-42

Sträuli Arslan, Barbara: Leseknick – Lesekick: Leseförderung in vielsprachigen Schulen. Zürich 2005

Wagner, Ulrike: Konvergenz. In: Hüther, Jürgen/ Bernd Schorb (Hgg.): Grundbegriffe Medienpädagogik. 4., vollst. neu konzip. Aufl. München 2005, 222-228

Dr. Daniel Ammann, Pädagogische Hochschule Zürich, FB Medienbildung/ Schreibzentrum, Stampfenbachstr. 121, CH-8090 Zürich

Gudrun Marci-Boehncke

global kickers: Die Wilden Fußballkerle als Weltmarke

Nach *Harry Potter*, *Matrix*, *Pókemon* und *Star Wars* gehören *Die Wilden Fußballkerle*, deren Bücher seit März 2002 den Beginn einer großen Medienkampagne zur Verbreitung dieser Marke einleiteten, mit zu den erfolgreichsten Marketingthemen aus dem Bereich der nicht-musikalischen Medienhelden für Kinder und Jugendliche. Im folgenden Beitrag soll es darum gehen, die Facetten dieser medialen Verwertung vorzustellen. Dazu wird es notwendig, einen genaueren Blick auf die wirtschaftlichen Strukturen zu werfen.

Gerade für die moderne Medienerziehung wird die Einbeziehung ökonomischer Bedingungen in allen Bereichen der Medienkompetenzförderung immer wichtiger werden – nicht nur für die Medienkritik. Zumindest gilt dies, wenn man Medienkritik, wie in der Konzeption von Dieter Baacke (1996), neben die Medienkompetenzaspekte Mediengestaltung, Medienkunde und Mediennutzung stellt. Aufenanger (2006) konzipiert Medienkritik hingegen als zentralen Aspekt der Medienkompetenz, der alle Bereiche der Medienkompetenzbildung durchzieht. Insofern wäre eine medienkritische Reflexion auf medienökonomische Zusammenhänge grundlegend für die gesamte Medienbildung. Wenn man bedenkt, dass bereits ca. 60 % der Kinder im Vorschulalter einen eigenen Medienhelden besitzen (Marci-Boehncke/ Rath 2007), diese Zahl dann auch für die 6- bis 13-Jährigen etwa konstant bleibt (vgl. KIM 2006, 16), dann wird plausibel, dass Medienfiguren heute ins Alltagshandeln der Kinder und Jugendlichen als parasoziale Beziehungsfiguren fest integriert sind. Der Wunsch nach der Begegnung mit den Lieblingsstars korrespondiert mit dem Angebot der Wirtschaft, die heute nicht mehr erst auf Nachfrage reagiert, sondern bereits gezielt ihre Produkte breit gestreut vermarktet, um Nachfrage zu schaffen und dann auch zu bedienen.

Karmasin (2006a) bezeichnet Medien deshalb als „duales Gut": Sie produzieren *Realkapital* ebenso wie *Sozialkapital*. In der Partizipation an bestimmten Medienangeboten und -inhalten sowie in der Kommunikation über diese Partizipation innerhalb der Peergroups generieren die jungen Rezipienten Sozialkapital: Medien sind Teil ihrer (Kommunikations-)Kultur. Indem sie für die Nutzung und/ oder den Besitz dieser Medien – direkt oder indirekt – bezahlen, produzieren sie aber zugleich Realkapital. Es gibt also neben den unmittelbaren Realwerten vor allem in der Mediennutzung *symbolisches Kapital*, was auch als eine *Ökonomie der Aufmerksamkeit* (Franck 1998) begriffen werden kann. Im Cyberspiel *Second Life* z.B. werden diese Ebenen zusammengeführt, indem man für den symbolischen Wert der Zweitweltphantasie reales Kapital einsetzt und sein fiktionales Leben mit virtuell verdienter, aber konvertibler Währung finanziert. Bis April 2007 lag der reale monatliche Umsatz der *Second Life*-,Bewohner' bei 34.474,00 US-Dollar, das entspricht einem Anstieg gegenüber dem gleichen Monat des Vorjahrs um 8 % (vgl. Second Life Statistics 2007).

Diese Schnittstellen und die sich dort abspielenden Prozesse zwischen Produzenten und Rezipienten sind nicht nur individuell für die Schüler(innen) interessant (vgl. etwa zum Phänomen der Marke *Harry Potter* Neuner/ Sandhu 2005; Jenkins 2006), sondern sie sind als Teil der Globalisierung auch von einer großen, gesellschaftsbestimmenden Bedeutung. Diese ist für die Schüler(innen) politisch ebenso wie biographisch zukunftsbestimmend und verdient pädagogische Vorbereitung im Hinblick auf die Übernahme sozialer sowie Selbstverantwortung in einem weltweiten Kommunikationsprozess (vgl. Kleinsteuber 2006, 72f.). Die Medienpraxis der Jugendlichen zeigt, dass sie längst in diesen Prozess der Globalisierung involviert sind und als Marktteilnehmer mitwirken und Einfluss nehmen. Sie besitzen dazu längst die technischen Kenntnisse und die medialen wie materiellen Voraussetzungen (vgl. JIM-Studie 2006). Was ihnen jedoch vielfach fehlt, ist das Verständnis für die Regeln, nach denen in diesem weltweiten Kommunikationsprozess agiert wird. Solch ein Regelwissen und Regelbewusstsein sowie die damit verbundenen notwendigen Interessenabwägungen werden ohne pädagogische Begleitung kaum ausgebildet.

Die pädagogische Thematisierung solcher vor allem medienökonomischen Betrachtung beleuchtet alle Aspekte der Medienkompetenz (vgl. Baacke 1996; Tulodziecki 1997):

- Im Bereich *Medienkunde* wird die Produktionsseite mit ihren komplizierten ökonomischen Verflechtungen in den Blick genommen.
- In Bezug auf die *Mediennutzung* geht es vor allem um den konkreten Umgang des Rezipienten mit dem Medienverbund.
- Stellt man den diskursiven Prozess zwischen Produzenten und Rezipienten als Vertreter unterschiedlicher Interessen in den Mittelpunkt, werden Aspekte der *Medienkritik* deutlich.
- Schließlich ist auch eine *mediengestalterische* Fokussierung möglich, denn zum einen kann die (ökonomiegetriebene) Gestaltung nachvollzogen werden, zum anderen können aber auch die Schüler(innen) zum Produzenten werden und sowohl medial als auch produktorientiert Ideen entwickeln. Hier vor allem sollte der Deutschunterricht das Thema aufgreifen (vgl. Frederking 2006).

1. Medienverbund: die ökonomische Perspektive

Der Begriff *Medienverbund* ist vielfältig. Im einfachsten Fall kann Medienverbund die Präsenz eines medialen Angebots in distinkten Medien meinen, z.B. der *Wilden Fußballkerle* als Roman, als Film, als Computerspiel, als TV-Zeichentrickserie.

> „Über den gemeinsamen Inhalt gibt es zwar ein enges Zusammenspiel zwischen den verschiedenen Angeboten, aber die Funktion der einzelnen Angebote bleibt klar unterschieden." (Hasebrink/ Mikos/ Prommer 2004, 11)

In der Medienökonomie spricht man in Anlehnung an die von Shapiro/ Varian (1999) im Zusammenhang mit der Vermarktung von Informationsgütern beschriebenen Marketingstrategie von „Versioning" (vgl. auch Siegbert/ Hautzinger 2006, 123ff.). Spezifischer ist die Verwendung dieses Begriffs im Sinne einer technischen Verbindung distinkter Medien in ein neues Medium (vgl. Kittler 1986; Bolz 1993), z.B. die Interpretation des Tonfilms als Verbindung von Stummfilm und Grammophon oder die Verbindung des Hörfunks, des Stummfilms und der Telegraphie zum Fernsehgerät. Vor allem diese technische Bedeutung gewinnt unter den Bedingungen der Digitalisierung und der Integration medialer Angebote in das Hybrid-Medium Computer völlig neue Dimensionen. Die Produktion, das Produkt selbst, die Distribution und die Rezeptionsplattform sind in gewisser Weise digital gleichförmig geworden. Dies hat, so wird zu zeigen sein, Folgen für die Nutzungsmöglichkeiten und Nutzungsformen vor allem der jüngeren Generation und wird daher auch zur pädagogischen Herausforderung für die Schule. Im Folgenden wird daher neben Medienverbund auch von Medienkonvergenz die Rede sein, da dieser Ausdruck der hohen Integration medialer Angebote, Techniken und Rezeptionsformen eher entsprechen kann als eine Formulierung, die mit dem Wortbestandteil Verbund das Distinkte der jeweiligen Medien in den Vordergrund stellt. Beschreibt der Begriff des Medienverbundes die Organisationsstruktur solcher medialen und ökonomischen Verschränkungen, ist der Begriff der Medienkonvergenz weiter gefasst. Medienkonvergenz beschreibt sozusagen auf der Produktoberfläche, was in der Bedeutungszuweisung beim Rezipienten als Intermedialität erscheint. Grenzen zwischen Medien können nur überschritten werden, wenn diese Medien als „conventionally distinct" (Wolf 2002, 17) wahrgenommen werden. Insofern ist die Intermedialität eine Leistung des Rezipienten. Nur so lange, wie ein bestimmtes mediales Angebot als gleichzeitige Präsenz mehrerer Medien wahrgenommen wird, sind seine medialen Bezüge intermedial, so z.B. bei Einführung des Tonfilms, der zu Beginn als Mischung aus Stummfilm, Orchester und Kinoerzähler wahrgenommen wurde. Sobald sich jedoch ein Medium als distinkt ausgewiesen hat – und dies geschieht über den Gebrauch – gehen seine intermedialen Bezüge in einer neuen Medialität auf – im genannten Beispiel eben im Tonfilm (vgl. Marci-Boehncke 2006b). Medienkonvergenz beschreibt also eine Mediennutzungsform, die – z.T. gegen die Intention der Medienanbieter – mediale Texte in unterschiedlichen medialen Formen rezipiert und im Idealfall sogar neu produziert. Die Weise der medienkonvergenten Rezeption trennt – über den Gebrauch – die unterschiedlichen Präsentationsformen nicht mehr voneinander, sondern wechselt, je nach medialem Rezeptionsbedürfnis, die technischen Plattformen. Es hängt jedoch vom Verständnis der Begriffe *Text* und *Medium* ab, von welchem Zeitpunkt an man historisch von Intermedialität und Medienverbund bzw. Medienkonvergenz spricht.

Obwohl in ihrer Ausrichtung zunächst technisch determiniert, scheint die Definition von Göschka/ Radinger (2006, 77) mit dem Blick auf den Medienverbund weiterzuführen:

> „Konvergenz in der Technik ist die multidisziplinäre Annäherung oder Übereinstimmung von inhomogenen Methoden, Systemen, Sichtweisen, Wissensgebieten oder anderen Disziplinen der Technik, mit dem Ziel, einen Mehrwert zu erreichen."

Dieser Mehrwert ergibt sich nicht nur auf Seiten der Technik und Ökonomie, sondern ebenso auf Seiten der Rezipienten. Wagner (2006, 31) formuliert so auch als ein Ergebnis der Konvergenzstudie des Instituts für Medienpädagogik in Forschung und Praxis (JFF):

> „Heranwachsende folgen also dem Markt bzw. vorgeschlagenen Nutzungsoptionen, solange diese für sie einen Mehrwert, einen Zusatznutzen erbringen."

Die Digitalisierung hat wesentliche Voraussetzungen geschaffen für diese weitreichende Vernetzung der Industriezweige: Im digitalen Zeichencode von *1* und *0* gibt es eine neue einheitliche Codierung für alle *Texte*. Nur die Dekodierungssysteme auf der Ebene der Software, die die Umsetzung in einem dann wieder distinkten peripheren Ausgabemedium (Bildschirm, Lautsprecher etc.) steuert, sind noch unterschiedlich. So kann eine CD oder DVD Datenträger sein für Filme, Audio-Texte oder Schrifttexte. Ähnliches gilt für den MP3-Player als Trägermedium. Unter den Bedingungen dieser *universalen Währung* digitaler Kommunikation werden ökonomisch wie technisch optimale Synergieeffekte durch Firmenkooperation erreicht. So beobachten wir Kooperationen oder Fusionen zwischen Konzernen, die auf die *Technik der Vermittlung* (*networks*) spezialisiert sind, mit Konzernen, die in Bezug auf *Inhalte* (*content*) besondere Ressourcen vorzuweisen haben – so etwa geschehen bei der Fusion von *AOL* und *Time Warner*, dem Kabelnetz-Giganten und dem Film-Marktführer. Kinofilm, DVD-Vertrieb, TV-Lizenzen, Soundtrack als CD, Zeitschriften, Zeitungen, Internetseiten, Internet-Foren, Filmshops – das gesamte Spektrum crossmedialer Möglichkeiten wird so abgedeckt. Dazu kommt der Bereich des Merchandisings mit interessierten Unternehmen, die den *Inhalt* oder auch nur den Namen der Marke kaufen und mit ihren eigenen Produkten gemeinsam vertreiben. Beispiele: Die Firma *Soda-Club GmbH*, Hersteller eines Trinkwasseraufbereitungssystems, bringt eine eigene Flaschenserie zu den *Wilden Fußballkerlen* heraus, bei *Kellog's* gibt es zu den Flakes Spielfiguren aus der gleichen Serie. Ziel ist, alle Stufen der Wertschöpfungskette, d.h. des Weges von der Konzeption über Produktion, Distribution bis hin zum Rezipienten, zu integrieren, um damit weitgehende Marktabdeckung sowohl auf dem Endverbraucher- als auch dem Zuliefermarkt zu erreichen.

2. Medienverbund: die *Fußballkerle* am Markt

Schöpfer der *Fußballkerle* ist zum einen Joachim Masannek, Jahrgang 1960, der – so die Auskunft auf der Homepage des *Baumhaus-Verlages*[1], in dem seine ersten Bücher erschienen – Germanistik und Philosophie an der Hochschule für Film und Fernsehen studiert hat. Er arbeitete als Kameramann, Ausstatter und Drehbuchau-

---

1 http://kunden.common-digital.de/baumhaus/autoren/autoren_detail.asp?ID=115_ (03.06.2007)

tor für Film-, TV- und Studioproduktionen. Für *Die Wilden Fußballkerle* zeichnet er als Kinderbuch- und Drehbuchautor sowie als Regisseur verantwortlich. Er hat als Trainer die echte *Wilde Kerle*-Mannschaft aufgebaut und ist Vater der beiden Fußballer Marlon und Leon. Das heißt: Seine Söhne sollen Vorbild gewesen sein für die gleichnamigen literarischen Figuren. Aus seiner Idee zu den *Wilden Fußballkerlen* sind inzwischen 13 Buchbände, 4 Filmbücher, 6 Sonderbände, 13 Hörbücher (CD/MC), Hörspiele und Soundtracks zu den Kinofilmen, 1 Bilderbuch, 3 CD-ROMs und eben eine unüberschaubare Zahl von Merchandising-Artikeln hervorgegangen.[2]

Partner von Masannek ist der Illustrator Jan Birck. Beide haben eine eigene Firma gegründet, die *dreamotion media GmbH*, die die Rechte für die beiden Trademarks *Die Wilden Fußballkerle* und *Die Wilden Kerle* besitzt. Die Buchreihe läuft unter der Bezeichnung der *Fußballkerle*, die *Wilden Kerle* gehören zur Filmversion. Für beide Marken gibt es ein eigenes Logo (Abb. 1):

Abb. 1: Logos *Die Wilden Fußballkerle* und *Die Wilden Kerle*

Ursprünglich geplant war der Titel *Die Wilden Kerle* auch für die Buchreihe, wegen der Verwechslungsgefahr mit dem Kinderbuch von Maurice Sendak *Wo die Wilden Kerle wohnen* konnte dieser Titel in der Buchversion jedoch nicht verwendet werden. Er blieb dennoch prägend für die Gesamtkonzeption, die Filme und viele andere Merchandising-Produkte.

Von den Produkten über die Buchreihe wurden bisher ca. 6,7 Millionen Exemplare verkauft. Der *Baumhaus-Verlag* vertreibt selbst die Hardcover-Versionen, von denen bis April 2007 ca. 1.887.000 Bände verkauft wurden. *Dtv* und *Bertelsmann* haben weitere nationale Lizenzen für Taschenbuchausgaben und andere Versionen von *Baumhaus* erworben. Außerdem wurden über internationale Lizenzen für die Bücher, von denen in 16 Ländern bereits Übersetzungen erschienen sind, nochmals 655.000 Bände vertrieben. Tonträger zu den *Wilden Kerlen* sind ca. 803.000 Exemplare bisher verkauft.

Der *Baumhaus-Verlag* ist selbstständig zuständig für die Vermarktung der Bücher und auch für die Buchlizenzen im In- und Ausland. Auch einige Fanartikel werden über *Baumhaus* vertrieben und durften lizensiert werden. Die Firma *dreamotion* kooperiert für alle weiteren Lizenzvergaben mit der Firma *Copyright Promotion*, die die vertragliche Seite des Rechtehandels von der Aquise bis zum Abschluss betreut.

2 Information der PR-Abteilung des Baumhaus-Verlags, 03.06.2007

Neben Spielen und Karten, einer Comic-Reihe, Quizspielen und Puzzle, Spielen für Konsolen, Tattoos, den diversen Fanartikeln wie *Lanyards* (Schlüsselbänder), Postern, T-Shirts, Bällen, Taschen, Fußballartikeln, Badetüchern und -mänteln gab es auch eine Präsenz der *Wilden Kerle* im *K-Club Online Magazin*. Hier konnte ein Voting erfolgen über die Beliebtheit des Films. Damit war eine Rückkoppelung gegeben – die Rezeption floss zu den Anbietern zurück. Ein Rückfluss der Kommunikation erfolgt natürlich auch über die Homepage der *Wilden Kerle*, bei der es die Möglichkeiten gibt, E-Mails zu schreiben, eigene Bilder und Fotos einzureichen und im kindergesicherten Chat über die Lieblingsfiguren und die Filmstars zu plaudern. Interessant sind auch die über materielle Produkte hinausgehenden Verwertungsstufen der Marke: In der Tourismus-Branche werden etwa *Fußball*-Ferien vermarktet, die ebenfalls lizensiert werden mussten. Wer immer zum Beispiel als Restaurant ein „*Wilde Kerle Menü*" anbieten will, muss dafür die Rechte erwerben.

Aus der Idee der *Fußballkerle* hat sich inzwischen bei Masannek eine neue Reihe entwickelt, die sich eher an Mädchen wendet: *Die Biestigen Biester*, die Geschichte um eine Mädchengruppe, die in der pubertären Annäherung an Jungen das Fußballspiel als sozialverträgliche Kontaktform entdecken – ein Produkt, das eindeutig bei einer älteren Zielgruppe ansetzt als noch die *Fußballkerle* (Abb. 2):

Abb. 2: Logo *Die Biestigen Biester*

Zu den *Biestigen Biestern* sind schon zwei Bücher erschienen, in den *Wilde Kerle*-Filmen, die ab dem zweiten Film nicht mehr viel mit den Büchern gemein haben, tauchen die Charaktere ebenfalls auf. Es steht zu vermuten, dass auch dieses Produkt zur Marke entwickelt wird und dazu dann ein umfangreiches Merchandising erfolgt. Dafür wird es aber, nach Auskunft von *dreamotion*, neue Vermarktungsstrukturen geben.

In einer Übersicht lässt sich die Verwertung der Produkte *Fußballkerle* und *Wilde Kerle* (13 Buchbände und 3 Filme) grob etwa so systematisieren (Abb. 3):

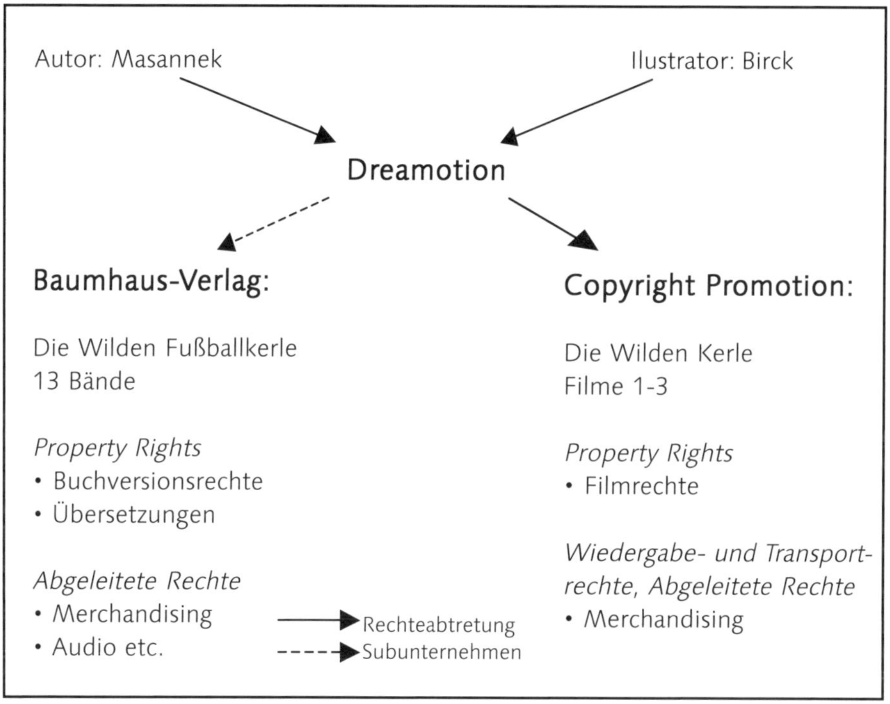

Abb. 3: Übersicht über die Rechteverteilung an den *Wilden Fußballkerlen* bzw. den *Wilden Kerlen*

Die verschiedenen, mit den beiden Marken verbundenen (und auch ökonomisch verwertbaren) Rechte sind grob wie in Abb. 4 zuweisbar.

Der konkrete Rechtehandel sieht noch eine Vielzahl von Unter-, Neben- und Verwertungsrechten vor, die hier nicht im Einzelnen aufgelistet werden können. Sieht man sich jedoch im Folgenden die Konvergenz der Wertschöpfungsstufen der traditionell getrennten Wertschöpfungsketten an, dann erhält man einen Eindruck von der Mehrwertsteigerung, die das Produkt *Die Wilden Kerle* für die unterschiedlichen Unternehmen – ganz oben sicher *dreamotion* und der *Baumhaus-Verlag* – ermöglicht hat. Über diese ökonomische Wertschöpfung ist aber auch ein anderer Mehrwert zu berücksichtigen.

Der Mehrwert für die *Rezipienten* liegt zum einen auf der ästhetischen Informations- oder Genussebene – neuer Plot in den Büchern, Hörvergnügen, Infos zum

Die Wilden Fußballkerle	Die Wilden Kerle
Property Rights - Buchrechte - Taschenbuchlizenzen - Übersetzungsrechte - Buchclub- etc. Rechte - Logo, Bild-, Namensrechte	*Property Rights* - Filmrechte - DVD, Video - Synchronisationsrechte - Aufführungsrechte - Logo, Bild-, Namensrechte
Wiedergaberechte/Transportrechte - Verleih - Filmrechte (1. Film) - DVD-, Video-, TV-Rechte	*Wiedergaberechte/Transportrechte* - Verleih- Filmrechte (2. und 3. Film) - DVD-, Video-, TV-Rechte
Recht, abgeleitete Produkte zu produzieren: - Merchandising (Blöcke, Stifte ...) - Nutzung für andere mediale Angebote (z.B. Comics, Bilderbuch, Hörkassetten)	*Recht, abgeleitete Produkte zu produzieren:* - Merchandising (T-Shirts, Taschen ...) - Nutzung für andere mediale Angebote (z.B. Hörkassetten, PC-Spiele)
Nebenrechte - Vermarktung der Akteure - Vermarktung spezieller Produkte - Kooperation (z.B. Togo)	*Nebenrechte* - Vermarktung der Akteure - Vermarktung spezieller Produkte - Kooperation (z.B. BRAVO)

Abb. 4: Übersicht über den Rechteumfang bei den *Wilden Fußballkerlen* bzw. den *Wilden Kerlen*

Film und den Darstellern, Unterhaltung im Film und auf den Spieleplattformen oder bei den Brettspielen/ Karten. Zum anderen liegt er auf einer emotionalen Ebene: Über Merchandising-Produkte werden Communities gebildet, man übernimmt ein Image, indem man z.B. die Kleidung trägt. Diese Fankultur schafft subjektiv ein Sicherheitsgefühl – ähnlich wie über andere Marken transportiert (vgl. Marci-Boehncke [im Druck a]). Zum Teil läuft die Markenorientierung dabei zweigleisig: Es ist nicht nur die Themenreihe relevant, sondern gleichzeitig auch der Hersteller des Rucksacks und seine Produkte. *Co-Branding* nennt man dies (vgl. Schnell 2005). In der nachfolgenden Darstellung konnten nur die großen Medienbereiche abgebildet werden, eine vollständige Abbildung der komplexen Verflechtungen der Merchandising-Lizenzen ist hier nicht möglich (vgl. Abb. 5).

Auch hingewiesen werden muss auf den Bereich der nicht-lizenzpflichtigen und indirekt profitablen Markenverwertung – zu der auch ein Beitrag wie der hier vorliegende gehört: Wissenschaftliche oder pädagogische Beschäftigungen mit der Marke oder dem Plot der *Wilden Kerle* müssen – streng genommen – auch in den Kontext der Verwertungskette eingegliedert werden. So versucht *dtv*, seinen Absatz dadurch anzukurbeln, dass zu dem *Wilde Kerle*-Band 3 *Vanessa die Unerschrockene* Lehrerbegleitmaterial angeboten wird. Meine eigenen Vorschläge zur schulischen Arbeit mit den *Wilden Kerlen* (vgl. Marci-Boehncke 2006a, 2006c) beziehen sich eher auf den Film und sind an unabhängigem Ort erschienen – trotzdem sind sie als didaktische Beiträge rückgekoppelt an die Arbeit mit Text und/ oder Film durch Bildungsmultiplikatoren, für die damit die Markenträger und Produkte relevant werden.

	Wertschöpfungskette					
	Die Wilden Kerle	Inhalte	Rechteinhaber	Produktion	Vertrieb	Anwendergerät
	Buch	Masannek Birck	Baumhaus-Verlag	Druck Fft/M	Buchhandel stationär und online	--
	Film	Masannek Ochsenknecht	dreamotion	dreamotion	Copyright Promotion	Kino
	Spiel	Creator nach Motiven	Spieleverlag, z.B. Ravensburger	Druckerei	Handel stationär und online	--
	PC-/ Konsolenspiel	Creator nach Motiven	Software-Verlag, z.B. Tivola	CD-Producer	Handel stationär und online	PC/Konsole
Segment	PC-Online (Homepage, Chat, Votings)	dreamotion	dreamotion	Netzanbieter	Aktive Auswahl im Netz (Pull)	PC mit Internet-Account
	TV	Produktionsfirmen	TV-Sender	TV-Sender	Rundfunk (terr., Kabel, Satellit)	TV, ggf. Receiver PC, Handy
	Audio	Baumhaus-Verlag oder andere	Baumhaus-Verlag dreamotion Lizenznehmer	CD-Producer	Handel stationär und online	CD-Player, PC
	Andere Printprodukte	Redaktion	Verlag, z. B. Ehapa	Druckerei	Handel stationär, postalisch und online	--
	Merchandising	Produktionsfirmen, z.B. Kellog's, Eastpack	Lizenznehmer	je nach Produkt	direkter oder indirekter Handel	je nach Produkt

Abb. 5: Wertschöpfungskette der Marke *Die Wilden Kerle* über die medialen Hauptsegmente und Wertschöpfungsstufen (eigene Darstellung)

Die Verflechtung geht aber weiter und wird von den Rechteinhabern auch aktiv betrieben. Insbesondere muss heute die Integration der kreativen *Nutzer* von den Rechteinhabern mit berücksichtigt werden. Zu diesem Zweck richten die Lizenzgeber etwa Chats, Gästebücher, E-Mail-Möglichkeiten, Autogrammdienste etc. ein, die eine *non-profit*-Partizipation am Inhalt der Trademark, nämlich hier: der Story und der Akteure der *Wilden Kerle,* ermöglicht. Ein Konzern wird – sofern er eine Marke mit hohem öffentlichen Interesse lanciert hat – als Verantwortlicher wahrgenommen, der nicht nur ein eigenes ökonomisches Interesse wahrzunehmen hat, sondern auch in der Verantwortung für seine Marke steht. Es ist zunehmend eine ethische Verantwortung, die dem Konzern abverlangt wird (vgl. Karmasin 2006b) – umso mehr, als der Profit des Konzerns nur über die Akzeptanz der Marke beim Kunden erreicht wird. Fantum entscheidet sich nicht allein dadurch, dass die Produkte konsumiert werden, sondern bei aller Monopolisierung und breiten crossmedialen Vermarktung bleibt immer noch Raum für die individuellen Nutzungsansprüche und Möglichkeiten der Rezipienten. Viele Medienunternehmen suchen daher zunehmend Kooperationen mit kreativen Rezipienten in digitalen Medien, um deren Ideen ihrerseits zu vermarkten (vgl. Jenkins 2006, 186). Bei den *Wilden Fußballkerlen* wird die Partizipation der Fans wiederum öffentlich gemacht – wie etwa über das Bild von Angelina (Abb. 6).

Abb. 6: Kinderbild auf der Fanseite: http://www.wildefussballkerle.de/_ (04.06.2007)

Der Text der Redaktion vermittelt die Eingebundenheit in eine Community: „Angelina ist 7 Jahre alt, sie muss eine Freundin von Laura sein, jedenfalls wünscht sie sich fast das gleiche. Autogramme und Fotos von allen!!!"

Als Letztes sei noch ein Ausblick gegeben: Eine weitere Form des *Co-Branding* läuft im Moment über *News* und *Events* auf der Homepage der *Wilden Kerle*: Jimi Blue, jugendlicher Darsteller des *Leon*, „rockt", heißt es da. Und der Leser erfährt, dass Jimi Blue Ochsenknecht, Sohn des Schauspielers Uwe Ochsenknecht, der auch in den Filmen der *Wilden Kerle* mitspielte, nun eine Karriere als Sänger plant. Verwiesen wird dabei auf die Jugendzeitschrift *BRAVO*. Ein Link führt den Interessierten auf das Presseportal, wo man diese Informationen nochmals ausführlicher und in Verbindung mit weiteren Unternehmen erhält. An die *Fußballkerle* schließen sich also weitere Vermarktungsketten, Nebenrechte und *Co-Brandings* an.

3. Fazit: Medienverbund und Medienkompetenz

Die Betrachtung des Medienverbundes setzte, dem Begriff entsprechend, zunächst den Akzent auf die Betrachtung der medialen *Produktionsseite*. Jedoch wird die Motivation der Wirtschaft zum *Verbund* von der Rezeption stark beeinflusst. Die Digitalisierung macht es möglich, dass vielfältigste Kontakte zwischen Markt und Nutzern entstehen. Käuferzahlen und Käuferprofile sind für die Produzenten ebenso unmittelbar zu erhalten wie ein qualitatives Feedback ihrer Kunden. Aber auch die Rezipienten können die Möglichkeiten der digitalen Kommunikation ebenso schnell und kompetent nutzen wie die Medienunternehmen. Der Medienverbund charakterisiert die Wirtschaft im digitalen Zeitalter.

Medienkompetenz wird in und mit Angeboten des Medienverbundes erworben, weil nicht nur die heutige Medienlandschaft, sondern der gesamte mediatisierte Alltag von diesem Verbund geprägt ist. Das Internet ist dabei das wichtigste *Medium* des Medienverbundes. In ihm werden technisch und logistisch die alten Medien zusammengeführt und immer neue Kommunikationswege eingerichtet.

Die Behandlung des Medienverbundes im Unterricht akzentuiert zunächst nur die Angebotsseite und erfordert von den Schüler(inne)n eine differenzierte und kritische Betrachtung der medialen Produktionsstrukturen und Produktionsnetzwerke. Vor diesem Hintergrund werden auch ökonomische Machtstrukturen und individuelle Nutzungsoptionen bei eigenen mittelbar und unmittelbar medialen Produktions- und Rezeptionsaktivitäten reflektierbar. Erforderlich sind dazu grundlegende Kenntnisse der Marktbedingungen und Marktphilosophie digitaler Produktion. Erforderlich scheint auch der selbst gesetzte Maßstab der digitalen Konvergenzkultur: nämlich der, einen Mehrwert – oder auch *Sinn* – schaffen zu wollen. Diesen Mehrwert oder Sinn zu beurteilen, erfordert die Betrachtung der Produktions- und Rezeptionsseite. Mehrwert auf Seiten der Produzenten entsteht durch Zeit- und Kostensenkung sowie Innovationsvorsprung, Mehrwert auf Seiten des Nutzers entsteht ebenfalls durch Zeit- und Kostensenkung, aber auch durch Nutzungskompetenz und subjektive Sinnzuschreibung. Die digitale Medienwelt wird individuell dann als Mehrwert erfahren, wenn sich Bedürfnisse, Kompetenzen und Angebote entsprechen. Didaktisch ist deshalb der Produktionsrahmen ebenso zu berücksichtigen wie der Rezeptionsrahmen, weil sich diese in der konvergenten Medienwelt nicht mehr voneinander trennen lassen und weil Medienhandeln selbst als sinntragender beurteilt werden kann als der *gehandelte Gegenstand*. Eine strikte Trennung der von Dieter Baacke entwickelten Aspekte der Medienkompetenz (Medienkunde, Mediennutzung, Mediengestaltung und Medienkritik) ist deshalb gerade bei der Auseinandersetzung mit dem Phänomen der Medienkonvergenz weder möglich noch sinnvoll (vgl. Marci-Boehncke [im Druck b]).

Literatur

Aufenanger, Stefan: Medienkritik. Alte und neue Medien unter der Lupe. In: Computer + Unterricht 10 (2000) H. 64, 6-9

Baacke, Dieter: Medienkompetenz – Begrifflichkeit und sozialer Wandel. In: Rein, Antje von (Hg.): Medienkompetenz als Schlüsselbegriff. Bad Heilbrunn 1996, 4-10

Bolz, Norbert: Am Ende der Gutenberg-Galaxis. Die neuen Kommunikationsverhältnisse. München 1993

Franck, Georg: Die Ökonomie der Aufmerksamkeit. Ein Entwurf. München 1998

Frederking, Volker: Neue Medien im Deutschunterricht. In: Kliewer, Heinz-Jürgen/ Inge Pohl (Hgg.): Lexikon Deutschdidaktik. Bd. 2. Baltmannsweiler 2006, 554-560

Göschka, Karl Michael/ Manfred Radinger: Die Konvergenz von Methoden und Systemen in der Technik. In: Karmasin, Matthias / Carsten Winter (Hgg.): Konvergenzmanagement und Medienwirtschaft. München 2006, 75-91

Hasebrink, Uwe/ Lothar Mikos/ Elisabeth Prommer (Hgg.): Mediennutzung in konvergierenden Medienumgebungen. Konstanz 2004

Jenkins, Henry: Convergence Culture: Where Old and New Media Collide. New York [u.a.] 2006

JIM-Studie 2006: Jugend, Information, (Multi-)Media. Basisstudie zum Medienumgang 12- bis 19-Jähriger in Deutschland. Hg. Medienpädagogischer Forschungsverbund Südwest. Stuttgart 2006

Josting, Petra: Kinder- und Jugendliteratur im Medienverbund. In: Lauffer, Jürgen/ Renate Röllecke (Hgg.): Dieter Baacke Preis-Handbuch 2. Mediale Sozialisation und Bildung. Methoden und Konzepte medienpädagogischer Projekte. Bielefeld 2007, 150-159

Karmasin, Matthias: Kinder und Medien = (Mehr-)Wert. In: Marci-Boehncke, Gudrun/ Matthias Rath (Hgg.): Jugend – Werte – Medien: Der Diskurs. Weinheim [u.a.] 2006a, 45-56

Karmasin, Matthias: Stakeholder Management als Kontext von Medienmanagement. In: Altmeppen, Klaus-Dieter/ Matthias Karmasin (Hgg.): Medien und Ökonomie. Bd 3: Anwendungsfelder der Medienökonomie. Wiesbaden 2006b, 61-88

KIM-Studie 2006. Kinder und Medien. Computer und Internet. Basisuntersuchung zum Medienumgang 6- bis 13-Jähriger in Deutschland. Hg. Medienpädagogischer Forschungsverbund Südwest. Stuttgart 2006

Kittler, Friedrich: Grammophon – Film – Typewriter. Berlin 1986

Kleinsteuber, Hans J.: Konvergenz – Fakten und Fiktionen rund um einen Begriff und seine politische Bedeutung. In: Karmasin, Matthias/ Carsten Winter (Hgg.): Konvergenzmanagement und Medienwissenschaft. München 2006, 55-74

Marci-Boehncke, Gudrun/ Matthias Rath: Medienkompetenz für ErzieherInnen. München 2007

Marci-Boehncke, Gudrun: „Alles ist gut – solange du wild bist." Filmdidaktik als Gender-Mainstreaming in der Grundschule. In: Frederking, Volker (Hg.): Filmdidaktik und Filmästhetik. München 2006a (Jahrbuch Medien im Deutschunterricht 2005), 78-91

Marci-Boehncke, Gudrun: Intermedialität – der Rezipient gestaltet das Medium. In: Marci-Boehncke, Gudrun/ Matthias Rath (Hgg.): BildTextZeichen lesen. Intermedialität im didaktischen Diskurs. München 2006b, 13-26

Marci-Boehncke, Gudrun: Jungen lesen Filme: Medienerziehung als Gender-Mainstreaming in der Grundschule. In: Josting, Petra/ Heidrun Hoppe (Hgg.): Mädchen, Jungen und ihre Medienkompetenzen. München 2006c, 106-133

Marci-Boehncke, Gudrun: Medial der Stärkste: Körper, Wettkampf und Selbstbild bei Jungen – Erste Ergebnisse der Ludwigsburger Sport- und Medienstudie 2006. In: Jahresband 2006 der Gesellschaft für Medienpädagogik und Kommunikationskultur (GMK). Bielefeld [im Druck a]

Marci-Boehncke, Gudrun: Medienverbund und Medienpraxis im Literaturunterricht. In: Frederking, Volker/ Hans Werner Huneke/ Axel Krommer/ Christel Meier (Hgg.): Taschenbuch des Deutschunterrichts. Bd. 3: Literatur und Medien. Baltmannsweiler [im Druck b]

Neuner, Michael/ Swaran Sandhu: „Harry Potter" – Strategien globaler Medienunternehmen. In: Hepp, Andreas/ Friedrich Krotz/ Carsten Winter (Hgg.): Globalisierung der Medienkommunikation. Wiesbaden 2005, 209-228

Schnell, Kevin: Aus der Not eine Tugend gemacht? Wissenstransfer: Kommunikationskooperationen im Schweizer Werbe- und Medienmarkt. In: media TrendJournal 11 (2005), 57-59: http://www.promarca.ch/fileadmin/webfolder/bilder/Interlaken_2006/061106_Summary_Andrea_Koran_MediaTrendJournal.pdf (04.06.2007)

Second Life Statistics: http://www.secondlife.com/whatis/economy_stats.php (02.06.2007)

Shapiro, Carl/ Hal R. Varian: Information Rules. A Strategic Guide to the Network Economy. Boston 1999

Siegbert, Gabriele/ Nina Hautzinger: Marketing und Vermarktung unter Konvergenzbedingungen. In: Karmasin, Matthias/ Carsten Winter (Hgg.): Konvergenzmanagement und Medienwirtschaft. München 2006, 117-130

Tulodziecki, Gerhard: Medienerziehung als Aufgabe des Deutschunterrichts. In: Erlinger, Hans-Dieter (Hg.): Neue Medien – Edutainment – Medienkompetenz. Deutschunterricht im Wandel. München 1997, 39-52

Wagner, Ulrike: Medienkonvergenz aus der Perspektive Heranwachsender. In: Wagner, Ulrike/ Helga Theunert (Hgg.): Neue Wege durch die konvergente Medienwelt. München 2006, 13-34

Wolf, Werner: Intermediality Revisited: Reflections on Word and Music Relations in the Context of a General Typology of Intermediality. In: Word and Music Studies (2002) H. 4, 13-34

Prof. Dr. Gudrun Marci-Boehncke, PH Ludwigsburg, Fakultät II, Institut für Sprachen/ Abteilung Deutsch, Reuteallee 46, 71634 Ludwigsburg

Natascha Naujok

Begleit- und Anschlusskommunikationen beim Einsatz von kinderliterarischen Spielgeschichten im Deutschunterricht der Grundschule – eine didaktische Herausforderung

Während (Grundschul-)Lehrer(innen) mit dem Medium Buch und der Einbindung der Verarbeitung von Lektüreerfahrungen in den Unterricht sehr vertraut sind, stellt der unterrichtliche Umgang mit *kinderliterarischen Spielgeschichten*[1] für viele noch eine besondere didaktische Herausforderung dar (vgl. Naujok 2003). Zwar lässt sich für die Computerausstattung und die Computernutzung im Unterricht an allgemeinbildenden Schulen insgesamt und auch speziell im Deutschunterricht der Grundschule in quantitativer Hinsicht zweifellos ein positiver Trend ausmachen (s. BMBF 2005) – wie aber sehen Realisierungen des Computereinsatzes in der Unterrichtspraxis aus, wie gehen Schüler(innen) und Lehrer(innen) mit Computern und Software um beziehungsweise wie wird die Medienrezeption in *Begleit- und Anschlusskommunikationen* realisiert?

Die Fokussierung auf Gespräche ist zum einen lerntheoretisch begründet. Dies wird eingangs dargelegt und in Bezug auf den theoretischen Begriff der *(Begleit- und) Anschlusskommunikation* konkretisiert. Zum anderen ist diese Fokussierung der Tatsache geschuldet, dass in der deutschdidaktischen Forschungsliteratur zur Rezeption von neuen Medien zwar seit einigen Jahren zunehmend Rezeptions*prozesse* fokussiert werden, Rezeptions*gespräche* allerdings immer noch als vernachlässigt gelten müssen, obgleich sie in einigen (qualitativ-)empirischen Studien durchaus als relevant erachtet werden (z.B. Bünger 2003; Föh 2004; Wieler 2005).

Zur Beantwortung der oben gestellten Fragen nach Realisierungen des Einsatzes von kinderliterarischen Spielgeschichten wird zum einen der Verlauf des von Petra Wieler geleiteten DFG-Projekts *Medienrezeption und Narration* in einem Rückblick charakterisiert und als Entwicklungsmöglichkeit einer fiktiven Lehrperson interpretiert; zum anderen werden ein Interaktionsausschnitt von zwei Schülern, die gemeinsam am Computer arbeiten, und ein Ausschnitt aus einem lehrergelenkten Klassengespräch vorgestellt, um daran Potenziale und Probleme dieser Gespräche aufzuzeigen.

Im Fazit werden Schlussfolgerungen hinsichtlich der besonderen didaktischen Herausforderung des Einsatzes von kinderliterarischen Spielgeschichten gezogen.

1 Der Begriff Spielgeschichte wird in diesem Aufsatz in seiner allgemeinsten Bedeutung verwendet; auf die verschiedenen theoretischen Differenzierungen (z.B. Bünger 2002; Dolle-Weinkauff 2000; Leubner 2003) kann leider nicht näher eingegangen werden.

1. Zur lerntheoretischen Relevanz von Anschluss- und Begleitkommunikationen beim Computereinsatz im Unterricht

Aus der Perspektive einer interaktionistisch-konstruktivistischen Lerntheorie ist das Individuum Konstrukteur seines *Wissens*, kann jedoch nicht nur aus sich selbst schöpfen; vielmehr sind Gespräche für Lernprozesse konstitutiv (vgl. z.B. Bruner 1996; Wygotski 1969; Miller 1986). Systemtheoretisch lässt sich formulieren: Das psychische System braucht die Auseinandersetzung mit anderen Systemen, es muss interagieren. Die dabei auftretenden Differenzen können Lernprozesse anregen. *Eine* Art solcher Interaktion ist die *soziale* Interaktion im *Unterricht*.

In Verbindung mit der Nutzung von Medien wird für die soziale Interaktion im Unterricht das theoretische Konzept der Anschlusskommunikation relevant. Anschlusskommunikationen sind dem Mediensoziologen Tilmann Sutter (2002) zufolge Gespräche, in denen Medienangebote kommunikativ verarbeitet werden. Im Rahmen seiner interaktionistisch-konstruktivistischen Theorie der Mediensozialisation geht er davon aus, dass „die Fähigkeit, mit Medien umzugehen, in Kooperation mit anderen Personen erworben" (ebd., 87) wird, das heißt in Gesprächen, die im Zusammenhang mit der Rezeption von Medien geführt werden. Dabei ist Sutter zufolge zu berücksichtigen, dass Anschlusskommunikationen eigene Bedeutungen haben: „Medienangebote wirken nicht an sich, sondern werden nur im sozialen Gebrauch bedeutsam." (ebd., 82) Das wird zum Beispiel offenbar, wenn man sieht, wie Kinder am Computer Nutzungsregeln aushandeln, die vom Programm nicht ausdrücklich angeboten werden – etwa indem sie versuchen, möglichst alle in einer Aufgabe enthaltenen Umwege und Animationen zu entdecken, statt die Aufgabe möglichst schnell zu lösen.

Für die angestrebte qualitative Analyse kindlicher Verarbeitungsprozesse von kinderliterarischen Hypermedia-Produktionen im Deutschunterricht erweist sich meines Erachtens eine Differenzierung dieser die Medienrezeption verarbeitenden Gespräche als sinnvoll: Die Gespräche, die die Schüler(innen) während ihrer gemeinsamen Arbeit mit der Software führen, sind als *Begleitkommunikationen* von den lehrergelenkten Klassengesprächen nach (oder auch vor) den unmittelbaren Rezeptionsphasen zu unterscheiden. Anschluss- und Begleitkommunikationen sind allerdings nicht nur als Voraussetzung für Lernprozesse zu denken; die Entwicklung der Fähigkeit zur Beteiligung an diesen Interaktionen ist auch ein Ziel ebendieser Interaktionen (vgl. auch etwa Wieler u.a. 2007; Groeben 2002).

In den unten folgenden qualitativ-empirischen Analysen werden unterrichtliche Gespräche, die im Zusammenhang mit der Arbeit am Computer stattfinden, den obigen Ausführungen entsprechend hinsichtlich ihrer Funktion als Anschluss- und Begleitkommunikationen beziehungsweise als kommunikative Verarbeitungen beleuchtet.

2. Ein Rückblick auf das DFG-Projekt *Medienrezeption und Narration*

Gegenstand des Projekts *Medienrezeption und Narration* sind die Erfahrungen, die 7- bis 8-jährige Grundschulkinder beim Umgang mit ausgewählten Mediengeschichten in den medialen Formen Buch und CD-ROM im Unterricht und in der Familie machen. In diesem Rahmen werden, so wie es der Untertitel des Projekts ankündigt, *Gespräch und Erzählung als Verarbeitung der Medienrezeption im Grundschulalter* untersucht. Die Studie bezieht sowohl Interaktionen und Erzählungen aus dem Unterricht als auch aus den Familien einiger Schüler(innen) ein. Der vorliegende Beitrag beschränkt sich auf schulische Interaktionen, nimmt aber über das DFG-Projekt hinausgehend auch Interaktionen zwischen den Kindern in den Blick.

An der Untersuchung haben sechs Lerngruppen teilgenommen: vier zweite Klassen und zwei JÜL-Klassen, in denen Kinder aus den Jahrgängen 1 bis 3 übergreifend lernen. Die teilnehmenden Lehrerinnen – es war kein Lehrer dabei – erhielten ein Paket mit Büchern und Spielgeschichten und wurden gebeten, einige dieser Medien auszuwählen und mit dieser Auswahl eine Unterrichtseinheit durchzuführen.

In den ersten Phasen ließen die Lehrerinnen die Arbeit am Computer quasi nebenher laufen. Vorzugsweise baten sie die anwesenden Projektmitarbeiterinnen, jeweils mit einigen Kindern in einen separaten Computerraum zu gehen. Die Lehrerinnen führten dann auch kaum Klassengespräche zum Computereinsatz. Da Teilfragen des Projekts jedoch auf lehrergelenkte Anschlusskommunikationen zum Umgang mit dem Computer zielten, wurden die Lehrerinnen in den späteren Projektphasen allgemein ermutigt, die Arbeit am Computer stärker in ihre Unterrichtskonzeption einzubeziehen (*konkrete* Vorgaben wurden vermieden, um das Ziel der Beobachtung von möglichst alltagsnahem Unterricht nicht zu gefährden). Im Verlauf des Projekts war dann dementsprechend auch eine zunehmende didaktische und anschlusskommunikative Einbindung der Software-Rezeption zu beobachten.

Insgesamt lässt sich feststellen, dass die Medienauswahl beziehungsweise -kombination in einem engen Zusammenhang zu anderen Dimensionen der didaktischen Einbindung von Spielgeschichten steht. Es erwies sich als ausgesprochen fruchtbar, Geschichten im Medienverbund zu behandeln. Dies schlug sich in der Herstellung von Bezügen zwischen den verschiedenen Medien, in den Aufgabenstellungen und in der Einbeziehung der von den Schüler(inne)n mit den Spielgeschichten gesammelten Erfahrungen in Anschlusskommunikationen nieder. Eine entsprechende Auswahl von Medien im Verbund trafen allerdings lediglich die Lehrerinnen der letzten beiden Projektphasen.

In den beiden ersten Phasen machten die Lehrerinnen überhaupt keine inhaltlichen Vorgaben für die Computerarbeit. In den Phasen 3 und 4 erhielten die Kinder zwar Arbeitsbögen zur Software, diese beinhalteten jedoch vornehmlich geschlossene Fragen und damit relativ wenige (Gesprächs-)Anregungen. Die Bögen wurden dann auch in keiner der beiden Gruppen noch einmal angesprochen. Für diese ersten vier Phasen (Projektanfang und -mitte) lässt sich zusammenfassen: Es gab keinerlei Ansätze, die Computerrezeption auf die Buchrezeption zu beziehen. Anschlusskommunikationen wurden, wenn überhaupt, ausschließlich einmal am Ende durchgeführt.

In der fünften Phase dagegen beschäftigten sich die Schüler(innen) parallel mit dem Buch und der Software *Eine Woche voller Samstage* von Paul Maar (1973/1998). Hier gab es Arbeitsbögen (differenziertere als in den Phasen 3 und 4); außerdem erhielten die Kinder Schreib- und Malaufträge, und zwar sowohl zur Lektüre als auch für die Computerarbeit. Bezüge zwischen den Medien wurden angeregt; Anschlusskommunikationen fanden zur Einführung, während und am Ende der Unterrichtseinheit statt.

In der letzten Untersuchungsgruppe wählte die Lehrerin Medien aus dem Verbund der *Pettersson und Findus*-Reihe von Sven Nordqvist (Bücher z.B. 1987a u. b, Software z.B. 1999). Die Bücher zeichnen sich rein äußerlich durch ungewöhnlich detailreiche Bilder und viel Text aus. Die Lehrerin erteilte Aufträge, in denen die verschiedenen Medien zwingend aufeinander zu beziehen waren. Dabei setzte sie mit ihrer Unterrichtskonzeption bei der Jahrgangsmischung an (es handelte sich um eine der beiden jahrgangsübergreifend zusammengesetzten Projektgruppen). Im Rahmen des ersten Auftrags sollten die Schüler(innen) sich ein Buch aussuchen, um dazu eine Kurzversion für die Erstklässler(innen) (*Sonnenkinder*) zu verfassen – so genannte Sonnenbücher. Die zweite Aufgabe bestand darin, auf einer der Hypermedia-CDs ein Spiel zu suchen, das zu dem jeweiligen Buch passen sollte. Über den Arbeitsprozess und die (Zwischen-)Ergebnisse wurde zweimal während und einmal am Ende der Unterrichtseinheit eine lehrergelenkte Anschlusskommunikation geführt.

Insgesamt ist festzuhalten, dass die Einbeziehung der Computerarbeit in den Unterricht im Laufe unseres Projektes immer intensiver wurde. Das lag sicher sowohl an unseren zunehmenden Ermutigungen als auch an den unterschiedlichen Lehrerinnen. Im Folgenden wird nach einer Begleitkommunikation eine Anschlusskommunikation aus der vorletzten Projektphase besprochen und punktuell mit ausgewählten Analyseergebnissen einer Anschlusskommunikation aus der letzten Phase verglichen.

3. Exemplarische Gesprächsausschnitte

Die folgenden Transkripte und Analysen sind stark gekürzt; die Analysen sind gewissermaßen eine Kurzversion der *zusammenfassenden Interpretation*, die Krummheuer und Naujok (1999) im Rahmen eines mehrschichtigen Interaktionsanalyseverfahrens beschreiben.

3.1 Aus einer Begleitkommunikation

Der folgende Ausschnitt einer Begleitkommunikation und seine Analyse sollen sowohl eine Ahnung von den fruchtbaren Potenzialen solcher Schüler(innen)interaktionen vermitteln als auch veranschaulichen, wie bruchstückhaft solche Gespräche am Computer bleiben. Zwei Zweitklässler(innen) arbeiten mit der CD *Eine Woche voller Samstage*. Eine der Aufgaben besteht in dem Öffnen eines Tresors. Dabei gilt es, den Zifferncode, der auf dem Zettel notiert ist, auf die Zahlenrädchen des Schlosses zu übertragen. Die Rädchen drehen sich, wenn man sie mit der Maus anklickt (vgl. Abb. 1).

Abb. 1: Screenshot Tresor-Öffnen *von der CD-ROM* Eine Woche voller Samstage

Gerard	Willst du mit den Tresor machen? [zeigt auf Bildschirm [...]
Mustafa	Was is' das?
Gerard	Tresor. [die ‚Kamera' zoomt auf das Zahlenschloss und den links daneben hängenden Zettel mit dem Zahlencode] [...] Das mein' ich.
Mustafa	Okay.
Chef	Öffnen Sie mal gleich den Tresor.
Mustafa	Wie denn?
Gerard	Da steht es. [zeigt auf Bildschirm] Du musst auf eine Zahl drücken.
Mustafa	So? Mit hier? [zeigt auf das Zahlenfeld der Tastatur]
Gerard	Nein, hier. [klickt die Maus]
Mustafa	Ha, so. [übernimmt die Maus]

Zu Beginn des Ausschnitts möchte Gerard die Arbeitsteilung absprechen. Dies ist typisch für den Anfang von Partnerarbeit(ssequenzen) am Computer. *Machen* bedeutet in diesem Zusammenhang üblicherweise, die Maus zu bedienen. Mustafa reagiert darauf mit der Frage *Was is' das?* Er scheint nicht zu wissen, was ein Tresor ist. Nachdem Gerard noch einmal auf die Zahlen verweist, erklärt sich Mustafa einverstanden.

Die Spielidee bleibt ihm allerdings noch verschlossen. Ein bloßer Blick auf den Zettel mit dem Code neben dem Zahlenschloss reicht ihm nicht aus. Er fragt noch einmal nach dem prinzipiellen Vorgehen: *Wie denn?* Gerard zeigt auf den Bildschirm und erklärt es ihm: *Du musst auf eine Zahl drücken.* Als Mustafa nach der Handhabung des Computers fragt, macht Gerard es ihm mit der Maus vor. Dieses *Zeigen-wie-es-geht* scheint charakteristisch für Schüler(innen)kooperationen am Computer zu sein. Es liegt gewissermaßen zwischen den von Naujok (2000) herausgearbeiteten Kooperationshandlungen des Erklärens und Vorsagens.

Was Mustafa in dieser Sequenz lernt, lässt sich nur erahnen. Zu Beginn des Spielens scheint er weder einen Begriff von einem Tresor noch von einem Zahlenschloss zu haben und außerdem nicht mit derartigen Computerprogrammen vertraut zu sein. Ohne die Begleitkommunikation mit Gerard hätte er das Spiel vermutlich gar nicht machen können. In der Partnerarbeit kann Mustafa partizipieren, sich selber an der Maus ausprobieren und Fragen stellen, und Gerard geht darauf ein. Es zeigt sich also, wie hilfreich Begleitkommunikationen sein können. Gleichzeitig wird erkennbar, wie bruchstückhaft und extrem kontextgebunden Begleitkommunikationen und damit auch Erfahrungen am Computer bleiben. Hier sollten Anschlusskommunikationen ansetzen, in denen die Lehrer(innen) gezielt versuchen, Dekontextualisierungen der Schüler(innen) anzuregen.

3.2 Aus einer Anschlusskommunikation

Die Lehrerin der fünften Phase kombinierte die Lektüre von *Eine Woche voller Samstage* mit der Anwendung der dazugehörigen kinderliterarischen Adaption auf CD-ROM. Sowohl Kapitel 1 des Buchs als auch die Software sind durch die Abfolge der Wochentage strukturiert: An jedem Wochentag geschieht etwas, was zu dem *Namen* des Tages passt.

Nach einer Woche führte die Lehrerin ein erstes Klassengespräch zu den Erfahrungen der Kinder mit der CD-ROM. Eingangs geht es um die Aktivitäten der Schüler(innen), um ihre Wahrnehmungen und um die Unterschiede zwischen den Medien Buch und CD-ROM. Im weiteren Gesprächsverlauf fragt die Lehrerin nach den Geschehnissen und Erlebnissen im Zusammenhang mit den einzelnen Wochentagen. Sie ordnet damit nicht nur den Verlauf der Geschichte, sondern hilft auch den Kindern, ihre Rezeptionserfahrungen zu strukturieren. Dieser Anschlusskommunikation ist der folgende gekürzte Ausschnitt entnommen, in dem eine Vertiefung zu dem Spiel *Wolken-Reiben* stattfindet. Bei dem Spiel gilt es dem Donnerstag entsprechend, ein Donnern zu erzeugen. Durch das Anklicken kleinerer Wolken und mehrmaliges Hin- und Herbewegen des Cursors mit gedrückter linker Maustaste gleiten diese in die größte, bis es zu einem Gewitter kommt. Die kleineren Wolken gleiten allerdings nach etwa einer Minute auch unabhängig von den Spieleraktivitäten vorprogrammiert in die große Wolke (vgl. Abb. 2). Dies führte teilweise zu erheblichen Bedienungs- und Aushandlungsschwierigkeiten.

Abb. 2: Screenshot Wolken-Reiben *von der CD-ROM* Eine Woche voller Samstage

L	So. [...] Jetzt waren wir bei dem Donnerstag, wer sagt das noch mal? Zeyneb?
Zeyneb	Es hat gedonnert.
L	Richtig gedonnert. Was passierte dann? Maurice?
Maurice	Dann muss man . em . die Wolken zu dem Donner halt, den Donner halt ( )
L	Das versteh ich noch nicht ganz. Die Wolken musste man?
Maurice	Zum Donnern bringen.
L	Maren?
Maren	Beim Donner, da warn so kleine Wolken und eine Wolke war ( ), und da musste man die ganz kleinen Wolken in die große Wolke reinmachen, und dann ist, und dann ist die immer größer geworden und dann hat es gedonnert.
L	Kalina?
	[...]
Kalina	Die Wolken musste man reiben und dann gehen die von alleine in die große Wolke.
L	Wie hat man die denn gerieben?
mehrere	Mit der Maus ( )
L	Ach so.
Kalina	Die Maus, also, musste (auf) zum Beispiel auf eine Wolke, und da musste man so machen.
mehrere	[durcheinander] Hä? Klicken. Reiben. [durcheinander]
	[...]
L	Na, welche Gruppe hat denn jetzt recht? Fragen wir mal Frau Brandt.

Am Anfang des Ausschnitts steht eine sehr offene Erzählaufforderung der Lehrerin. Die erste Schülerin erzählt: *Es hat gedonnert.* Die Lehrerin fragt daran anknüpfend weiter, was dann passiert sei. Diese Frage zielt auf die Ereignisse innerhalb der Geschichte, ist gleichsam eine Erzählaufforderung. Der nächste Schüler antwortet mit einer Beschreibung, was man dann machen müsse. Die Beobachtung, dass in mündlichen Schülererzählungen zum Umgang mit Spielgeschichten erzählende und beschreibende Elemente miteinander verknüpft werden, macht auch Knapp (2005, 114). Die Lehrerin expliziert nun ihre Verständnisschwierigkeiten und fordert implizit zu einer genaueren Beschreibung auf. Es geht (inzwischen) im Wesentlichen um die praktische Handhabung der Software – und nicht etwa um den Zusammenhang von Reibung und elektrischer Ladung, der auf der CD-ROM zur Aufgabeneinführung erwähnt wird, oder um inhaltliche Aspekte der adaptierten kinderliterarischen Geschichte. Das entspricht Bertschi-Kaufmanns Beobachtung: „Wer sich auf eine Spielgeschichte einlässt, muss zuallererst einmal die wichtigsten Funktionsweisen auf der Spieloberfläche verstehen." (Bertschi-Kaufmann 2005, 127) An Kalinas Schilderung, dass man *reiben* musste, knüpft die Lehrerin mit einer vertiefenden Frage nach dem *Wie* an. Kalina setzt noch einmal zu einer Beschreibung an, bleibt aber einem stark kontextualisierten Modus verhaftet, was an der Deixis erkennbar wird (*da musste man* so *machen*). Die anderen reagieren mit Unverständnis und ansteigender Beteiligung am Unterrichtsgespräch (*[durcheinander]*). Diese hohe interaktive Dichte – bei Krummheuer und Brandt „interaktionale Verdichtung" (Krummheuer/ Brandt 2001, 56ff.) – ist ein Zeichen dafür, dass es sich um eine Frage handelt, die den Schüler(inne)n sehr wichtig ist (s.o.). Am Ende zieht die Lehrerin eine der anwesenden Projektmitarbeiterinnen zu Rate. Damit gibt sie die Verantwortung für die inhaltliche Angemessenheit der Beschreibung des *Wolken-Reibens* ab.

Die Lehrerin stellt sowohl relativ offene als auch vertiefende Fragen. Sie begnügt sich nicht mit unvollständigen Beschreibungen oder Erklärungen. Auf diese Weise fordert und fördert sie die Schüler(innen). Mitunter spielt sie die Unwissende; in dem vorliegenden Ausschnitt erkennt man aber, dass sie zum Teil tatsächlich nicht gut mit der Software vertraut ist. Aus diesem Grunde gibt sie wohl auch die inhaltliche Verantwortung für das Problem des Wolken-Reibens an eine Projektmitarbeiterin ab.

Die Lehrerin in der letzten Aufnahmephase übernahm die Verantwortung für derartige Fragen zur Software selbst.

3.3 Punktuelle Komparation mit einer weiteren Anschlusskommunikation

Während die oben vorgestellte Lehrerin über die Haltung einer Unwissenden zu beschreiben ist, stellt sich die Lehrerin der letzten Projektphase als eine an den Erfahrungen ihrer Schüler(innen) interessierte Expertin dar. Wie ihre Kollegin thematisiert sie Schwierigkeiten beim Umgang mit der Software, greift aber nach einigen Beschreibungsansätzen ihrer Schüler(innen) selbst ein. Sie erklärt unter Verwendung von ‚Fachausdrücken' (*Cursor; Mauszeiger*), was bei einem Spiel zu beachten sei und fordert die Schüler(innen) noch einmal ausdrücklich auf, sich das von dem virtuellen Spielführer mit der Software erklären zu lassen. Damit hilft sie direkt und indirekt – direkt mit ihrer Spielbeschreibung und indirekt, indem sie den Schüler(inne)n sagt, wo sie die benötigten Informationen finden. So differenziert kann sie nur helfen, weil sie selbst mit der Software gearbeitet hat und diese aus eigener Erfahrung gut kennt.

Die Analysen aller Anschlusskommunikationen zeigen, dass es den Schüler(inne)n schwer fällt, ihre komplexen Medienerfahrungen am Computer mündlich darzustellen und entsprechend zu dekontextualisieren. Zum einen stellt das Beschreiben selbst eine Schwierigkeit dar, zum anderen lassen sich diese Schwierigkeiten als Hinweis darauf deuten, dass die Funktionsweise einzelner Spiele nicht ganz durchschaut wurde. Das Beschreiben selbst wird von der ersten Lehrerin durch differenzierte Aufforderungen gefördert. So können die Probleme, die die Schüler(innen) beim Verständnis und der Anwendung des Spiels hatten, genauer lokalisiert und schließlich (fast ganz) geklärt werden. Das Durchschauen der Funktionsweise einzelner Spiele wird von der zweiten Lehrerin durch direkte und indirekte Hilfen gefördert. So unterstreichen beide Klassengespräche die große Relevanz von Anschlusskommunikationen im Zusammenhang mit dem Einsatz von Spielgeschichten im Unterricht.

4. Fazit

Als typisch für Begleitkommunikationen am Computer haben sich in dem Projekt Absprachen zur Arbeitsteilung und Verständnisfragen und entsprechenden Hilfen herausgestellt. Allerdings bleibt in Begleitkommunikationen am Computer vieles unausgesprochen. (Lernen geschieht hier eher implizit und wird daher auch nicht unbedingt sichtbar.) Der Austausch der Beteiligten findet zu einem großen Teil über verbale Verweise und Gesten des Zeigens auf den Bildschirm statt; er ist hoch indexikal und kontextgebunden, oft bruchstückhaft. Dies lässt Anschlusskommunikationen im Klassenverband als unverzichtbar erscheinen. Hier können Lehrer(innen) beschreibende, erklärende und erzählende Verbalisierungen und Dekontextualisierungen anregen.

Um den Schüler(inne)n differenziert helfen und im Klassengespräch gegenseitiges Verständnis befördern zu können, müssen Lehrer(innen) die Software, die sie einsetzen, sehr gut kennen. Es reicht kaum, sie nur einmal zu durchlaufen, weil bei verschiedenen Durchgängen durch solche Programme unterschiedliche Erfahrungen gemacht werden (können) und man davon ausgehen muss, dass verschiedene Schüler(innen) beziehungsweise Schüler(innen)gruppen auch tatsächlich unterschiedliche Erfahrungen damit machen und in der Klasse mitunter konkrete gemeinsame Erfahrungsgrundlagen fehlen.

In allen beobachteten Anschlusskommunikationen dominierte die Thematisierung von funktionalen Aspekten der Software-Handhabung beziehungsweise von *ludischen* und *interaktiven* gegenüber *narrativen* Elementen von Spielgeschichten. Für die Schüler(innen) scheint dies vordringlich zu sein. Die deutsch- und speziell die literaturdidaktischen Potenziale von kinderliterarischen Spielgeschichten werden auf diese Weise allerdings noch nicht realisiert. Bertschi-Kaufmann (2005) zufolge entwickelt sich das Geschichtenverstehen beim Umgang mit Spielgeschichten auch erst allmählich. Entsprechende Anregungen vonseiten der Lehrkraft und der Einsatz von Spielgeschichten im Verbund mit dem klassischen Erzählmedium *Buch* vermögen den Erkenntnissen des DFG-Projekts *Medienrezeption und Narration* zufolge die Entfaltung der narrativen Dimension zu befördern; die Arbeit mit einem Medienverbundsystem eröffnet außerdem größere didaktische Gestaltungsspielräume. Sowohl aus den Begleit- als auch aus den Anschlusskommunikationen wird ersichtlich, dass die eingeschränkte Interaktivität der Medien eine weitere Einbettung in (sozial-)interaktive oder didaktische Zusammenhänge unbedingt erforderlich macht.

Transkriptionslegende

Text	*Äußerung*
Kursiv	*Medientext (Buch oder CD)*
(Text)	*schwer verständliche Äußerung*
( )	*unverständliche Äußerung*
[Text]	*ergänzende Beschreibung, "Regieanweisung"*
[...]	*Auslassungen*
. .. ...	*Pausen bis zu drei Sekunden*

Primärliteratur

Maar, Paul: Eine Woche voller Samstage. Hamburg: Oetinger, 1973
Maar, Paul: Eine Woche voller Samstage. München: Oetinger; Hamburg: Terzio, 1998
Nordqvist, Sven: Aufruhr im Gemüsebeet. Hamburg: Oetinger, 1987a
Nordqvist, Sven: Ein Feuerwerk für den Fuchs. Hamburg: Oetinger, 1987b
Nordqvist, Sven: Neues von Pettersson und Findus. Hamburg: Oetinger, 1999

Sekundärliteratur

Bertschi-Kaufmann, Andrea: „Und was sah ich?!" Narratives Schreiben im Nachklang von multimedialen Lektüren. In: Wieler, Petra (Hg.): Narratives Lernen in medialen und anderen Kontexten. Freiburg/ Br. 2005, 119-134

Bundesministerium für Bildung und Forschung (BMBF): IT-Ausstattung der allgemein bildenden und berufsbildenden Schulen in Deutschland. Bestandsaufnahme 2005 und Entwicklung 2001-2005 (http://www.bmbf.de/pub/it-ausstattung_der_schulen_2005.pdf - Stand: 17.02.2006)

Bruner, Jerome: The Culture of Education. Cambridge (MA) [u.a.] 1996

Bünger, Traudl: Narrative und ludische Elemente in Kinder- und Jugendliteraturadaptionen auf CD-ROM – Quadratur des Kreises? In: Beiträge Kinderliteratur und Medien 54 (2002) H. 3, 163-171

Bünger, Traudl: Emotionale Rezeption von Spielgeschichten am Beispiel von „Ronja Räubertochter". In: Hurrelmann, Bettina/ Susanne Becker (Hgg.): Kindermedien nutzen. Medienkompetenz als Herausforderung für Erziehung und Unterricht. Weinheim [u.a.] 2003, 206-227

Dolle-Weinkauff, Bernd: Erzählung und Interaktion. Zur Aufbereitung kinderliterarischer Szenarien als PC-Software. In: Richter, Karin/ Sabine Riemann (Hgg.): Kinder – Literatur – „neue" Medien. Baltmannsweiler 2000, 186-197

Föh, Marie-Joan: Mündliche Kommunikation am Computer (Bericht). In: Frederking, Volker (Hg.): Lesen und Symbolverstehen. München 2004, 285-290

Groeben, Norbert: Dimensionen der Medienkompetenz: Deskriptive und normative Aspekte. In: Groeben, Norbert/ Bettina Hurrelmann (Hgg.): Medienkompetenz. Voraussetzungen, Dimensionen, Funktionen. Weinheim [u.a.] 2002, 160-197

Knapp, Werner: Der Umgang mit Computermedien als Erzählanlass – exemplarische Analyse einer Kindererzählung. In: Wieler, Petra (Hg.): Narratives Lernen in medialen und anderen Kontexten. Freiburg/ Br. 2005, 103-117

Krummheuer, Götz/ Birgit Brandt: Paraphrase und Traduktion. Partizipationstheoretische Elemente einer Interaktionstheorie des Mathematiklernens in der Grundschule. Weinheim [u.a.] 2001

Krummheuer, Götz/ Natalie Naujok: Grundlagen und Beispiele Interpretativer Unterrichtsforschung. Opladen 1999

Leubner, Martin: „Bestehe die Abenteuer". Interaktive Spielgeschichten zwischen Geschichte und Spiel. In: Hurrelmann, Bettina/ Susanne Becker (Hgg.): Kindermedien nutzen: Medienkompetenz als Herausforderung für Erziehung und Unterricht. Weinheim [u.a.] 2003, 194-205

Miller, Max: Kollektive Lernprozesse. Frankfurt/ M. 1986

Naujok, Natascha: Schülerkooperation im Rahmen von Wochenplanunterricht. Analyse von Unterrichtsausschnitten aus der Grundschule. Weinheim 2000

Naujok, Natascha: Theorie und Praxis bei der Integration von Computern in den Deutschunterricht. In: Mitteilungen des Deutschen Germanistenverbandes 50 (2003) H. 4, 552-568

Sutter, Tilmann: Anschlusskommunikation und die kommunikative Verarbeitung von Medienangeboten. Ein Aufriss im Rahmen einer konstruktivistischen Theorie der Mediensozialisation. In: Groeben, Norbert/ Bettina Hurrelmann (Hgg.): Lesekompetenz. Bedingungen, Dimensionen, Funktionen. Weinheim [u.a.] 2002, 80-105

Wieler, Petra: Gespräche mit Grundschulkindern über Buch- und Mediengeschichten. In: Wieler, Petra (Hg.): Narratives Lernen in medialen und anderen Kontexten. Freiburg/ Br. 2005, 135-152

Wieler, Petra/ Birgit Brandt/ Jeanette Hoffmann/ Natascha Naujok/ Janina Petzold: Medienrezeption und Narration – Gespräch und Erzählung als Verarbeitung der Medienrezeption im Grundschulalter. Freiburg/ Br. 2007

Wygotski, Lew: Denken und Sprechen. Frankfurt/ M. 1969

Dr. Natascha Naujok, FU Berlin, FB Erziehungswissenschaft und Psychologie, Abt. Grundschulpädagogik/ Deutsch, Habelschwerdter Allee 45, 14195 Berlin

Klaus Maiwald / Almut Drummer

Medienverbund als Unterrichtsprodukt – Grundschüler(innen) begegnen dem *Zauberlehrling*

1. Eine klassische Ballade im Medienverbund

Die künstlerische Komplizenschaft von Goethe und Schiller gipfelte 1797 im sogenannten Balladenjahr. Neben der *Braut von Korinth* sowie Schillers *Bürgschaft* und *Der Handschuh* entstand in jenem Jahr auch *Der Zauberlehrling*. Exemplarisch traten in dieser Ballade Goethes Abkehr vom Sturm und Drang und seine Hinwendung zum Denken der Klassik zutage. Denn wir sehen hier kein sich trotzig behauptendes jugendliches Originalgenie mehr wie noch im *Prometheus* (1774), sondern einen sich selbst überschätzenden Bengel:

> Hat der alte Hexenmeister
> Sich doch einmal wegbegeben!
> Und nun sollen seine Geister
> Auch nach meinem Willen leben.
> Seine Wort' und Werke
> Merkt' ich, und den Brauch,
> Und mit Geistesstärke
> Tu' ich Wunder auch.[1]

Am Ende des von ihm angerichteten Überschwemmungsdesasters muss dieser freilich kleinlaut die Autorität des Alters und die Notwendigkeit weiterer (Aus-) Bildung anerkennen: „Ach, da kommt der Meister! / Herr, die Not ist groß! / Die ich rief, die Geister / Werd' ich nun nicht los."

Zweifellos ist *Der Zauberlehrling* ein wichtiges gattungspoetisches, literatur- und geistesgeschichtliches Dokument. Was aber hat ein solcher Text mit dem Thema *Kinder- und Jugendliteratur im Medienverbund* zu tun? Gehört diese Ballade der deutschen Klassik nicht zur kanonisierten Hochliteratur? Und war um 1800 das Buch nicht das Monopolmedium im sich gerade herausbildenden Literatursystem? Dem zum Trotze liegen bei der Ballade als Gattung und beim *Zauberlehrling* als Beispielexemplar verschiedene Multimedia- und Medienverbundphänomene vor:

1 Textquelle: Eibel, Karl (Hg.): Johann Wolfgang Goethe: Sämtliche Werke. Briefe, Tagebücher und Gespräche. I. Abteilung. Bd. 1. Gedichte 1756-1799. Frankfurt/ M. 1988, 683-686

Zum einen vereint die Ballade gemäß Goethes Theorie vom poetischen Ur-Ei die literarischen Hauptgattungen Lyrik, Epik und Dramatik. Überdies gehen Musik, Bewegung und Sprache in der Ballade eine enge Verbindung ein (vgl. Menzel 2001, 7). In Form des Bänkelsangs wurden aus Balladen multimediale Darbietungen, welche Rezitation bzw. Gesang, Bildtafeln und Begleitmusik (z.B. Drehorgel) kombinierten (vgl. Abbildungen ebd., 11). Bekannt und populär wurden Balladen im 19. Jahrhundert vor allem durch Vertonungen in Kunstliedern, z.B. von Robert Schumann, Franz Schubert und Carl Loewe. In expressiv-dramatischen Klavierstücken, die sie *Balladen* nannten, lösten sich Brahms und Chopin vom Medium Sprache, schlugen aber eine Brücke zu dieser lyrischen Untergattung.

Das Motiv des Zauberlehrlings kursierte bereits vor Goethes Ballade. Es taucht in einer Geschichte des antiken Satirikers Lukian von Samosata (ca. 120-180) auf, ebenso gibt es in der Golem-Legende des Prager Rabbiners Judah Löw (1525-1609) eine Episode, in der der Golem auf Geheiß Wasser ins Haus bringt und dann nicht mehr einhält. Goethe griff also einen Stoff auf und formte ihn neu. Daran wiederum schloss sich bis in die heutige Zeit eine Reihe medialer Adaptionen an: In einer gleichnamigen sinfonischen Dichtung setzte Paul Dukas (1897) das Drama in Programmmusik um, die dann Filmen als Soundtrack diente: 1987 in einer pantomimischen Gestaltung (VHS Video, 14 Minuten, FWU 42 01 046), vor allem aber 1940 in Walt Disneys Zeichentrickfilm *Fantasia*. Dieser Episodenfilm mit Cartoons über klassische Musikstücke (z.B. *Nussknacker*-Suite oder Beethovens *Pastorale*) zeigte unter anderem Mickey Mouse in der Rolle des Zauberlehrlings und machte die Figur endgültig zum Kult. In die Fortsetzung unter dem Namen *Fantasia 2000* wurde die Zauberlehrlingsepisode erneut aufgenommen. Eine anders geartete Zeichentrickversion liegt mit dem Film *Peti und der Roboter* (Regie: György Varnay / Guyla Macskassy, Hungaro-Film Budapest, 1964) vor: Zwei Kinder lassen einen Haushaltsroboter für sich arbeiten, bis dieser außer Kontrolle gerät und sie von seinem Eigentümer, einem Professor, befreit werden müssen. In seinem surrealistischen Realfilm *Zauberlehrling* zeigt Dieter Deventer (1989) einen Computerbastler in einem Gewirr aus Monitoren, Kabelsträngen, Tastaturen. Als der Zugriff auf ein Farbprogramm scheitert, nimmt der Zauberlehrling (Gedeon Burkhard) mit dem Lötkolben einen brachialen Eingriff vor. Dieser ist zunächst erfolgreich, bevor die Szenerie zu einem Inferno aus brennenden Kabeln, brodelnden Substanzen, explodierenden Geräten mutiert, das jedoch herrliche Animationen generiert. Um sich zu befreien, stürzt der Lehrling das Hauptgerät in einen Schacht. Der Koloss wälzt sich jedoch tosend in die Halle zurück und umschließt den Jungen. Zu erwähnen ist schließlich eine Reihe von Hörinszenierungen von Goethes Ballade, etwa von Klaus Kinski oder Lutz Görner (vgl. Schilcher 2004).

Nicht nur ist also die Ballade als solche ein Multimediaphänomen, vor allem ging von Goethes *Zauberlehrling* ein vielfältiges transmediales Überlieferungsgeschehen aus. Darüber hinaus sind der Lehrling, dem unheilvoll die Dinge entgleiten, und die Geister, die man ruft und nicht los wird, als „Ausdrucksgestalten" (Feilke 1996) in unseren Sprachgebrauch eingegangen. Sie gehören zu den in unserer Kultur virulenten *Denkbildern*, also zu den eingespielten fiktional-ästhetischen Modellen der Weltdeutung (vgl. Müller-Michaels 1994, 169; Abraham/ Kepser 2005, 79).

2. *Der Zauberlehrling* in der Grundschule – didaktische Überlegungen

Zur Wirkmächtigkeit des *Zauberlehrlings* wesentlich beigetragen hat gewiss die bis heute gültige Kanonisierung des Textes im Literaturunterricht (vgl. zur schulischen Goethe-Rezeption Popp 2005, zur Entwicklung der Balladen-Didaktik Köster 2001). Begreift man den Deutschunterricht als wichtige Instanz literaturbezogener kultureller Praxis (vgl. Abraham/ Kepser 2005), so ist auch der schulische Umgang mit dem *Zauberlehrling* als Teil des Tradierungsgeschehens aufzufassen. Dies gilt insbesondere dann, wenn Texte produktiv weitergeführt werden und dabei neue Medienangebote entstehen (vgl. z.B. Maiwald 1994).

Kann dieses Überlieferungsgeschehen aber auch mit Grundschüler(inne)n weitergeschrieben werden? Oft bilden Lehrpläne noch das rezeptionspsychologische Konstrukt des *Balladenalters* von Charlotte Bühler und Susanne Engelmann aus den 1920er Jahren ab und siedeln diese Gattung bevorzugt in den Jahrgangsstufen 6 bis 8 an. Können aber auch Drittklässer mit einem hochliterarischen Text wie diesem gewinnbringend umgehen? Wir meinen: ja.[2] Literaturgeschichtliche, autorbiographische, gattungspoetische und textstrukturelle Anliegen treten dabei natürlich in den Hintergrund. Wichtig schien uns, dass der *Zauberlehrling* auch und zuerst einmal eine ziemlich aktionsgeladene, packende und komische Geschichte erzählt. Ergiebig schien uns zweitens die sprachlich-ästhetische Sinnlichkeit des Textes. Drittens öffnen die medialen Adaptionen weitere Ansatzpunkte für vielfältige Texterfahrungen. Einmünden sollte der Textumgang in die Herstellung eines eigenen (kleinen) Medienverbundes in Form einer Netzseite. Folgende Ziele wurden in unserer Unterrichtseinheit zum *Zauberlehrling* angestrebt: Die Schüler(innen) sollten durch vielfältige rezeptive wie produktive Annäherungen ...

- den *Zauberlehrling* als kulturelles *Denkbild* kennen lernen;
- Freude an der Sinnlichkeit gestalteter Sprache entwickeln;
- dem Phänomen medialer Adaptionen begegnen;
- das Internet als multi- und hypermediales Präsentationsmedium erfahren.

3. Annäherungen im Unterricht

Die folgende Darstellung orientiert sich nicht an der Unterrichtschronologie, sondern systematisiert unterschiedliche Zugangsweisen. Die Netzdokumentation, auf die dabei Bezug genommen wird, befindet sich unter http://www.philhist.uni-augsburg.de/Germanistik/did/dokumentationen.html (04.09.2007).

---

2 Herzlich gedankt sei der Klassenlehrerin Donata Drummer als Dritter im Bunde für ihre Mitarbeit.

3.1 Sprechen und Hören

Allein Reim und Rhythmus legen es nahe, den Text nicht lediglich in stiller Lektüre, sondern gesprochen wahrzunehmen. Vor allem kommen das packende Geschehen und die (im Wortsinn) Wechselbäder der Gefühle nur in der Mündlichkeit zu gebührender Geltung. Listige Heimlichkeit („Hat der alte Hexenmeister / Sich doch einmal wegbegeben!"), helle Freude am Gelingen („Seht, er läuft zum Ufer nieder / Wahrlich! ist schon an dem Flusse") bis hin zum nackten Entsetzen über die nach der Spaltung des Besens verdoppelte Not („Welch entsetzliches Gewässer!") verlangen nach entsprechender Dramatisierung.

Zaubersprüche kombinieren Poesie und Magie in einem geheimnisvollen Handlungszusammenhang. Sie stiften nicht nur Freude an Reim und Rhythmus, sondern bezeugen auch die Kraft des Wortes (vgl. Marenbach 2006). Um dieses Sinn- und Sinnlichkeitspotenzial zum Tragen zu bringen, begann die Unterrichtssequenz mit einem rhythmisch-szenischen *Ersprechen* der Zauberformel:

> Walle, walle,
> Manche Strecke!
> Daß, zum Zwecke,
> Wasser fließe,
> Und mit reichem, vollem Schwalle
> Zu dem Bade sich ergieße.

Die Beschwörung der Wunder hervorbringenden Geisteskräfte wurde übersetzt in ein drängendes Sprechen, das Fließen des Wassers wurde umgesetzt in Armbewegungen. Verlangsamungen und Beschleunigungen des Sprechtempos sowie Modulationen der Stimmhöhe suggerierten die erhofften wundersamen Bewegungen des Besens und des Wassers. Die Schüler(innen) erprobten Möglichkeiten des stimmlichen Ausdrucks und verbesserten sich gegenseitig. Damit die Klanggestalt greifbar wurde, entstand an der Tafel eine Visualisierung in einer Art grafischer Notation:

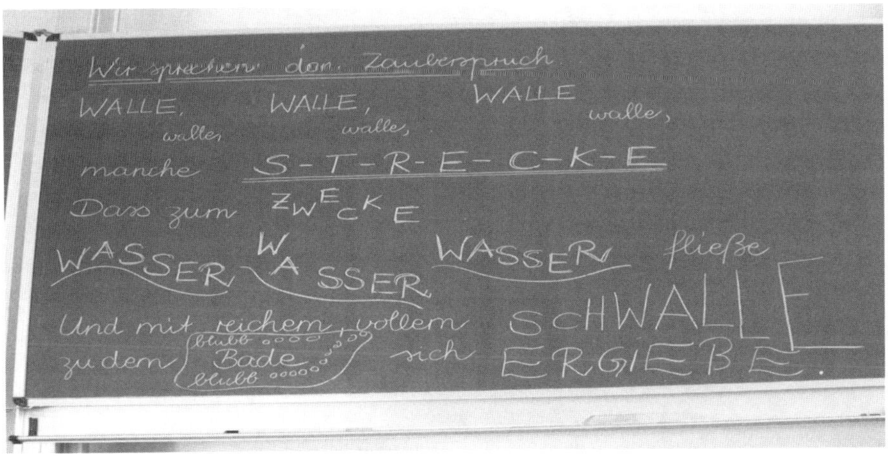

Die Texterfahrung über Sprechen und Hören beinhaltete auch eine Begegnung mit dem ersten Teil des Textes (bis „Stock, der du gewesen/ Steh doch wieder still!") in einem mit dramaturgischen Mitteln (Mimik, Gestik, Besen) angereicherten Vortrag durch die Lehrperson. (In die Netzdokumentation wurde darüber hinaus der Vortrag des kompletten Textes als Tondatei integriert.) Zur Annäherung über das Auditive gehörte schließlich eine Begegnung mit der Vertonung von Dukas. (Ein Auszug daraus wurde ebenfalls in die Netzseite eingestellt.) Die Musik diente als Schreibimpuls für Fortsetzungsgeschichten zu der Frage, wie der Zauberlehrling die katastrophale Lage in den Griff bekommen könnte (s.u.).

In einem kleinen szenischen Spiel wurden die Schüler(innen) selbst tätig und ergründeten dabei die Motivationen der Hauptfiguren. Umgesetzt wurde die Szene mit der Rückkunft des Zauberers und seinen mutmaßlichen Reaktionen auf die Aktionen des Zauberlehrlings. Die Meister machten ihren Schülern zumeist Vorwürfe wegen ihres unvorsichtigen Verhaltens; die Zauberlehrlinge verteidigten sich, was natürlich nicht leicht gelang.

3.2 Visuelle Impulse

Eine Begegnung mit dem ersten Teil des Textes vollzog sich, indem Textpassagen Bildern[3] zugeordnet und in die richtige Reihenfolge gebracht wurden. Hier ein Beispiel:

Auf zwei Beinen stehe,
Oben sei ein Kopf.
Eile nun, und gehe
Mit dem Wassertopf!

Für ein rekapitulierendes Gespräch wurde ein aus dem Internet gezogenes Bild verwendet, welches den von Wasserströmen übergossenen Lehrling in höchster Not zeigt (http://www.goethezeitportal.de/fileadmin/Images/db/wiss/goethe/schnellkurs_goethe/k_8/zauberlehrling.jpg, 04.09.2007).

3 Die Zeichnungen wurden von Almut Drummer angefertigt.

Der intensiven Aneignung des Textes diente ein Verfahren, welches wir *artefaktgestütztes literarisches Gespräch* nennen wollen (vgl. zum literarischen Gespräch Maiwald 2001, 84; Merkelbach 2004). Zentral ist die Idee, dass die Schüler(innen) ihre Textrezeption verbalisieren und begleitend visualisieren. Wie im herkömmlichen literarischen Gespräch (und damit im Gegensatz zum leitfragengelenkten Unterrichtsgespräch) wird der Text frei und ergebnisoffen ausgehandelt. Dabei werden Figuren, Setting und Handlung mit Filzplättchen unterschiedlicher Farbe, Form und Größe auf einem großen, auf dem Boden ausgebreiteten Tuch dargestellt (vgl. den Link *Wie man die Geschichte als Legebild darstellen kann* auf der Startseite der Netzdokumentation). Die Unbestimmtheit des elementaren, ja kargen Materials wirkt äußerst motivierend und imaginationsanregend, da allein Beschaffenheit und Anordnung der Filzplättchen über äußeres und inneres Geschehen Auskunft geben. Die im Kreis um das Tuch herum sitzenden Mitschüler(innen) verfolgen, was der die Plättchen jeweils arrangierende Schüler dazu erläutert. Unter Bezug auf den Text fragen sie nach, machen Änderungsvorschläge und entwickeln das Legebild so (stets begründend) weiter. Das Legebild wandelt sich mit jeder neuen Äußerung, stetes Umdenken ist also gefragt. Das artefaktgestützte literarische Gespräch öffnet Raum für subjektive Textkonkretisationen, die schrittweise in eine intersubjektiv ausgehandelte Interpretation übergehen (vgl. Frommer 1988). Das fertige Legebild ist ein objektives Korrelat dieser Interpretation.

Im hier entstandenen Legebild repräsentierte ein lilafarbenes, quadratisches Plättchen den Zauberlehrling inmitten der von hellblauen, runden Plättchen dargestellten Wassermassen. Ein braunes dreieckiges Plättchen an einer roten Scheibe (unten links) wurde für die Wassereimer und die mit ihnen verbundene Gefahr platziert:

Erörtert wurde beispielsweise, wie nah die Wassermassen an den Zauberlehrling heranzuführen sind, d.h. wie sehr sie ihn bereits in Bedrängnis gebracht haben. Sieht er überhaupt noch aus dem Wasserstrom hervor – oder ist er bereits darin versunken? Welche Folgen hat dies wiederum für sein Handeln?

3.3 Eigenes Schreiben

Um die Vorstellungsbildung der Schüler(innen) zu intensivieren und Begriffsbildungen anzubahnen, wurden verbale und bildliche Anschlusstexte als Reaktion auf die Ballade verfasst. Zu Beginn der Sequenz wurden die Schüler(innen) mit dem – aus dem Handlungszusammenhang herausgelösten – Zauberspruch konfrontiert (s.o.). Wozu könnte dieser geheimnisvolle Spruch aber dienen? Mögliche Antworten wurden in Form verbaler und/ oder gemalter Geschichten gegeben (für Beispiele vgl. den Link *Was einem zum Zauberspruch einfallen kann ...* auf der Startseite der Netzdokumentation). In der Präsentation der (Bild-)Texte entstanden wiederum neue Einfälle, die aufmerksam mit dem Vorlagentext abgeglichen wurden.

Ein zweites Mal schrieben die Schüler(innen) zu der Frage, wie der von den Wassermassen bedrängte Zauberlehrling weiter verfahren solle. Sie setzten den Text fort und versuchten, das Problem zu lösen (vgl. den Link *Welche Fortsetzungen die Geschichte nehmen könnte ...* auf der Startseite der Netzdokumentation). Hier zwei Beispiele:

Der Zauberlehrling -
Teil 2 - Hokus Pokus

Der Zauberlehrling hatte endlich eine Idee: Er musste den Besen mit seinen eigenen Waffen schlagen. Da vorne kam der wütende Besen schon wieder. Schnell versteckte sich der Zauberlehrling in dem Schrank. In dem Schrank war es dunkel. Sehr dunkel. Dem Zauberlehrling stieg das Wasser schon bis zum Hals. Aber jetzt war die Zeit gekommen. Er sprang wie ein wild gewordenes Raubtier aus dem Schrank. Er warf den Besen und packte sich den Eimer und rannte hinaus, holte Wasser, schüttete das Wasser in den Keller, wo jetzt der Besen war, bis der Besen fort war. Er lebte glücklich und zufrieden bis ans Ende seiner Tage.

(*Marius*)

Der Zauberlehrling...

Der Besen rannte immer weiter. Hin – zurück, hin – zurück. Das Haus, in dem der Zauberlehrling war, war schon fast bis zur Hälfte mit Wasser voll. „Ich muss mir unbedingt etwas ausdenken!", dachte er. Nach langem Überlegen, der Besen war schon wieder vier mal gerannt, fiel ihm etwas ein. Er dachte: „Wenn der Besen eben nicht auf mich hört, dann muss ich eben zu anderen Mitteln greifen." Sein Plan war, wenn der Besen zurück kam, ihn versuchen fest zu halten und ihn dann auseinander zu brechen. Alles klappte auch ganz gut, nur, der Besen wehrte sich mit allen Mitteln. Aber dann brach er den Besen auseinander. Der Besen schrie auf und dann war es ganz still. Der Besen verschwand und mit ihm das Wasser. Alles war wieder so wie vorher. Nur ein Problem gab es. Wie sollte er dem Hexenmeister erklären, dass sein Besen futsch war? Bald darauf kam der Hexenmeister zurück. Der Zauberlehrling sagte ihm alles und der Hexenmeister meinte: „Ich hoffe, du hast aus diesem Fehler gelernt." Ende!

(*Hannah*)

In der uns gegebenen Zeit war es nicht möglich, mit den entstandenen Texten weiterzuarbeiten. Die Schreibaufgabe sollte v.a. einen aufmerksamen Blick auf die Handlung der Ballade und Freude am Schreiben bewirken. Denkbar und wünschenswert wäre, die Texte nachzubetrachten (z.B. in einer Schreibkonferenz) und ggf. zu überarbeiten: Welche Texte sind stimmig mit der Balladenhandlung, welche weniger? Welche Rolle geben wir dem alten Hexenmeister am ehesten? Welche Überschrift ist effektiver, die bei Marius oder die bei Hannah? Was unterscheidet die (ungebundenen) Schülertexte von der (gebundenen) Sprache des Gedichts? Wieweit passt die Märchenformel am Ende von Marius' Text zur Geschichte vom Zauberlehrling? Ist das Wort „futsch" in Hannahs Text die beste Lösung? Die Verhandlung von Fragen dieser Art wäre nicht nur von schreibdidaktischer Relevanz, sie beförderte auch das Verständnis des Vorlagentextes und literarisches Lernen.

Ein letztes Mal war Schreiben gefragt, um das Handeln des Zauberlehrlings in Parallelgeschichten zu verallgemeinern. So spielt einmal der Zauberlehrling buchstäblich mit dem Feuer. Auch wenn das anspruchsvolle Ziel einer Verallgemeinerung nicht von allen Kindern erreicht wurde, so zeigen ihre Texte doch eine intensive Beschäftigung mit dem Problemgehalt des Gedichts. Im Nachgespräch verglichen manche Schüler(innen) sehr genau die *Kindergeschichten* mit dem Original und arbeiteten dabei ein Wesentliches des Goetheschen Textes heraus: Der Zauberlehrling ist keiner, der aus Versehen Unglück anrichtet, sondern aus Übermut und Selbstüberschätzung.

4. *Der Zauberlehrling* im Netz: Medienverbund als Unterrichtsprodukt

4.1 Beschreibung

Zeitnah zum Unterricht entstand die bereits mehrfach erwähnte Dokumentation im Internet. Sie wurde mit Microsoft Frontpage realisiert und ist sowohl im Layout als auch in der Struktur möglichst einfach gehalten. Dies kommt nicht nur der Nutzung durch Kinder entgegen, es setzt auch einen medienerzieherisch wichtigen Punkt: Informationswert rangiert (zumindest hier) vor technischem Firlefanz. Eine zweckorientierte Seitengestaltung muss nicht unästhetisch bleiben. Die Grundfarbe der gesamten Dokumentation ist – natürlich – blau; der Hintergrund der Startseite ist eine Reliefdarstellung des oben erwähnten Bildes aus dem Internet; informatives Bildmaterial ist integriert; und als *return button* wurde auf jeder Seite oben rechts ein kleiner Besen platziert.[4]

Neben Verweisen auf die Beteiligten, die didaktische Konzeption, ein Gästebuch und ein Impressum stehen im Zentrum der Startseite die Links auf acht Unterseiten. Diese dokumentieren v.a. Arbeitsergebnisse bzw. -prozesse aus dem Unterricht: die (Bilder-)Geschichten zum Zauberspruch, das Zusammenfügen von Textpassagen und Bildern, das Legebild aus dem artefaktgestützten literarischen

4 Für das Bild danken wir Christiane Schmidt-Maiwald.

Gespräch, die Fortsetzungsgeschichten sowie Wertungen der Figur. Weitere Unterseiten widmen sich medialen Adaptionen des (schriftlichen) *Zauberlehrlings*: Neben einer Tondatei mit dem kompletten vorgetragenen Text gibt es eine Seite zu Paul Dukas und seiner sinfonischen Dichtung und eine weitere mit sonst noch Interessantem (z.B. Hinweis auf Goethe, auf Disneys *Fantasia* sowie auf den vollständigen Originaltext online im Gutenberg-Projekt).

4.2 Didaktische Begründung

Medieneinsatz ist kein Selbstzweck, sondern nur begründbar durch didaktische Mehrwerte. Um die Schüler(innen) an der Erstellung der Seite zu beteiligen, fehlten uns Zeit, Ausstattung und Expertise. Auch konnte die Netzseite kurz vor Schuljahresende (nebst Hitzefrei und Abschlussfestivitäten) nur noch ansatzweise in den Unterricht zurückgespielt werden.

Lesedidaktische Chancen des Internets kommen zum Tragen, wenn Schüler(inne)n in einer quizartigen *Rallye* ihre Netzseite erkunden. Denkbar sind hierfür Aufträge wie: *In welchem eurer Texte wird der Besen auch zerhackt? Wer spielte den Zauberlehrling in einem Film von Walt Disney? In welcher Zeile wird der Besen „Kobold" genannt?* Im Zuge einer solchen Netzrallye würden die Schüler(inne)n sich nicht nur Inhalte vergegenwärtigen, sondern auch internetspezifische Nutzungskompetenzen einüben. Gut geeignet ist eine Internetdokumentation wie die hier entstandene auch für die weitere Kommunikation über den Originaltext, die Aushandlung der eigenen Rezeptionsdokumente und eine Reflexion des Unterrichts (z.B. im elektronischen Gästebuch).

Weiterarbeiten in dieser Art war uns aufgrund der gedrängten Zeit nicht mehr möglich. Dessen ungeachtet erfüllt(e) die Netzseite wichtige didaktische Funktionen:

- Die Netzseite dokumentiert Arbeitsergebnisse und -prozesse der Schüler(innen) und wertet diese dadurch erheblich auf. Noch immer ist die Aussicht auf eine Präsentation im WWW gerade für Jüngere ein hoher Motivationsfaktor.
- Die Netzseite macht die (Multi-)Medialität des Balladentextes, vor allem aber das Phänomen medialer Adaption sinnfällig. Sie verdeutlicht, wie ein fiktionaler Stoff durch verschiedene Medien wandern kann. Der *Zauberlehrling* steht nicht mehr isoliert im Unterricht, sondern kontextuiert inmitten seines transmedialen Überlieferungsgeschehens.
- Die Netzseite fasst in einem kleinen Medienverbund die Anschlusshandlungen bzw. -produkte der Schüler(innen) mit dem Originaltext und seinen medialen Adaptionen zusammen. Sie schreibt somit das Überlieferungsgeschehen des *Zauberlehrlings* fort und vollzieht ein Stück „kulturellen Handelns mit Texten" (vgl. Rupp 1987).

5. Zusammenfassung

In einem Schaubild lässt sich die Unterrichtssequenz wie folgt darstellen:

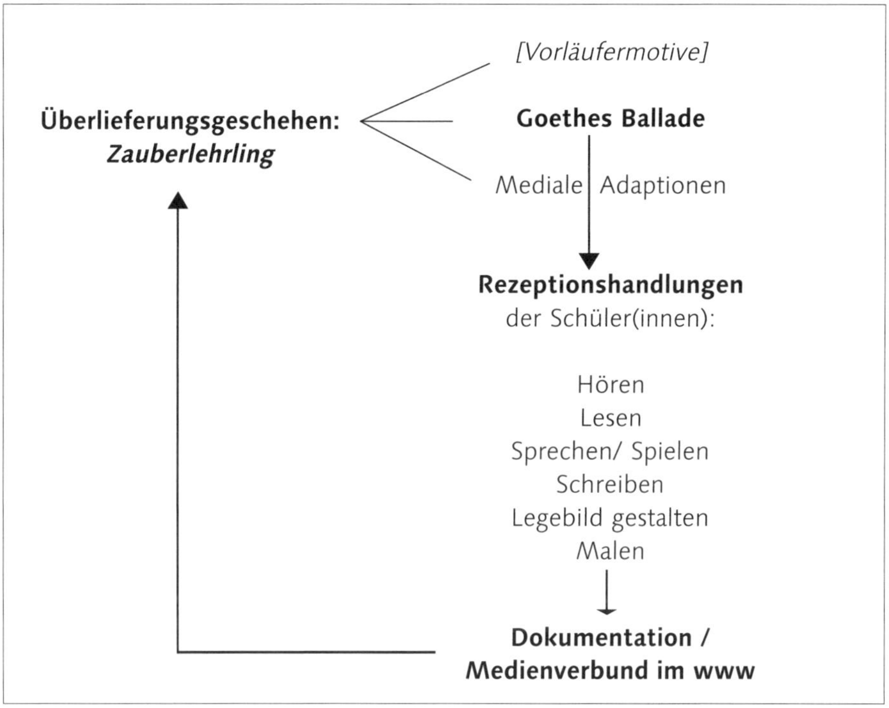

Man denkt bei einer Ballade aus der sogenannten Höhenkammliteratur gemeinhin weder an Kinder- und Jugendliteratur, noch an Medienverbünde, noch an literarisches Lernen von Grundschüler(inne)n. Wir versuchten in dieser Unterrichtssequenz in einer 3. Jahrgangsstufe zu Goethes *Zauberlehrling* den *hochliterarischen* und komplexen Text für die noch jungen Leser(innen) auf vielfältige Weise erfahrbar und somit im doppelten Sinne genießbar zu machen. Medialität wurde hierbei in dreifacher Hinsicht virulent: Zum einen liegt der fiktionale Stoff in unterschiedlichen Medien bzw. medialen Adaptionen vor, die z.T. selbst Gegenstand des Unterrichts wurden. Zweitens wurde die Ballade im Textumgang durch eine Reihe medialer Präsentationen und produktiver Anschlusshandlungen geschleust. Drittens entstand aus dem Textumgang eine Netzseite, die einen medialen Verbund unterrichtlicher Aktivitäten einerseits sowie verschiedener Adaptionen des Zauberlehrling-Stoffes andererseits herstellte und als eigenes Medienangebot selbst Teil des transmedialen Überlieferungsgeschehens wurde.

Angesteuert wurden hier weniger philologische als leserbezogene Ziele: Vorstellungsbildung, Imagination, Perspektivenübernahme, Fremdverstehen. Über den Erwerb der Schriftsprache, über funktionales Lesen und über die Anregung von Lesefreude mittels einfacher Texte hinaus kann und sollte Lesen auch in der Grundschule bereits weiterführen zu einer medienreflexiven ästhetischen Erziehung. Dazu gehören, fernab prätentiöser Ideologien literarischer Bildung, die sinnenfrohe Aneignung der Andersartigkeit gestalteter Sprache und fremder fiktionaler Wirklichkeiten bzw. *Denkbilder* sowie erste medienästhetische Differenzerfahrungen.

Anhang

Johann Wolfgang Goethe:
Der Zauberlehrling

Hat der alte Hexenmeister
Sich doch einmal wegbegeben! Und nun sollen seine Geister
Auch nach meinem Willen leben.
Seine Wort' und Werke
Merkt' ich, und den Brauch,
Und mit Geistesstärke
Tu' ich Wunder auch.

Walle, walle,
Manche Strecke!
Daß, zum Zwecke,
Wasser fließe,
Und mit reichem, vollem Schwalle
Zu dem Bade sich ergieße.

Und nun komm du alter Besen,
Nimm die schlechten Lumpenhüllen!
Bist schon lange Knecht gewesen;
Nun erfülle meinen Willen.

Auf zwei Beinen stehe,
Oben sei ein Kopf.
Eile nun, und gehe
Mit dem Wassertopf!

Walle, walle,
Manche Strecke!
Daß, zum Zwecke,
Wasser fließe,
Und mit reichem, vollem Schwalle
Zu dem Bade sich ergieße.

Seht, er läuft zum Ufer nieder;
Wahrlich! ist schon an dem Flusse,
Und mit Blitzesschnelle wieder
Ist er hier mit raschem Gusse.
Schon zum zweitenmale!
Wie das Becken schwillt!
Wie sich jede Schale Voll mit Wasser füllt!

Stehe, stehe!
Denn wir haben
Deiner Gaben
Vollgemessen! -
Ach, ich merk' es! Wehe! wehe!
Hab' ich doch das Wort vergessen!

Ach! das Wort, worauf am Ende
Er das wird, was er gewesen.
Ach! er läuft und bringt behende.
Wärst du doch der alte Besen!
Immer neue Güsse
Bringt er schnell herein,
Ach! und hundert Flüsse
Stürzen auf mich ein.

Nein, nicht länger
Kann ich's lassen;
Will ihn fassen.
Das ist Tücke!
Ach! nun wird mir immer bänger!
Welche Miene! welche Blicke!

O, du Ausgeburt der Hölle!
Soll das ganze Haus ersaufen?
Seh' ich über jede Schwelle
Doch schon Wasserströme laufen.
Ein verruchter Besen,
Der nicht hören will!

Stock, der du gewesen,
Steh doch wieder still!

Willst's am Ende
Gar nicht lassen?
Will dich fassen,

Will dich halten,
Und das alte Holz behende
Mit dem scharfen Beile spalten.

Seht, da kommt er schleppend wieder!
Wie ich mich nur auf dich werfe,
Gleich, o Kobold, liegst du nieder;
Krachend trifft die glatte Schärfe.
Wahrlich! brav getroffen!
Seht, er ist entzwei!
Und nun kann ich hoffen,
Und ich atme frei!

Wehe! wehe!
Beide Teile
Stehn in Eile
Schon als Knechte
Völlig fertig in die Höhe!
Helft mir, ach! ihr hohen Mächte!

Und sie laufen! Naß und nässer
Wird's im Saal und auf den Stufen,
Welch' entsetzliches Gewässer!
Herr und Meister, hör' mich rufen! -
Ach, da kommt der Meister!
Herr, die Not ist groß!
Die ich rief, die Geister,
Werd' ich nun nicht los.

„In die Ecke
Besen! Besen!
Seid's gewesen.
Denn als Geister
Ruft euch nur,
zu seinem Zwecke,
Erst hervor der alte Meister."

Textquelle: Eibel, Karl (Hg.): Johann Wolfgang Goethe: Sämtliche Werke. Briefe, Tagebücher und Gespräche. I. Abteilung. Bd. 1. Gedichte 1756-1799. Frankfurt/ M. 1988, 683-686

Literatur

Abraham, Ulf/ Matthis Kepser: Literaturdidaktik Deutsch. Eine Einführung. Berlin 2005
Feilke, Helmuth: Sprache als soziale Gestalt. Ausdruck, Prägung und die Ordnung der sprachlichen Typik. Frankfurt/ M. 1996
Frommer, Harald: Lesen im Unterricht. Von der Konkretisation zur Interpretation (Sekundarstufe I und II). Hannover 1988
Köster, Juliane: Probleme der Balladendidaktik zwischen Ideologie und Ideologieverzicht. In: Köppert, Christine / Klaus Metzger (Hgg.): „Entfaltung innerer Kräfte". Blickpunkte der Deutschdidaktik. Velber 2001, 175-185
Maiwald, Klaus: Produktionsorientierter Umgang mit Balladen (7./8. Klasse). In: RAAbits Deutsch/ Literatur. Impulse und Materialien für die kreative Unterrichtsgestaltung. 5. Ergänzungslieferung. Heidelberg 1994
Maiwald, Klaus: Literatur lesen lernen. Baltmannsweiler 2001
Marenbach, Dieter: Abrakadabra, simsalabim. Zur didaktischen Bedeutung von Zaubersprüchen. In: Franz, Kurt/ Rupert Hochholzer (Hgg.): Lyrik im Deutschunterricht. Baltmannsweiler 2006, 34-49
Menzel, Wolfgang: Balladen. In Text, Musik und szenischem Spiel. In: Praxis Deutsch 28 (2001) H. 169, 6-13
Merkelbach, Valentin: Aspekte des literarischen Gesprächs in der aktuellen fachdidaktischen Diskussion. In: Härle, Gerhard/ Marcus Steinbrenner (Hgg.): Kein endgültiges Wort. Die Wiederentdeckung des Gesprächs im Literaturunterricht. Baltmannsweiler 2004, 97-106
Müller-Michaels, Harro: Deutschkurse. Modell und Erprobung angewandter Germanistik in der gymnasialen Oberstufe. 2. Aufl. Weinheim 1994
Popp, Kristina: Goethe: Vorbild oder Denkbild? Goetherezeption im Deutschunterricht des späten 19. Jahrhunderts und im aktuellen Literaturunterricht. Frankfurt [u.a.] 2005. (Beiträge zur Geschichte des Deutschunterrichts; 56)
Rupp, Gerhard: Kulturelles Handeln mit Texten. Paderborn 1987
Schilcher, Anita: „Der Zauberlehrling" – fünfmal gehört. In: Praxis Deutsch 31 (2004) H. 185, 27-34

Prof. Dr. Klaus Maiwald, Universität Augsburg, Lehrstuhl für Didaktik der deutschen Sprache und Literatur, Universitätsstraße 10, 86159 Augsburg

Dr. Almut Drummer, Universität Würzburg, Didaktik der deutschen Sprache und Literatur, Am Hubland, 97074 Würzburg

Anita Schilcher

Der Herr der Diebe (Cornelia Funke): Ein intermedialer Zugang zu einem modernen Klassiker der Kinder- und Jugendliteratur

1. Zum Ausgangstext

Cornelia Funkes *Der Herr der Diebe* kann als moderner Klassiker der Kinder- und Jugendliteratur gelten. Wenn auch erst 2000 erschienen, gewann er schon etliche Preise wie den Deutschen Kinder- und Jugendliteraturpreis, den internationalen Buchpreis *Corine*, den amerikanischen *Book Sense Book of the Year Award* und einige mehr. 2002 erschien das Hörbuch zum Text, gelesen von Rainer Strecker, 2004 wurde das Buch verfilmt, zum Film erschien mit der DVD ein Hörspiel.

Ein Buch, das mehrere Preise gewonnen hat, darf zur kulturell hoch bewerteten Jugendliteratur gezählt werden und erlangt von daher schnell den Status des Klassikers, dies umso mehr, als auch dem Stoff ein Klassikerstatus zuerkannt werden muss. Elternlose Kinder(banden), die sich am Rande der Gesellschaft bewegen, die Norm- und Wertvorstellungen durchbrechen bzw. in Frage stellen, finden sich auch in Kurt Helds *Die rote Zora und ihre Bande*, Mark Twains *Tom Sawyer und Huckleberry Finn*, Charles Dickens´ *Oliver Twist*, Astrid Lindgrens *Pippi Langstrumpf* und J.K. Rowlings *Harry Potter*. Erwachsenenwelt und Kinderwelt bilden dabei eigene semantische Räume, wobei der Raum Kinderwelt aufgewertet, die Erwachsenenwelt abgewertet wird, ein typisches Merkmal gegenmoderner Kinderliteratur (vgl. Ewers 1995, 11-24). Wie sich im Textverlauf anhand der Erwachsenenfiguren Victor und Ida zeigt, kann das Werte- und Normensystem der Kinderwelt bei Ausnahmefiguren auch in die Erwachsenenwelt gerettet werden. Auch die Auswahl der Protagonisten folgt einem traditionellen Schema: Sowohl Mädchen als auch Jungen besetzen wichtige Funktionen und bieten Identifikationsmöglichkeiten für verschiedene Lesergruppen.

Um auch Hauptschüler(inne)n die Möglichkeit zu geben, einen literarisch ansprechenden und spannenden, aber zugleich sehr umfangreichen Text der aktuellen Jugendliteraturszene kennen zu lernen, bot sich für die 5. Klasse ein intermediales Vorgehen an, das Textausschnitte mit Hörbuch, Film und Hörspiel kombiniert und so die Jugendlichen sowohl mit dem literarischen Stoff vertraut macht, als auch mediendidaktische Zielsetzungen verfolgt.

Mediale Transformationen hoch bewerteter Texte haben es in der Regel schwerer, anerkannt zu werden, da sie selten als eigenständige Kunstprodukte wahrgenommen werden, sondern immer die Frage der Adäquatheit der medialen Adaption im Raum steht. Gerade dann, wenn etwa ein Film durch Paratexte (Ankündigung, Plakate, Titelgebung, Referenz auf die Autorin etc.) seinen Bezug zur Textvorlage als relevant setzt und sich damit dem Genre der Literaturverfilmung zuordnet, baut er Erwartungshaltungen und Deutungsvorgaben auf und fordert den Rezipienten zum Vergleich auf (vgl. Krah 2006, 157).

2. Didaktisches Potenzial des Vergleichs von Text und Film

Für die schulische Arbeit kann ein Vergleich von Text und Film auf heuristischer Ebene besonders fruchtbar sein, da gerade Veränderungen gegenüber einer Vorlage Signale sind, relevante Strukturierungen und Differenzierungen eines Textes als solche zu erkennen (vgl. ebd., 157). Eine intermediale Herangehensweise birgt von daher ein großes didaktisches Potenzial sowohl hinsichtlich literaturdidaktischer Ziele wie auch der Motivation, sich mit literaturdidaktischen Fragestellungen auseinanderzusetzen.

Wie Ewers (2002, 11) konstatiert, nimmt das Buch in breiten Bevölkerungsschichten eine zeitlich nachgeordnete und bedeutungsmäßig nachrangige Position gegenüber audiovisuellen Medien ein. Das Buch taucht oftmals nur noch in der Rolle des Sekundärverwerters von Film- und Fernsehangeboten auf, so dass man bei den Kinder- und Jugendmedien wesentlich mehr Filmverbuchungen als Literaturverfilmungen findet. Die ambitionierte Kinder- und Jugendliteratur dagegen wird immer mehr zum Lieblingskind der Vermittler oder zur reinen Schullektüre. Das Kontrasterlebnis Schullektüre ist mitverantwortlich für den starken Leseknick bei den 12- bis 13-Jährigen.

Eine parallele Erarbeitung eines Stoffes anhand verschiedener Medien kommt den Rezeptionsgewohnheiten Jugendlicher entgegen. Die Erfahrung während der Unterrichtssequenz zeigte, dass der Film bei vielen Jugendlichen auch dann als primäres Medium wahrgenommen wird, wenn der Buchtext ausdrücklich als Vorlage für den Film behandelt wird. Nicht nur aus motivationalen Gründen wurde darauf verzichtet, vom gedruckten Text zum medialen Text zu gehen, sondern der Text wurde nachrangig als dasjenige Medium behandelt, zu dem den Schülern der Zugang schwerer fällt.

Die Erfahrung mit einer 5. Hauptschulklasse zeigte nämlich, dass es den Schüler(inne)n leichter fällt, literarische Kategorien wie die Perspektive oder die Erzählhaltung zu beschreiben, wenn sie diese erst im ihnen vertrauten Medium Film kennen lernen und anschließend auch auf den gedruckten Text anwenden. So konnten die Schüler(innen) aus dem Gedächtnis sagen, welche der Kinofilme, die sie in der letzten Zeit gesehen hatten, einen sich manifestierenden Erzähler (aus dem Off) aufwiesen und welche nicht. Sie wiesen etwa darauf hin, dass in *Die Wilden Fußballkerle* Raban der Erzähler sei und erkannten spontan, dass es in *Der Herr der Diebe* keinen Erzähler gibt. Obwohl einige Schüler(innen) auch Bände der *Wilden Fußballkerle* gelesen hatten, konnte sich in Bezug auf den Buchtext keiner an die – eigentlich sehr markante – Erzählsituation erinnern (in jedem Band ist ein anderer Protagonist der Erzähler). Auch die Bestimmung der Erzählhaltung in *Der Herr der Diebe* bereitete beim Buchtext mehr Probleme, ließ sich aber durch das Heranziehen der anderen Medien leichter erfassen. Interessant ist hier auch der Vergleich mit dem Hörspiel: Wenn auch eng an den Film angelehnt, benötigt es im Gegensatz zum Film einen Erzähler.

Selbstverständlich ging es in diesem Zusammenhang nicht um die exakten Abgrenzungen zwischen auktorialem und personalem Erzählen etc., sondern darum, die Aufmerksamkeit darauf zu lenken, dass es einen Ich-Erzähler oder Erzähler in der 3. Person geben kann, dass jemand rückblickend eine Geschichte erzählt, dass es jemand sein kann, der bei der Geschichte selbst dabei ist oder von außen erzählt (homodiegetischer vs. heterodiegetischer Erzähler). Es geht also um eine Sensibilisierung für literarische Kategorien in ihren verschiedenen medialen Transformationen ohne den Anspruch, streng wissenschaftliche Differenzierungskriterien zu vermitteln. Je nach Schulart und Klassenstufe können literaturwissenschaftliche Kategorien mit einfließen; auch als qualitative Differenzierungsmöglichkeit bietet sich ein genauerer Blick auf solche Analyseinhalte an.

Anhand dieses Beispiels lässt sich zeigen, dass mit einer intermedialen Erarbeitung eines Stoffes durchaus auch literaturdidaktische Ziele erreicht werden können. Denn obwohl Literatur und Film, aber auch Hörbuch und Hörspiel eigenständige Medien sind, weisen sie als semiotische Gebilde gemeinsame Grundlagen auf und haben einige gemeinsame Textebenen. Die Beschreibungsinventare können deshalb auf beide Medien angewandt werden, ohne dass dabei die Adäquatheitsfrage im Vordergrund steht. Es kann – und soll auch im Folgenden – darum gehen, das je Spezifische eines Textes (im weiten Sinn) zu erkennen (vgl. Krah 2006, 157).

Dazu gehört auch die narrative Struktur des Textes. Während sich die Diegesis des Buchtextes durch die Zusammenschau verschiedener Perspektiven von Protagonisten ergibt (Viktor, Prosper, Wespe, Scipio etc.), die meist von Kapitel zu Kapitel wechseln, zeigt der Film das Geschehen aus der Außenperspektive und schneidet verschiedene Handlungsstränge so, dass ihre zeitliche Parallelität zum Ausdruck kommt (Zopfdramaturgie). Anstelle des langsamen Spannungsaufbaus nach dem klassischen Erzählschema *Komplikation – Auflösung*, wie ihn der Buchtext vorgibt, vereinfacht und funktionalisiert der Film den Verlauf der Geschichte als „anderweitige Handlung"[1], um ein Paradigma von Verfolgungs- und Fluchtszenen darauf aufzubauen. Diese Struktur ist ein gängiges Schema von Jugendmedien und Actionfilmen und aufgrund dieser Vorerfahrungen trotz der schnellen Schnitte und der Zopfdramaturgie leicht rezipierbar, während die Darstellung der Innenperspektiven und damit die Verlangsamung der Dramaturgie im Text gerade von fernsehsozialisierten Kindern nur widerstrebend akzeptiert und verstanden wird (etwa wenn die Reflektorfigur von Kapitel zu Kapitel wechselt). Ein Vergleich der

1 Dieses strukturelle Muster beschreibt Warning für die Komödie, es findet sich aber auch in Genres wie Soap-Opera, Horrorfilm, Comedy-Show und nicht zuletzt in den viel genutzten Computerspielen: Eine anderweitige Handlung unterspannt Paradigmen von Verfolgungsjagden. Somit ermöglicht sie Wiederholung und garantiert das Episodische auf Dauer (vgl. Warning 1976, 290).

narrativen Struktur in Film und Text vermag ohne Wertung auf strukturelle Unterschiede aufmerksam zu machen.

Für die Kinder spielt die narrative Struktur bei der Bewertung des Films eine große Rolle. Manche können sich auf die Innenperspektiven des Buchs einlassen und ihnen Vergnügen abgewinnen. Der Großteil schätzt jedoch auch im Text die handlungsbetonten Episoden. Hier einige Kommentare (J = Junge; M = Mädchen):

- Am Buch gefällt mir die Szene, wo Barbarossa reingelegt wird, denn Scipio tut so, als wäre er sein Vater und lässt Barbarossa mit dem Karussell fahren. Er reitet auf dem Löwen – der Löwe macht jünger – und Barbarossa wird so jung, dass er aussieht wie ein Baby. (J)
- Im Film gefallen mir die Verfolgungsjagden am besten, denn die Verfolger werden immer lustig abgeschüttelt. (J)
- Die Lieblingsszene im Film ist die Verfolgungsjagd und wie Scipio und Barbarossa auf dem Karussell fahren. Im Film gefällt mir Scipio sehr gut, denn dort gibt es erst Spannung durch ihn. Und dann gibt es Streit, aber auch Freundschaft. (J)
- Im Buch gefällt mir Prosper sehr gut, weil er da auch so gut auf seinen Bruder aufpasst. Da kann ich mir ihn gut vorstellen. (M)
- Scipio gefällt mir persönlich sehr gut, weil er gut aussieht und weil er den anderen Kindern hilft. Meine Lieblingsszene ist die Karussellfahrt. (M)
- Meine Lieblingsfigur im Buch ist Prosper. Prosper ist der große Bruder von Bo. Mir gefällt, dass er so gut auf Bo aufpassen kann, das gefällt mir. Meine Lieblingsszene ist da, wo Wespe die beiden gefunden hat. (J)
- Im Buch gefällt mir das, als Wespe Bo und Prosper fand. Im Film gefallen mir die Verfolgungsjagden. (M)
- Buch: Gefällt mir gar nicht. Film: Das gefällt mir, weil da viele Verfolgungsjagden sind und viel Action. (J)
- Im Buch gibt es nicht so viele Verfolgungsjagden, es spielt fast jeder eine Hauptrolle. Wespe ist meine Lieblingsfigur, weil sie so schön ist. Die Verfolgungsjagden gefallen mir am besten, weil sie so spannend sind. (M)
- Im Buch gefällt mir Scipio deswegen, weil er alles kann und den Kindern hilft. Der Prosper gefällt mir, weil er sich durchkämpft und sich nicht unterkriegen lässt. (J)
- Im Buch muss man sich die Figuren vorstellen und im Film nicht. Wespe hat im Film kurze Haare und im Buch lange. (M)
- Im Film gefallen mir die Verfolgungsjagden und dort ist auch mehr Spannung. Im Buch gefällt mir, wie Wespe Prosper und Bo findet. (M)
- Buch: Die Karussellfahrt, weil es spannend ist. Film: Verfolgungsjagden (z.B. mit Boot) (J)

3. Vom Film zum Text: der Raum Venedig

Der Film *Herr der Diebe* eignet sich unter anderem auch deshalb für eine intermediale Herangehensweise, da in ihm Venedig auf verschiedenen semantischen Ebenen eine Rolle spielt:

Zunächst ist das Venedig des ausgehenden 20. Jahrhunderts der Raum der Handlung. Doch um ein Bild von Venedig vor dem inneren Auge entstehen zu lassen, reichen die Textdaten nicht aus, da hier z.B. auf berühmte Bauwerke oder Lokalitäten mit bestimmtem Artikel Bezug genommen wird. Der bestimmte Artikel kann sprachlich nur dort stehen, wo auf etwas bereits Bekanntes verwiesen wird:

> „Als ihre Tante Esther auf dem Stuhl vor Victors Schreibtisch Platz nahm, lehnten die beiden in einem Hauseingang, nur wenige Schritte entfernt von der Rialtobrücke." (Funke 2000, 15)

Da die Rialtobrücke im Text zum ersten Mal erwähnt wird, signalisiert der bestimmte Artikel, dass sie als bekannt vorausgesetzt wird (ebenso die Basilika San Marco, der Markusplatz und der Canale Grande). Auch Sätze wie „Nun, wenigstens gibt es hier keine Autos, die sie überfahren könnten" (ebd., 9) oder „Aber noch stand alles fest auf seinen hölzernen Beinen" (ebd., 7) bauen auf kulturelles Wissen, ebenfalls nicht erläuterte Begriffe wie *Lagune*, *Gondel*, *Palazzo*, *Vaporetto*. Der Text setzt damit kulturelles Grundwissen über Anlage und Baustil der Stadt voraus, ohne das die eigentliche Handlung und die zahlreichen Detailbeschreibungen nicht eingeordnet werden können. Da – wie spätestens seit PISA bekannt ist – sozioökonomischer Status der Eltern und Schulkarriere der Kinder in Deutschland besonders eng korrelieren, kann man gerade in einer Hauptschulklasse nicht davon ausgehen, dass die Kinder Venedig von eigenen Reisen kennen. Von meinen 22 Schüler(inne)n kannte nur eine Venedig von einer eigenen Reise. Die Mehrzahl hatte keine Vorstellungen von der Stadt, auch nicht solche, die medial gewonnen worden waren. Um mit der Lektüre des Textes auch ein Bild von Venedig entwickeln zu können, bedarf es zusätzlicher Informationen. Gerade für Kinder ist die Andersartigkeit von Venedig nur schwer zu imaginieren, da ihnen oftmals Erfahrungen mit abweichender Städtearchitektur fehlen. Hier kann der Film einen Ausgleich schaffen, weil er durch eingebaute Totalen und Schwenks intensive Raumeindrücke vermittelt, kulturell etablierte Venedigbilder (Ansicht Venedigs von der Lagune aus, Markusplatz, Rialtobrücke etc.) darstellt und durch zahlreiche Verfolgungsjagden mit und ohne Boot Venedig als Kulisse in Szene setzt (auch wenn große Teile des Films nicht in Venedig, sondern in einer Kulisse in Esch-sur-Alzette in Luxemburg abgedreht wurden). Für einen Wiedererkennungseffekt sorgen dabei die den einzelnen Kapiteln des Textes vorangestellten Vignetten, die ebenfalls Ansichten von Venedig zeigen, jedoch ohne diese zu benennen. Um den Schüler(inne)n bereits vor oder während der Lektüre die Möglichkeit zu geben, ein konsistentes Bild von Venedig aufzubauen, empfiehlt es sich, früh Ausschnitte aus dem Film zu zeigen, die Ansichten von Venedig enthalten. Alternativ könnten zu diesem Zweck natürlich auch ein Dokumentationsfilm oder Bilder präsentiert werden.

Der Text etabliert Venedig jedoch nicht nur als beliebigen Schauplatz der Handlung, sondern semantisiert die Stadt auf verschiedene Art und Weise. Damit lässt er sich nahtlos einreihen in ein Venedig-Paradigma, wie es die deutsche Literatur seit Jahrhunderten entwirft, etwa in Friedrich Schillers *Der Geisterseher*, Gerhard Hauptmanns *Und Pippa tanzt*, Thomas Manns *Der Tod in Venedig* oder Arthur Schnitzlers *Casanovas Heimkehr*. In all diesen Werken wird Venedig als Anders-Raum entworfen, der mit einer abweichenden Semantik belegt ist.

In *Herr der Diebe* ist Venedig im Gegensatz zum Herkunftsraum der Jungen – Hamburg – Ort der Magie und Sehnsucht. Diese Korrelation besteht bereits in den Erzählungen der Mutter von Prosper und Bo.

> „`Meine Schwester hat den Jungen ständig von dieser Stadt erzählt. Dass es hier Löwen mit Flügeln gibt und eine Kirche aus Gold, dass auf den Dächern Engel und Drachen stehen und die Treppen an den Kanälen aussehen, als würden nachts Wassermänner hinaufsteigen, um einen Landspaziergang zu machen.´ Ärgerlich schüttelte sie den Kopf. `Meine Schwester konnte so etwas auf eine Art erzählen, dass selbst ich ihr fast geglaubt hätte. Venedig, Venedig, Venedig! Bo hat pausenlos Löwen mit Flügeln gemalt und Prosper hat seiner Mutter sowieso jedes Wort von den Lippen gesogen. Wahrscheinlich hat er gedacht, dass er und Bo geradewegs im Märchenland landen, wenn sie hierher kommen! Mein Gott.´ Sie rümpfte die Nase und blickte verächtlich hinaus zu den alten Häusern, von denen der Putz bröckelte." (ebd., 11)

Die Wahrnehmung von Venedig durch die verschiedenen Protagonisten entscheidet über sympathisch/ unsympathisch. Während die geliebte, inzwischen verstorbene Mutter Venedig romantisierte, rümpft die verhasste Tante nur die Nase. Victor, der Engländer ist, lebt in Venedig, weil er von seiner Schönheit fasziniert ist, und Ida Spavento, Venezianerin, verdient als Fotografin ihr Geld mit der Schönheit der Stadt.

Ernesto Barbarossa dagegen, Antiquitätenhändler und Hehler, beraubt die Stadt, indem er ihre (oft gestohlenen) Schätze verkauft, um sich selbst zu bereichern. Infolgedessen muss er der Logik des Textes folgend am Ende auch den Raum Venedig verlassen: „Auf dem Bootstaxi zum Flughafen war Barbarossa schweigsam, und als Venedig am Horizont verschwand, seufzte er." (ebd., 378) Dieser im Text aufgebaute Zusammenhang zwischen Venedig und den Protagonisten lässt sich aus dem Film nicht erschließen. Wahrnehmungen, Bewertungen und komplexe Gefühle lassen sich, wie unten noch genauer gezeigt, in Filmen schwerer darstellen.

Die Korrelation von Venedig mit Fantasie und Magie hingegen kommt auch im Film zum Tragen. Zunächst einige Textbeispiele:

> „[...] und die Treppen an den Kanälen aussehen, als würden nachts Wassermänner hinaufsteigen, um einen Landspaziergang zu machen." (ebd., 11)
>
> „Aber Bo stand vor dem großen Portal der Basilika und sah zu den Pferden hinauf. Immer, wenn er auf den Markusplatz kam, blieb er dort stehen, legte den Kopf in den Nacken und guckte zu ihnen hoch. Vier Pferde, riesige goldene Pferde, stampfend und wiehernd standen sie da oben. Bo wunderte sich jedes Mal, dass sie noch nicht heruntergesprungen waren, so lebendig sahen sie aus. [...] Aber nachts, da war Bo

> ganz sicher, wenn die Tauben auf den Dächern ringsum schliefen und die Menschen längst in ihren Betten lagen, gehörte der Platz den goldenen Pferden und dem geflügelten Löwen, der zwischen den Sternen stand." (ebd., 78f.)

Während der Text durch Assoziationen, Gedankeninhalte und tropische Rede der Protagonisten den Zusammenhang herstellt, sind es im Film die Wahrnehmungen von Bo, die die Magie der Stadt zum Ausdruck bringen, etwa wenn sich der geflügelte Löwe auf dem Markusplatz bewegt, das Seepferd in der Fondamenta Bollani den Kopf zu Bo wendet oder ein Einhorn durch den Klostergarten der Barmherzigen Schwestern galoppiert. Im Text intensivieren die dargestellten Innenperspektiven die Raumwahrnehmung, heben die Faszination einzelner Artefakte hervor und versprachlichen die Wirkung auf einzelne Protagonisten. Da magische Elemente des Raums Venedig im Text nur durch genaue Textwahrnehmung erschlossen werden können – was gerade schwächeren Lesern Probleme bereitet –, empfiehlt sich ein didaktisch-methodisches Vorgehen, das diese semantische Ebene zuerst im Film erarbeitet, denn den Schüler(inne)n fällt es leicht, Filmausschnitte zu entdecken, die mit der als kulturell normal gesetzten Realität nicht übereinstimmen und damit als phantastische Elemente identifiziert werden können. Sucht man diese von der Realität abweichenden Elemente im Buchtext, so lässt sich unschwer feststellen, dass diese dort fehlen. Damit führt die Frage, warum der Film hier etwas hinzufügt, zu einer genaueren Analyse des Textes. Gerade wenn mit Textausschnitten gearbeitet wird, erkennen die Schüler(innen) schnell, dass das Phantastische in den Gedanken und Assoziationen der Protagonisten zur Mystifizierung Venedigs beiträgt. Den Schüler(inne)n wird dadurch klar, dass verschiedene Medien oftmals verschiedene Darstellungsmittel einsetzen (müssen), um ähnliche Bedeutungszusammenhänge auszudrücken.

Bei der Darstellung des Karussells als magisches Artefakt unterscheiden sich Text und Film nicht wesentlich. In ihm kulminieren die verschiedenen semantischen Bezüge des Textes, da das Karussell sowohl Teil Venedigs ist und als *pars pro toto* für die magischen Kräfte der Stadt steht; auf der anderen Seite ist das Karussell Durchgangsraum zwischen Kindheit und Erwachsenenalter, denn ein Ritt auf dem Karussell kann aus Erwachsenen Kinder machen und aus Kindern Erwachsene. Bereits der Prolog des Buches macht deutlich, dass Kindheit und Erwachsensein zentrale Themen des Textes sind:

> „Manchmal reden die Erwachsenen davon, wie schön es war, ein Kind zu sein. Sie träumten sogar davon, wieder eins zu sein. Aber wovon haben sie geträumt, als sie Kinder waren? Weißt du es? Ich glaube, sie träumten davon, endlich erwachsen zu sein." (ebd., 5)

Dieses zentrale Thema des Textes, das in Anmerkungen, Bewertungen der Protagonisten und inneren Kämpfen Prospers immer wieder eine Rolle spielt, verkürzt der Film auf die Karussellfahrt, die Scipio erwachsen werden lässt und Barbarossa zum Kind macht. Semantische Tiefenschichten gehen dabei größtenteils verloren. Hier kann eine genauere Auseinandersetzung mit den positiv bewerteten Erwachsenenfiguren (Victor und Ida) in Film und Text zur Erkenntnis führen, dass diese beiden Figuren mit zusätzlichen Attributen versehen werden, die sie dem semantischen Raum der Kinder zuordnen und nicht der restlichen Erwachsenenwelt. Im Text sind dies vor allem die Liebe zu Venedig, das große Vergnügen an kindlichen Aktivitäten wie Verstecken spielen, Verkleiden, abenteuerliche Verfolgungen und schlechte Angewohnheiten wie das Einritzen von Strichmännchen in die Schreibtischplatte mit dem Taschenmesser. Im Film werden Ida und Victor vornehmlich durch ihre Fürsorge und Hilfe für die Kinder und ihre Oppositionshaltung gegenüber Tante Esther sympathisch.

Wenn es auch innerhalb der Unterrichtssequenz aus Gründen der Zeit und des geringen Alters der Schüler(innen) nicht möglich war, alle Aspekte der Raumdarstellung und -semantisierung zu beleuchten, hinterließ die Auseinandersetzung mit dem Raum Venedig in der Klasse durchaus Spuren, die man vorsichtig als Aufgeschlossenheit gegenüber Kultur beschreiben könnte, ein Lernziel, das gerade in der Hauptschule mit ihrer stark pragmatischen Ausrichtung oft vernachlässigt wird, so dass sozio-ökonomischer und -kultureller Hintergrund einander auch aufgrund der Unterrichtsschwerpunkte immer stärker überlappen.

Auf die Frage „Würdest du gerne mal nach Venedig fahren? Warum?" antworteten die Schüler(innen) folgendermaßen:

- Ja, weil es eine tolle große Stadt ist.
- Ich würde gerne nach Venedig fahren, weil vielleicht Wespe da ist, und es ist die Stadt der Liebe.
- Ich würde ganz gerne nach Venedig fahren, weil vielleicht könnte ich den Scipio treffen.
- Ich würde gerne nach Venedig fahren, denn mir gefallen die alten Häuser und der Markusplatz.
- Ich würde gerne nach Venedig fahren, weil ich gerne die Häuser und den Löwen mit den Flügeln sehen möchte.

Die Kommentare zeigen auch, dass die Schüler(innen) zum Teil noch nicht in der Lage sind, den Film als fiktional wahrzunehmen. Ein Medialitätsbewusstsein, also ein adäquater Umgang mit Realität und Fiktion, muss erst noch (weiter-)entwickelt werden. Gerade Medienvergleiche mit einer Thematisierung der Machart helfen hier, den Film zunehmend als gemacht wahrzunehmen.

4. Vom Text zum Hörspiel und Film

Um den Schüler(inne)n Arbeitsmaterial an die Hand zu geben, mit dessen Hilfe sie selbsttätig mediale Unterschiede und die medialen Eigengesetzlichkeiten erarbeiten können, empfiehlt sich die Arbeit mit Text- und Filmausschnitten. Da der Text viele Dialogpassagen aufweist, deren filmische Inszenierung relativ einfach ohne große Informationsverluste realisiert werden kann, werden Ausschnitte zusammengestellt, die deutlich werden lassen, dass jedes Medium die ursprüngliche Information nach seiner Medialität, also seinen zur Verfügung stehenden Informationskanälen, filtert. Besonders interessant ist dabei auch der Vergleich zwischen Hörbuch und Hörspiel. Während das Hörbuch den Tonträger nur als Übertragungsmedium für den gelesenen Text benutzt, schöpft das Hörspiel die spezifische Medialität des Tonträgers aus, indem andere Geräusche und Musik hinzukommen, die eine eigene Atmosphäre entstehen lassen. Während in den oben angeführten Beispielen hauptsächlich vom Film zum Buch gegangen wurde, empfiehlt es sich, für das folgende Material vom Text auszugehen.

> „Es war Herbst in der Stadt des Mondes, als Victor zum ersten Mal von Prosper und Bo hörte. Die Sonne spiegelte sich in den Kanälen und überzog die alten Mauern mit Gold, aber der Wind blies eisig vom Meer herüber, als wollte er die Menschen daran erinnern, dass der Winter kam. In den Gassen schmeckte der Wind plötzlich nach Schnee, und die Herbstsonne wärmte nur den Engeln und Drachen hoch oben auf den Dächern die steinernen Flügel.
> Das Haus, in dem Victor wohnte und arbeitete, stand dicht an einem Kanal, so dicht, dass das Wasser unten gegen die Mauern schwappte. Manchmal träumte Victor nachts, dass das Haus in den Wellen versank, mitsamt der ganzen Stadt. Dass das Meer den Damm fortspülte, mit dem Venedig am Festland hing wie eine Kiste Gold an einem dünnen Faden, und alles verschluckte: die Häuser und Brücken, Kirchen und Paläste, die die Menschen dem Wasser so frech aufs Gesicht gebaut hatten." (ebd., 7)
> „Wortlos griff die Frau in ihre Handtasche. Sie hatte aschblondes Haar und eine spitze Nase, und ihr Mund sah nicht so aus, als ob sie ihn allzu oft zum Lächeln benutzte. Der Mann war ein Riese, mindestens zwei Köpfe größer als Victor. Auf seiner Nase schälte sich ein Sonnenbrand und seine Augen waren klein und farblos. Versteht wahrscheinlich keinen Spaß, dachte Victor und legte die Gesichter der beiden in seinem Gedächtnis ab. Telefonnummern konnte er sich schwer merken, aber ein Gesicht vergaß er nie." (ebd., 9)
> „Prosper schüttelte den Kopf, aber seine sorgenvolle Miene hellte sich nicht auf. Es war so schwer, auf Bo aufzupassen. Seitdem sie sich aus dem Haus ihres Großvaters geschlichen hatten, fragte Prosper sich mindestens dreimal am Tag, ob es richtig gewesen war, seinen kleinen Bruder mitzunehmen. Wie müde Bo in jener Nacht neben ihm hergetrottet war! Nicht ein einziges Mal hatte er Prospers Hand losgelassen. Den ganzen langen Weg zum Bahnhof. Nach Venedig zu kommen, war leichter gewesen, als Prosper erwartet hatte. Aber als sie in der Stadt ankamen, wurde es schon Herbst und die Luft war nicht warm und weich, wie er sie sich vorgestellt hatte. Ein feuchter Wind strich ihnen entgegen, als sie die Stufen am Bahnhof hinabstiegen, Seite an Seite, in viel zu dünnen Sachen, mit nichts als einem Rucksack und einer kleinen Tasche. Prospers Taschengeld war schnell aufgebraucht, und schon nach der zweiten Nacht auf den feuchten Gassen begann Bo zu husten – so furchtbar, dass Prosper ihn bei der Hand nahm und sich auf die Suche nach dem nächsten Polizisten machte. `Scusi´, wollte er sagen, mit den paar Brocken Italienisch, die er damals konnte, `wir sind weggelaufen, aber mein Bruder ist krank. Würden Sie meine Tante anrufen, damit sie ihn abholt?´
> So verzweifelt war er gewesen, aber dann tauchte Wespe auf. Sie nahm Bo und Prosper mit ins Versteck zu Riccio und Mosca, wo sie trockene Sachen und etwas Warmes zu essen bekamen. Und sie erklärte Prosper, dass es mit dem Hunger und dem Steh-

> len erst mal ein Ende hatte, weil Scipio, der Herr der Diebe, für sie sorgen würde. So wie er es für Wespe und ihre Freunde tat, für Riccio und Mosca." (ebd., 20f.)
> „Sie hatten sich daran gewöhnt: Ihr Anführer kam und ging, wie er wollte. Manchmal tauchte er drei Tage hintereinander auf, dann wieder sahen sie ihn fast eine Woche nicht." (ebd., 30)
> „Fast eine Stunde las Wespe vor, während draußen die Nacht immer schwärzer wurde und all die, die die Stadt am Tag mit Lärm erfüllt hatten, längst in ihren Betten lagen. Aber irgendwann rutschte ihr das Buch aus den Fingern und es fielen auch ihr die Augen zu. So schliefen sie alle tief und fest, als Scipio kam." (ebd., 31)

Aus solchen Textpassagen lassen sich *Arbeitsaufträge* für junge Regisseure ableiten:

1. Jedes Medium macht den Leser, Hörer oder Zuschauer auf seine Art und Weise mit den wichtigen Figuren und der dargestellten Welt bekannt. Unterstreiche in den Textausschnitten Stellen, in denen man etwas über die Figuren oder die dargestellte Welt erfährt, die im Hörspiel oder Film anders dargestellt werden müssen.
2. Literatur beschäftigt sich oft damit, wie Figuren sind, was sie denken und fühlen. Unterstreiche entsprechende Stellen im Text und überlege, wie Hörspiel und Film diese Gedanken und Gefühle zum Ausdruck bringen könnten.
3. In der Literatur gibt es öfter Rückblicke, die vergangene Zeit wird zusammengefasst oder es wird eingefügt, wann etwas passiert. Unterstreiche im Text und überlege, wie diese Informationen im Hörspiel und Film vermittelt werden könnten.
4. Vergleiche: Welche Merkmale und Eigenschaften beschreibt der Text von Esther und ihrem Mann? Welche Merkmale haben Esther und ihr Mann im Film?
5. Literarische Sprache unterscheidet sich von Alltagssprache. Markiere entsprechende Stellen, überlege welche Wirkung diese Formulierungen haben und ob man diese auch im Film oder Hörspiel ausdrücken kann.
6. In Erzählungen kann man Ereignisse zusammenfassen und Zusammenhänge darstellen, die im Film schwerer darzustellen sind. Finde solche Stellen und überlege dir filmische Umsetzungsmöglichkeiten.

Eine Auswertung der Arbeitsaufträge führte in meiner Unterrichtssequenz zu folgenden Ergebnissen und Kategorien (vgl. Krah 2006, 148). Kursivierungen in den folgenden Belegen dienen der Hervorhebung des jeweiligen Argumentationskontextes und sind von der Verfasserin:

1. Figurenbezogene Daten (Aufgaben 1 und 2):
   a) Figurenbenennung, Figurenidentifizierung, individuelle Spezifizierung: als *Victor* zum ersten Mal von *Prosper und Bo* hörte; *dem Zopf verdankte sie ihren Namen: Wespe. Einen anderen wollte sie nicht.*
   b) Figurenbeziehungen, Figurenstellung: *So verzweifelt war er gewesen, aber dann tauchte Wespe auf. Sie nahm Bo und Prosper mit ins Versteck zu Riccio und Mosca, wo sie trockene Sachen und etwas Warmes zu essen bekamen.*

Und sie erklärte Prosper, dass es mit dem Hunger und dem Stehlen erst mal ein Ende hatte, weil Scipio, der Herr der Diebe, für sie sorgen würde.

c) Zuschreibung an, Merkmale von Figuren: *ihr Mund sah nicht so aus, als ob sie ihn allzu oft zum Lächeln benutzte.*

d) Figurinneres, Figurabsichten: *Manchmal träumte Victor nachts, dass das Haus in den Wellen versank, mitsamt der ganzen Stadt.*

2. Anhand der Figurenbeschreibung werden weitere, miteinander korrelierte, allgemeine Aspekte von textueller Beschreibung deutlich (Aufgaben 1, 2 und 4):
   a) Selektiver Aspekt von Beschreibung: *Sie hatte aschblondes Haar und eine spitze Nase, und ihr Mund sah nicht so aus, als ob sie ihn allzu oft zum Lächeln benutzte. Der Mann war ein Riese, mindestens zwei Köpfe größer als Victor. Auf seiner Nase schälte sich ein Sonnenbrand und seine Augen waren klein und farblos.*
   b) Dieses korreliert mit Fokussierungen und Relevantsetzungen (es werden nur Körperteile beschrieben, die herausstechen und Tante und Onkel unsympathisch erscheinen lassen).
   c) Abstraktionsgrad der Beschreibung/ Abstraktionslenkung (Augenmerk auf ein bestimmtes Paradigma): *Die Sonne spiegelte sich in den Kanälen und überzog die alten Mauern mit Gold, aber der Wind blies eisig vom Meer herüber, als wollte er die Menschen daran erinnern, dass der Winter kam.*

3. Figureninneres korreliert mit Aspekten, die die Wahrnehmbarkeit betreffen (Aufgabe 2):

Seitdem sie sich aus dem Haus ihres Großvaters geschlichen hatten, fragte Prosper sich mindestens dreimal am Tag, ob es richtig gewesen war, seinen kleinen Bruder mitzunehmen.

4. Kausale Relationen (Aufgabe 6):

Ein feuchter Wind strich ihnen entgegen, als sie die Stufen am Bahnhof hinabstiegen, Seite an Seite, in viel zu dünnen Sachen, mit nichts als einem Rucksack und einer kleinen Tasche. Prospers Taschengeld war schnell aufgebraucht, und schon nach der zweiten Nacht auf den feuchten Gassen begann Bo zu husten...

5. Aspekte, die die Vermittlung der Information bzw. die Erzählinstanz betreffen (Aufgabe 5):

[...] als wollte er die Menschen daran erinnern, dass der Winter kam.

6. Mit diesem Kontext korrelierte Aspekte der sprachlichen Vermittlung und Formulierung (Aufgaben 2 und 5):
   a) Erlebte Rede: *Es war so schwer, auf Bo aufzupassen.*
   b) Vergleiche, tropische Rede: *wie eine Kiste Gold an einem dünnen Faden; in der Stadt des Mondes*

c) Attribute, Sprachstil, Stilniveau: *Der Wind fuhr ihm kalt ins Gesicht, er schmeckte nach Salz vom nahen Meer.*

7. Temporale Daten (Aufgabe 3):
   a) konkrete zeitliche Datierung: *Es war Herbst [...]*
   b) iterative und durative temporale Relationen: *wie Victor es immer tat, fast eine Stunde las Wespe vor*
   c) Rückgriffe/ Verweise auf Vergangenes: *Seitdem sie sich aus dem Haus ihres Großvaters geschlichen hatten [...]*

8. Aspekte, die die Ordnung der Welt, das jeweilige Weltmodell betreffen (Aufgabe 1):

Ihr Anführer kam und ging, wie er wollte. Manchmal tauchte er drei Tage hintereinander auf, dann wieder sahen sie ihn fast eine Woche nicht.

Ziel des Unterrichts gerade in einer Hauptschule soll es nicht sein, eine Liste wie diese *abzuarbeiten*, sondern durch genaue Textwahrnehmung die spezifischen Leistungen von Literatur zu erkennen, ohne deshalb den Film als *minderwertig* darzustellen. Überlegungen, wie sie die Arbeitsaufträge fordern, heben auch die Leistung von Regisseuren ins Bewusstsein, denen es gelingt, die Atmosphäre eines Buches und die Gefühlswelt der Protagonisten in ein anderes Medium zu übertragen.

Insgesamt kann an diesem Beispiel gezeigt werden, dass ein intermediales Vorgehen sowohl für medienspezifische wie auch für literaturspezifische Lernziele ein großes Potenzial bietet.

Primärliteratur

Funke, Cornelia: Der Herr der Diebe. Hamburg: Dressler, 2000

Sekundärliteratur

Ewers, Hans-Heino: Kinderliterarische Erzählformen im Modernisierungsprozeß. In: Lange, Günter/ Wilhelm Steffens (Hgg.): Moderne Formen des Erzählens in der Kinder- und Jugendliteratur der Gegenwart unter literarischen und didaktischen Aspekten. Würzburg 1995, 11-24

Ewers, Hans-Heino: Kinder- und Jugendliteratur, Neue Medien und Pop-Kultur. In: Ders. (Hg.): Lesen zwischen neuen Medien und Pop-Kultur. Kinder- und Jugendliteratur im Zeitalter multimedialen Entertainments. Weinheim 2002, 11-30

Krah, Hans: Performativität und Literaturverfilmung. Aspekte des Medienwechsels am Beispiel von Franz Kafkas *Der Prozeß* (1925), Orson Welles' *Der Prozeß* (1962) und Steven Soderberghs *Kafka* (1991). In: Hammer, Erika/ Edina Sándorfi (Hgg.): „Der Rest ist Staunen". Literatur und Performativität. Wien 2006, 144-188

Warning, Rainer: Elemente einer Pragmasemiotik der Komödie. In: Preisendanz, Wolfgang/ Rainer Warning: Das Komische. München 1976, 279-334

PD Dr. Anita Schilcher, Universität Passau, Philosophische Fakultät, 94030 Passau

Barbara Schubert-Felmy / Kristina Schubert

Medienintegrativer Deutschunterricht am Beispiel von Astrid Lindgrens *Ronja Räubertochter*[1]

1. Einführung

Heutzutage lernen Kinder und Jugendliche Literatur mit Hilfe unterschiedlicher Medien kennen: durch mündliche Erzählungen, durch Vorlesen und Betrachtung von Bilderbüchern, durch Hörkassetten, durch eigene Lektüre, durch Filme und CD-ROMs. Stoffe, die sich großer Beliebtheit erfreuen, werden nicht selten im Medienverbund rezipiert. Ein Grund hierfür liegt im Vergnügen, dass die Begegnung mit geschätzter Literatur wiederholt und in unterschiedlicher medialer Bearbeitung zum unterhaltsamen oder fesselnden Erlebnis werden kann.

Der Literaturunterricht aber ist überwiegend auf das Buch ausgerichtet. Damit vergibt er die Chance, literarische Erfahrungen der Lernenden in ihrem ganzen Umfang ernst zu nehmen, ihre Vergangenheitsbedeutung in das Bewusstsein zu heben, an sie anzuknüpfen und die unterschiedliche ästhetische Gestaltung eines Stoffes zu bedenken. Häufig weigern sich Deutschlehrer(innen) sogar, andere Medien ins Auge zu fassen, und vergessen dabei, dass Literatur über Jahrtausende mündlich tradiert wurde. Man denke nur an biblische Überlieferungen, an Erzähler der Sagen und Märchen im Orient, an den Tanz als Mythen transportierendes Medium in Indien, an die fahrenden Sänger im Mittelalter.

Statt über mangelnde Lesebereitschaft zu klagen, bestünde die Möglichkeit, grundsätzlich nach dem Stellenwert zu fragen, den Literatur für junge Menschen hat, und unterschiedliche Möglichkeiten und Wirkungsweisen ihrer Präsentation und ästhetischen Gestaltung gemeinsam nachzuerleben, zu bedenken und zu beurteilen. Auf diese Weise ließe sich ein Lernprozess konzipieren, der die Kluft zwischen privater und schulischer Literaturrezeption nicht unüberwindlich erscheinen lässt, der Arbeit mit Lust verbindet, vielleicht sogar Lust durch Arbeit vergrößert (vgl. Kämper-van den Boogaart 2000, 4ff.) und erheblich dazu beiträgt, literarische Kompetenzen wie die Erschließung der Handlungsführung sowie sprachlicher und struktureller Auffälligkeiten in wechselnden und motivgleichen Kontexten zu erlangen.

Im vorliegenden Beitrag stellen wir den Versuch dar, den Märchenroman *Ronja Räubertochter* von Astrid Lindgren im Medienverbund zu erschließen. Vor allem

1 Dieser Beitrag ist eine gekürzte und leicht veränderte Fassung eines 2005 erschienenen Artikels (siehe Literaturverzeichnis). Da die Einbettung einer Spiel-CD-ROM in den Deutschunterricht Versuchscharakter hat, nehmen die Ausführungen zum Umgang mit dem Spiel hier größeren Raum ein.

Buch und Film weisen einen hohen Bekanntheitsgrad auf. Astrid Lindgren schrieb selbst das Drehbuch, Tage Danielsson führte Regie und stellte seine Filmarbeit sehr anschaulich in einem Buch dar (vgl. Danielsson 1985). Auch unterschiedliche Hörfassungen und dramatische Bearbeitungen erfreuen sich großer Beliebtheit (vgl. die Hörfassung von Niemann 1984). Seit 2000 liegt ein Computerspiel vor. Der Versuch wurde mit einem längeren zeitlichen Abstand in einer 5./6. Klasse durchgeführt. Etwa ein Drittel der Klasse kannte *Ronja Räubertochter* bereits privat durch Buch und Film. Im Unterricht der 5. Klasse bildete das Buch das Leitmedium. Nach seiner Interpretation folgte eine kurze Auseinandersetzung mit Filmausschnitten und die kritische Würdigung eines Theaterspiels auf einer Freilichtbühne. Am Ende der 6. Klasse wurden die Lernenden mit Hörkassetten und der CD-ROM konfrontiert.

Für einige Schüler(innen) der 5. Klasse handelte es sich bei der Lektüre und Interpretation des Romans um die erste Ganzschrift, sodass zunächst ein langsames und begleitetes Lesen notwendig war. Diese Vorgehensweise entsprach unserem didaktischen Anliegen. Den Lernenden sollte ermöglicht werden, die fremde Räuberwelt zu erleben, sich mit den Figuren vertraut zu machen, Bezüge zwischen den Protagonisten und sich herzustellen und deren Lebenskonzepte zu überprüfen.

Die Unterrichtsreihe, deren Thema *Ronja Räubertochter – ein Roman für Frieden und gegen die Gewalt* lautete, wurde in steter Absprache mit der Fachlehrerin von einer Referendarin durchgeführt (Carmen Büschenfeld konzipierte den Reihenablauf in Anlehnung an das Unterrichtsmodell von Barbara Schubert-Felmy 1999).

2. Überblick über die Unterrichtsreihe

- Vorstellungen von Räubern
- Das Titelbild des Romans und Vermutungen über die Handlung
- Ronjas Geburt und ihre ersten Jahre
- Charakterisierung der Eltern und deren Beziehung zu Ronja: Mattis, ein „typischer" Räuber?
- Lovis, die ruhige und gelassene Mutter
- Ronjas Gang in den Wald – die eigenen Ängste besiegen
- Die erste Begegnung zwischen Ronja und Birk
- Mattis' Reaktion auf den Einzug der Borkaräuber
- Vertiefung der Freundschaft: Rettung aus den Gefahren des Waldes und das Bestehen gemeinsamer Abenteuer
- Die Auseinandersetzung zwischen den Räuberbanden
- Der Einzug in die Bärenhöhle und das neue gemeinsame Leben
- Die Versöhnung mit Mattis – der Beginn einer friedlichen Zukunft
- Die Autorin Astrid Lindgren – Die Botschaft des Friedens im Roman *Ronja Räubertochter*
- Buchkritik und Vergleich mit der anfänglichen Vorstellungsbildung

Die Erschließung des Buches hinterließ auch bei denen, die das Buch schon gekannt hatten, einen nachhaltigen Eindruck. Das wurde sowohl bei der abschließenden Evaluation als auch später im Vergleich mit den anderen Medien artikuliert. Die Lernenden kannten Personen, Räume und Handlungsverlauf genau. Ihnen war mit vielfältigen Aufgaben Gelegenheit gegeben worden, sich in Ronjas und Birks Lage zu versetzen, ihre Konflikte nachzuvollziehen und die Loslösung von der Räuberwelt als Ausdruck eines neuen Lebenskonzeptes zu begreifen.

2.1 Der Umgang mit dem Film *Ronja Räubertochter*

Nach dem Abschluss der Reihe zum Buch *Ronja Räubertochter* sahen die Schüler(innen) in einer Doppelstunde einige Ausschnitte aus dem gleichnamigen Film. Sie analysierten die Eingangsszene, den Raubüberfall und die Szene mit Ronja und Birk in der Bärenhöhle und verglichen sie mit dem Buch. Filmästhetische Gestaltungsmittel wie Einstellungsgröße, Kameraführung, Licht- und Tonverhältnisse gelangten dabei zur Sprache (vgl. dazu Schubert-Felmy 1999, 40). Ronjas Kampf mit den Wilddruden wurde filmtechnisch erläutert. Grundlage dazu bildete das Buch von Tage Danielsson.

2.2 Der Theaterbesuch

Die Aufführung auf der Freilichtbühne in einer bergigen Waldlandschaft mit Felsen und zerklüfteter Burg, mit Pferden, einem sehr echt wirkenden, aufregenden Raubüberfall, aber auch mit stimmungsvollen Liedern und vielen Gelegenheiten zum Gelächter war beeindruckend für die Schüler(innen). Die Reflexion der Theateraufführung setzte beim Vergleich mit dem Buch an. Zwar wurden die starken Kürzungen bemängelt, gleichzeitig jedoch wiesen die Lernenden auf den hohen Grad ihrer Anteilnahme am Geschehen hin. Sie erklärten diese mit dem Hinweis auf ihre Vorkenntnisse und Erwartungen. Aus den Äußerungen der Schüler(innen) geht hervor, dass sie die Gegenwärtigkeit des dramatischen Geschehens, in das sie als Zuschauer gleichsam eingebettet waren, als spezifische ästhetische Qualität erfassten. Das lag nicht zuletzt an der Anlage der Freilichtbühne. Das Geschehen spielte sich nicht nur im Angesicht der Zuschauer ab, sondern nahm seinen Ausgang zum Teil hinter ihrem Rücken.

2.3 Hörkassetten zu *Ronja Räubertochter*

Der Einsatz der Kassetten am Ende der sechsten Jahrgangsstufe versetzte die Lernenden in die Lage, mit Hilfe eines Mediums, das den meisten von ihnen aus Kindertagen vertraut war, einen erneuten Umgang mit dem Roman *Ronja Räubertochter* zu pflegen.

Hörkassetten und zunehmend auch Hörbücher haben einen hohen Anteil an der literarischen Sozialisation. Sie sind wie ständige Begleiter im Alltag und auf Reisen und beeinflussen das Sprachverhalten der Kinder nachhaltig. Weil das Ohr ein „Raumgefühl vermittelt, bei dem der Raum den Menschen umgibt" (Wermke 1995, 199), ermöglichen Hörkassetten Gespräche und Handlungen. Die Lernenden müssen konzentriert zuhören, um das Gehörte zu verstehen und ihren

Mitschüler(inne)n beschreiben zu können. In hohem Maße beanspruchen Hörkassetten die Vorstellungskraft der Zuhörer, wenn es um die Imagination von Personen und Räumen geht.

Die Beschäftigung mit Hörkassetten eröffneten wir mit einem Erfahrungsaustausch über ihre Bedeutung. Die Lernenden betonten, es sei leichter, Geschichten zu hören, als sie selbst zu lesen, man könne sich Personen und Orte gut vorstellen. Musik und Geräusche machten eine Geschichte spannend. Die Kassetten zu *Ronja Räubertochter* hatten nur fünf Schüler(innen) gehört, konnten sich aber nicht mehr genau an sie erinnern.

Nach dem allgemeinen Austausch über Wirkungsweisen und Beliebtheit von Hörkassetten wurden den Schüler(inne)n sukzessive mehrere Hörszenen präsentiert. Sie wurden aufgefordert, zunächst nur sehr genau hinzuhören und sich einen Eindruck zu verschaffen, wie der ihnen bekannte Stoff hier bearbeitet worden war. Vor dem zweiten (sukzessiven) Hören der einzelnen Szenen erhielten die Lernenden ein Arbeitsblatt, das die Analyse der Kassetten erleichtern sollte. Nicht die Rezeption der Handlung stand im Vordergrund, sondern die Frage nach ihrer medienspezifischen Gestaltung.

Arbeitsblatt

1. Wer spricht? Was verrät die Stimme über das Geschlecht und das Alter der Personen?
2. Um was für Menschen handelt es sich, wie ist ihre Stimmung, ihr Charakter?
3. Welche Geräusche und welche Musik sind zu hören und wie wirken sie?
4. Sollte man Pausen mit Musik einblenden? Wenn ja, an welcher Stelle?
5. Wie werden bestimmte Orte so gekennzeichnet, dass der Hörer sich zurechtfinden kann (zum Beispiel durch Hinweise des Erzählers, durch Geräusche, die zum jeweiligen Ort passen)?
6. Stellt euch vor, Ronja und Birk reden in der Bärenhöhle über den nahenden Winter! Mit welchen Klängen und Geräuschen könnten ihre Befürchtungen zum Ausdruck gebracht werden?
7. Vergleicht die Wirkung der Hörkassetten mit der des Buches oder des Films!

Neben anderen gab es folgende Ergebnisse:

- Mattis´ Stimme sei nicht räubermäßig, sie müsse verwegener klingen. Das sei im Film besser. Birks Stimme sei zu männlich, er müsste „genervter" reagieren.
- Die Hintergrundgeräusche könnten manchmal stärker sein. Die Vorstellung vom Wald sei beim Hören allerdings genauer als im Buch. Das liege an den Vogelstimmen und Wassergeräuschen.
- Das Buch sei an vielen Stellen spannender gewesen. Man müsste die spannenden Stellen auf den Kassetten durch Musik noch spannender machen. Was den Anfang der Hörkassette betrifft, wurde der Film lobend zum Vergleich herangezogen.
- Das genaue Hinhören mache Spaß. In der Klasse sei es ungewohnt leise. Einige wandten allerdings ein, Hörkassetten seien mehr für kleinere Kinder.

Die kurze Sequenz zu den Hörkassetten überraschte durch die Konzentration, die die Lernenden an den Tag legten. Statt gelangweilt darauf hinzuweisen, dass man den Märchenroman nun wirklich kenne und davon genug habe, richteten die Schüler(innen) ihre Aufmerksamkeit auf die Eigenart dieses Mediums und kennzeichneten sie detailliert. Der Vergleich mit dem Buch oder dem Film langweilte nicht, sondern forderte heraus. Er erleichterte es, die besonderen Wirkungsweisen des Hörmediums zu erkennen.

2.4 Der Umgang mit der CD-ROM *Ronja Räubertochter*

Grundsätzlich ist der didaktische Stellenwert für den Einsatz einer CD-ROM zu einem literarischen Stoff hoch einzuschätzen: Der schulische Umgang mit diesem Medium macht den Schüler(inne)n deutlich, dass ihre Interessen berücksichtigt werden, dass sich Lernen und Spielen verbinden lassen. Sie können ein Gespräch über Literatur führen, das, falls sie auch sonst viel Umgang mit dem Computer pflegen, auf Alltagserfahrungen mit einem beliebten Medium aufbaut.

Abb. 1: Ronja Räubertochter als Spiel-CD

Innerhalb der großen Gruppe der Bildschirmspiele gehört *Ronja Räubertochter* zu den Abenteuerspielen bzw. *Adventures* (Abb. 1).

Interaktive und nicht-interaktive Passagen wechseln sich ab: Während bei den interaktiven Phasen das Eingreifen des Spielers erforderlich ist, weil die Geschichte sonst stillstünde, laufen die nicht-interaktiven Phasen ohne Eingriffs- oder Steuerungsmöglichkeiten des Spielers ab. Sie sind in enger Anlehnung an das Buch konzipiert.

Die interaktiven Passagen, die dem Spieler unterschiedliche Wege zu gehen erlauben, werden vor allem für den, der das Buch nicht kennt, zu Irrwegen. Daran ändert auch das beigefügte Lösungsheft wenig. Diese Passagen verlangen Geschicklichkeit und Ausdauer. Für ungeübte Computerspieler stellen sie eine recht hohe und zeitaufwendige Herausforderung dar.

Die Geschichte auf CD-ROM beeindruckt durch ansprechende Bilder. Wald, Fluss und Weiher, zentrale Orte der Handlung außerhalb der Burg, sind in satt leuchtenden Farben gehalten und erwecken die Vorstellung einer abgelegenen, zerklüfteten Felsen-Landschaft. Viel detaillierter als im Buch ist das Burginnere auf der CD-ROM dargestellt: Dunkle, von Fackeln spärlich erhellte Räume, Treppen, die in einen Turm oder in den Keller führen, Hausrat und Schlafplätze sind so gezeichnet, dass der Spieler sich in den Alltag der Burgbewohner versetzen kann. Er geht die Wege, die Ronja geht, und ist schon von daher in die Handlung involviert.

Die positiven Eindrücke von den Räumen werden durch die Darstellung der Figuren getrübt. Sie wirken vor allem in den Großaufnahmen starr und erschweren dann emotionale Beteiligung und Identifikation. Sind die Figuren jedoch klein gezeichnet und in Bewegung, stören sie die Teilnahme des Spielers nicht.

Angesichts der langen Spieldauer ist es schwer durchführbar, das ganze Spiel in der Schule zu spielen (das wäre, falls die Computerausstattung es zuließe, höchstens während eines Landschulaufenthaltes eine lohnende Aufgabe). Aber schon der Austausch über Spielerfahrungen mit ausgewählten Passagen ist ergiebig. Einzelheiten der visuellen und der akustischen Gestaltung können mit Hilfe bestimmter Aufgaben bewusst gemacht und im Gespräch ausgebreitet und beurteilt werden.

Beim Umgang mit dem Märchenroman auf CD-ROM ist auf die Besonderheiten des Spiels zu achten, zum Beispiel auf die Suche nach Lösungswegen, auf die Ausstattung mit Gegenständen, die für diese Lösungen nötig sind, auf die Ratschläge, die einzelne Spielfiguren erteilen, auf die Anordnung der Außen- und Innenräume. Geschicklichkeit und schnelle Reaktion sind gefragt. Kenntnisse der Romanhandlung sind unverzichtbar für den Spielerfolg.

Falls es mit Hilfe von Aufgaben gelingt, die Bedingungen des Spiels und die Wirkungen auf das eigene Spielverhalten zu reflektieren, besteht (vor allem bei wiederholtem Einsatz von literarischen Computerspielen) die Möglichkeit, dass ein souveränerer, selbstbewusster Umgang mit diesem Medium angebahnt wird. Neben Aufgaben, die der Orientierung dienen, die zu Beschreibungen und Beurteilungen anregen, sollten solche stehen, die die Imaginationskraft fordern und dazu beitragen, sich fiktiven Orten, fiktivem Personal zu nähern. Zudem scheint es jetzt am Ende einer langen Beschäftigung mit dem Märchenroman im Medienverbund geraten, die Schüler(innen) an Fragestellungen heranzuführen, die eine zusammenfassende Sicht und begründete Kritik erfordern und die Besonderheiten des Mediums beachten und reflektieren helfen.

Um das Spiel zu begleiten und später einen fundierten Austausch zu ermöglichen, erhalten die Lernenden eine Anleitung zu einem *Spieltagebuch*, das sich in Inhalt und Aufbau an ein Lesetagebuch anlehnt (vgl. Hintz 2002, 77).

Spieltagebuch

Liebe Schülerinnen und Schuler,

zur Erleichterung unserer Gespräche über die CD-ROM *Ronja Räubertochter* soll ein Spieltagebuch dienen. Es soll euch während des Spiels begleiten und Eindrücke von der Handlung, den verschiedenen Schauplätzen, von den Personen und ihren Erlebnissen und auch von den besonderen Spielaufgaben festhalten. Jeder kann seine Gedanken oder Fragen in das Spieltagebuch eintragen. Außerdem gibt es Pflicht- und Wahlaufgaben. Beim Führen des Spieltagebuches ist Folgendes zu beachten:

1. Du wirst das lange Spiel wohl kaum in einem Durchgang zu Ende führen. Auch erfahrene Spieler benötigen mehrere Stunden, bis sie bei den unterschiedlichen *Spielplätzen* alle Aufgaben lösten. Auf das Spieltagebuch sollst du bei

mindestens vier der wichtigen Plätze (wie zum Beispiel Burg, Hof, Höllenschlund, Weiher, Fluss und Bärenhöhle) zurückgreifen.
2. Schreibe so, dass es jeder gut lesen kann!
3. Notiere das Datum deiner Eintragungen und die Spieldauer.
4. Nummeriere die Seitenzahlen deines Spieltagebuchs und gestalte am Ende ein Inhaltsverzeichnis, das du an den Anfang deines Spieltagebuches heftest.
5. Du musst mindestens vier Wahlaufgaben bearbeiten!

Pflichtaufgaben

1. Erstelle ein Personenregister von den Personen, die im Spiel vorkommen, und erkläre, an welchen Plätzen man sie finden kann.
2. Beschreibe eine Person genauer. Du kannst dich dabei an den folgenden Fragen orientieren: Wie sieht die Person aus? Wie sind ihre Eigenarten? Wie spricht sie? Du kannst erklären, was dir an dieser Person gefällt, was dir missfällt. Mache Änderungsvorschläge! Du kannst sie auch mit der entsprechenden Person im Buch oder Film vergleichen.
3. Überlege, an welcher Stelle der Handlung du gerne die Person wärst, die etwas Bestimmtes erlebt oder zu welcher Person (zu welchen Personen) du dich gesellen möchtest, und schreib auf, aus welchem Grund du dort sein willst. Was würdest du sagen oder raten? Was möchtest du erleben? Schreib auf, was dir durch den Kopf geht, wie du dich fühlst. Falls du eine Person treffen möchtest, denk dir ein Gespräch aus und schreib es auf!
4. Schreibe einen Brief an die Hersteller des Spiels und sage ihnen, was dir an diesem Spiel gut gefallen hat, was dir nicht gefallen hat. Mache Änderungsvorschläge!

   Du könntest deinen Brief folgendermaßen beginnen:

   Sehr geehrte Damen und Herren,
   wir wurden in der Schule angeregt, das Abenteuerspiel *Ronja Räubertochter* zu spielen. Mir hat das Spiel Spaß (keinen Spaß) gemacht, weil ....

5. Wir haben *Ronja Räubertochter* als Buch, mit Hilfe von Filmausschnitten, Hörkassetten, als Theaterstück und als CD-ROM kennen gelernt. Was gefällt dir am besten und wo war der Unterricht für dich am interessantesten? Begründe deine Antworten zu den beiden Fragen genau!

Wahlaufgaben

1. Wähle einen Schauplatz und stell dir vor, du befindest dich da! Schreib genau auf, was du siehst, wie es dort riecht, was du alles hörst und wie du dich an diesem Ort fühlst.
2. Betrachte einen Raum oder eine Landschaft und beschreibe sie jemandem, der das Bild nicht vor Augen hat, genau.

3. Wähle eine Szene aus dem Spiel und vergleiche sie mit der entsprechenden Szene im Buch!
4. Ronja verlässt die Geborgenheit der Burg und begibt sich zu Birk in die Bärenhöhle. Rate ihr, was sie alles mitnehmen soll, um dort leben zu können!
5. Wenn du das Spiel beendet hast, hast du wichtige Erfahrungen gesammelt. Gib jemandem, der das Spiel beginnen möchte, mindestens vier Ratschläge.
6. Führe bei mindestens drei Spielzeiten folgenden Satz fort: Wenn ich an das Spiel denke, das ich heute spielte, dann ...
7. Achte beim Spiel genau auf Begleitmusik und Geräusche. Welche Wirkung geht von ihnen aus? Wähle eine Stelle aus, bei der du dir den Sound möglichst genau anhörst! Du kannst den Sound auch probeweise weglassen und dann wieder anstellen, um die Wirkung genau zu ermessen. Beantworte die Frage ausführlich!

   Ich bin schon richtig neugierig auf die Antworten und euch geht es wahrscheinlich genauso. Aber ehe wir die Erfahrungen austauschen können, müssen wir spielen und arbeiten. Viel Vergnügen und gutes Gelingen wünsche ich euch und mir!

In einer Doppelstunde wurden die Schüler(innen) im Computerraum mit dem Spiel bekannt gemacht. Da der gemeinsame Unterricht nur ganz am Rande dem Spielverlauf gewidmet werden konnte, waren die Schüler(innen) auf den häuslichen Umgang mit der CD-ROM angewiesen. Für 30 Schüler(innen) standen 20 Spiele zur Verfügung. Einige mussten also zusammen arbeiten. Danach beschäftigten sie sich zu Hause mit dem Spiel und lösten die Aufgaben des Spieltagebuchs, 22 Schüler(innen) zu zweit, drei zu dritt und fünf jeweils allein. Diejenigen, die zu mehreren arbeiteten, ordneten die einzelnen Beiträge namentlich zu.

Während des Spiels und der Fertigstellung des Spieltagebuches (die Schüler benötigten dafür knapp drei Wochen) wurden während dreier Schulstunden Erfahrungen ausgetauscht, Beispiele für die Antworten vorgelesen und diskutiert. Die Lehrperson sammelte schließlich alle Spieltagebücher ein, korrigierte sie etwas und erstellte ein kurzes Gutachten. Die Ergebnisse waren überwiegend erfreulich, 14 Spieltagebücher kann man als gelungen oder sehr gelungen einschätzen. Nur drei erwecken den Eindruck, dass die Aufgaben lustlos und oberflächlich gelöst wurden.

2.5 Ergebnisse der Arbeit mit dem Spieltagebuch

Die folgende (stark gekürzte) Auswertung zeigt an, welche Schwerpunkte die Lernenden in ihrem Spieltagebuch setzten, auf welche Vorerfahrungen mit den anderen Medien sie zurückgriffen und worin für sie das Besondere des Computerspiels zu sehen war.

Die *erste Pflichtaufgabe*, die Erstellung des Personenregisters, diente der Orientierung und wurde insgesamt zufriedenstellend gelöst. Zur *zweiten Pflichtaufgabe* beschrieb etwa die Hälfte der Schüler(innen) Glatzen-Per oder Ronja. Die einzelnen Fragen, die die Beschreibung erleichtern sollten, wurden weitgehend beantwortet:

> „Glatzen-Per ist der älteste Räuber in der Mattisburg. Er hat noch ein paar graue Haare, sonst aber nur eine Glatze. Sein grobes Gesicht zeigt viele Falten, die ihn richtig alt aussehen lassen. Glatzen-Per redet wie ein alter Opa. Glatzen-Per, der früher ein großer Räuber war, ist nun nachdenklich geworden. Er würfelt sehr gerne. Er sagt, dass man mit Würfeln Tag und Nacht spielen kann."
>
> „Ich finde Glatzen-Per auf der CD-ROM richtig gut gelungen. Man merkt ihm sein altes Alter an. Besonders gut gelungen finde ich seine Gesichtszüge. Im Theater sah Glatzen-Per nicht wirklich alt aus. Ich habe mir Glatzen-Per fast genauso vorgestellt, wie er auf der CD-ROM ist."

Diese Beschreibung orientiert sich an dem Glatzen-Per des Spiels und zugleich an der Vorstellung, die das Theaterspiel hinterließ. Der Vergleich zwischen beiden ermöglicht eine begründete Bewertung, die zugleich das eigene Vorstellungsbild rechtfertigt. Ähnliche Beschreibungen finden sich auch in anderen Antworten:

> „Glatzen-Per ist ein dünner, alter, gebrechlicher Mann. Er ist nicht gerade von großer Statur. Seinen kleinen Hinterkopf bedecken ein paar graue Haare. Glatzen-Pers Augen sind tiefschwarz. Im Verhältnis zu seinem Kopf besitzt Glatzen-Per eine große Nase und einen großen Mund. Dagegen sind seine Ohren ziemlich klein. Überall kann man am Körper des alten Mannes zahlreiche Falten finden."
>
> „Zu Glatzen-Pers Kleidung gibt es nicht viel zu sagen. Er trägt immer von oben bis unten graue Sachen. Auffällig dabei ist, dass die Kleidung von oben nach untern auch von hellgrau in dunkelgrau übergeht. Ich nehme mal an, wegen seines Alters geht und sitzt Glatzen-Per immer sehr gekrümmt. Seine Stimme hört sich an, als wäre er heiser."
>
> „Glatzen-Per beteiligt sich nicht mehr an Raubzügen, denn dazu ist er zu schwach. Deswegen hat Glatzen-Per immer Zeit, sich mit Ronja zu unterhalten. Dabei ist er immer sehr ehrlich zu ihr, zum Beispiel, wenn es darum geht, ihr zu erzählen, was für Sachen sich Mattis einfach genommen hat. Seine Lieblingsbeschäftigung ist aber immer noch das Würfeln mit Ronja. Leider ist er aber ein sehr schlechter Verlierer und meint immer, wenn er nicht gegen Ronja gewinnt, dass es jetzt genug ist."
>
> „Ich finde, dass Glatzen-Per sehr gut gelungen ist. Genauso habe ich mir ihn auch vorgestellt. Mit grauen Haaren, einer Halbglatze und vielen Falten. Wie ein alter Mann eben aussieht."

Die letzte Beschreibung orientiert sich an der CD-ROM. Man kann annehmen, dass der Beschreibung eine genaue Beobachtung vorausging bzw. dass der Verfasser einen Bildauszug vor sich hat und festhält, was er auf ihm wahrnimmt. Auch die Bemerkungen zum Würfelspiel entsprechen dem Spiel. Woher die sonstigen Vorstellungen des Verfassers rühren, welches für ihn in diesem Falle das Leitmedium bildete, ist nicht auszumachen. Auf Vorstellungsbilder, die andere Medien evozierten, greift er *expressis verbis* nicht zurück.

Bei Ronja wird mehrfach auf die Vorstellungen, die das Buch hinterließ, Bezug genommen. Es wird vermerkt, dass die Ronja des Buches kürzere Haare trage und dass ihre Kleidung andersfarbig sei.

Bei Birk ist die Beschreibung mit deutlichem Missfallen verbunden, er als Räubersohn, der im Wald lebt, dürfe keine Blautöne tragen. Bei der Kennzeichnung der Stimme Birks dient die Hörkassette als Kontext. Sie bewirkt eine Differenzerfahrung, die die Beurteilung stützt: „Birks Stimme im Spiel hört sich anders als in der Hörkassette an, sehr gut gemacht, sie ist diesmal nicht zu erwachsen."

Schon diese Beispiele erweisen, wie ergiebig es ist, im Medienverbund zu arbeiten. Im Prozess des Vergleichens und Abwägens achten die Rezipienten auf Einzelheiten, beobachten genau und finden dabei ihren eigenen Standpunkt (vgl. zur didaktischen Ergiebigkeit von Vergleichen Köster 1995).

Bei der *dritten Pflichtaufgabe*, der Frage nach der Identifikation mit einer Person, geht es um Möglichkeiten der Teilhabe. Die Fragen sind so konstruiert, dass unterschiedliche Arten der Identifikation zur Sprache gelangen können, Substitution, Projektion und Empathie. Die Antworten zeigen, dass das Computerspiel bei den Lernenden nicht nur den Wunsch nach schneller Lösung des Spiels hervorruft und im Übrigen gegenüber der Handlung, den Personen und Orten Abstand gewahrt wird, sondern dass das Spiel fasziniert und die Lernenden emotional nachhaltig beteiligt. Mehrere Schüler(innen) substituieren ihre Wünsche und Sehnsüchte. Sie möchten dazu beitragen, dass Ronja die Graugnomen besiegt. Sie projizieren ihren Willen zur Hilfsbereitschaft auf Ronja, wenn sie den Wunsch äußern, dem kranken Pferd zu helfen.

> „Ich würde gerne Ronja sein, wenn sie die verletzte Stute Lia finden, weil ich ihr dann mit dem Weißmoos helfen kann. Ich hätte dann ein Gefühl von Trauer um das Fohlen, aber ich hätte dann auch Stolz in mir, weil ich es geschafft habe, einer verletzten Stute zu helfen. Mir würde nur das eine durch den Kopf gehen, nämlich, ob es Lia wohl schafft zu überleben. Ich würde der Stute aber einen anderen Namen geben wie Penny [...], denn der Name Lia gefällt mir nicht so gut. Außerdem würde ich Lia nicht weiter auf der Lichtung stehen lassen wie auf der CD-ROM, weil der Bär vielleicht noch in der Nähe ist. Am liebsten würde ich auch noch erleben, dass Birk und ich noch einmal reiten, und zwar zum Weiher, weil es dort so schön ist."

Ein anderer Schreiber erwägt Vor- und Nachteile der Identifikation mit Ronja und findet zwischen Wunsch und nüchterner Erwägung seine eigene Position:

> „Ich wäre gern an Ronjas Stelle, als sie das Weißmoos aufheben wollte [...]. Hätte mich ein Graugnom fast gehabt, so wäre ich in den Weiher gesprungen und hätte laut nach Mattis und Lovis gerufen. Dann wären alle Graugnome mit einem Furz zum Donnerdrummel gefahren. Aber trotzdem hätte ich mich wahrscheinlich nie wieder allein in den Mattiswald getraut, weil es ja noch viel schlimmere Gefahren wie zum Beispiel Bandenmitglieder gab. Hätten die mich gefangen genommen, so wäre mein Leben im Eimer [...]."

Die Antworten auf die Frage zeigen, dass die Schüler(innen) die CD-ROM wie einen literarischen Text zu lesen und bearbeiten bereit waren, sie mobilisierten ihre imaginativen Kräfte, sie identifizierten sich mit dem fiktiven Personal oder distanzierten sich und begründeten ihre Haltung.

Im Brief an die Hersteller (*Pflichtaufgabe 4*) äußern sich die Lernenden bis auf zwei Ausnahmen positiv über das Spiel und unterbreiten detaillierte Verbesserungsvorschläge. Hier zwei Beispiele:

„Sehr geehrte Damen und Herren,
wir wurden in der Schule angeregt, das Abenteuerspiel *Ronja Räubertochter* zu spielen. Mir hat das Spiel Spaß gemacht, weil man so viele verschiedene Aufgaben lösen musste. Am meisten Spaß haben die Aufgaben gemacht, wo man die Graugnomen mit Tannenzapfen und die Räuber mit Schneebällen abwerfen musste und die Aufgabe, wo man Schi fahren musste. Davon hätte es ruhig mehr geben können.
Die vielen Landschaften und Personen sind meiner Meinung nach auch sehr gut gelungen. Außerdem wirkte das Spiel durch die vielen Naturgeräusche sehr realistisch. Ich fand auch gut, dass sich das Spiel genau nach dem Buch richtete.
Die Steuerung von Ronja hat mir nicht gefallen. Dadurch, dass man immer auf eine Stelle klicken musste, zu der Ronja gehen sollte, war sie ziemlich langsam. Vielleicht wäre es besser, wenn man Ronja mit den Pfeiltasten der Tastatur steuern würde. Außerdem hätte es noch ein oder zwei Aufgaben bei Nacht geben können, aber sonst ist das Spiel gut gelungen."
„Sehr geehrte Damen und Herren,
[...] Ich finde, dass das Spiel *Ronja Räubertochter* gut und interessant ist. Aber ich glaube, dass die CD-ROM nur für Personen, die das Buch gelesen haben, interessant ist. Ich befürchte, dass Spieler, die das Buch nicht kennen, viele Probleme haben werden, da sie nicht wissen, welche Reihenfolge zum Ende des Spiels führt. Aber für mich persönlich finde ich es gut."

Da mehrere Schüler(innen) zusammen gearbeitet haben, gibt die Lösung der *Pflichtaufgabe 5*, in der es um die Evaluation der gewählten Medien und des Unterrichts geht, nur ein annäherndes Bild von ihren Vorlieben. Viele konnten sich zudem nicht entscheiden. Sie nennen zwei oder drei der Medien oder betonen, sie fänden sie alle sehr gut. Besonders oft werden in einem Atemzug das Buch, das Theaterspiel und die CD-ROM genannt. Begeisterung über das Computerspiel wird oft geäußert. Es sei spannend, man könne selber etwas machen, man müsse Ronja und Birk zum Beispiel retten, die Graugnomen bekämpfen. Man sehe Räume und Personen die ganze Zeit vor sich und müsse sie sich nicht immer nur vorstellen. Zwei Schüler(innen) äußern sich negativ zum Spiel, einem Mädchen ist es zu schwer, einem Jungen zu leicht und das Thema sei langweilig (es handelt sich um einen Schüler, der richtige Waffen zum Kämpfen haben will und nicht Tannenzapfen).

Großes Lob zollen die Lernenden der einleitenden Arbeit im Informatikraum. Dass man so etwas in der Schule mit ihnen durchgeführt hätte, fanden sie bemerkenswert.

Bei den Wahlaufgaben erfreuen sich die *Aufgabe 2* (Beschreibung eines Raumes, einer Landschaft), die *Aufgabe 4* (Ratschläge, was Ronja in die Bärenhöhle mitnehmen soll) und *Aufgabe 5* (Ratschläge für das Computerspiel) großer Beliebtheit; sie wurden jeweils 14 mal gewählt. Mit der Lösung der *Aufgabe 5* verarbeiteten die Schüler(innen) ihre Spielerfahrungen. Vor allem diejenigen, die mit Computerspielen vertraut sind, bringen sich hier fachmännisch und selbstbewusst mit wichtigen Ratschlägen ein:

1. Ganz am Anfang steht man vor Ronjas Eltern vor der Burg und soll in den Wald gehen. Du aber solltest zuerst in die Burg gehen und diese erkunden.
2. Sammle jeden Gegenstand auf, der dir bei deinen Entdeckungstouren auffällt.
3. Sprich mit jeder Person, die dir in die Quere kommt, und teste jede Antwort aus, bis du auf die richtige kommst.
4. Halte dich genau an das Buch und behalte die richtige Reihenfolge!
5. Speichere das Spiel bei jeder Möglichkeit, am besten nach jeder besonderen Aufgabe.
6. Spiele nur, wenn du hellwach bist, da *Ronja Räubertochter* ein Spiel zum Denken ist und man zum Durchspielen einige Tage benötigen wird.
7. Gib nie auf, wenn du nicht weiterkommst!

Die zehn Kinder, die eine ausgewählte Szene mit der entsprechenden im Buch vergleichen (*Wahlaufgabe 3*), arbeiten erstaunlich präzise und vertreten überwiegend die Forderung, dass das Buch maßgeblich zu bleiben hat:

> „Bei der Szene mit den Unterirdischen im Buch beißt Ronja Birk in die Wange und wird zu den Unterirdischen gelockt. Das kommt im Spiel kaum vor. [...] Es kommt gar nicht richtig zur Geltung, wie gefährlich es für Ronja wäre, hätte Birk sie nicht festgehalten und gerettet. Denn dann wäre Ronja verloren gewesen."
> „Die Szene aus dem Buch, wo Ronja in der Nacht zur Bärenhöhle läuft, wird im Computerspiel gar nicht richtig dargestellt. [...] Im Spiel trifft Ronja Birk am Weiher, wo die helle Sonne scheint. [...] Ich finde, die Szene ist im Buch schöner, denn dort wird sie sehr genau beschrieben."

3. Gesamtauswertung der Ergebnisse

Der Versuch, sich einem Roman wie *Ronja Räubertochter* im Medienverbund zu nähern, kann als geglückt bezeichnet werden. Man arbeitete mit vertrauter Literatur und nahm mit Verwunderung zur Kenntnis, wie anders sie in unterschiedlichen medialen Bearbeitungen wirkte. Mit dem Wechsel der Medien konnte Vorlieben und Lerntypen entsprochen werden. Der Umgang mit Literatur war eben nicht nur für die Viel-Leser ein Vergnügen, sondern er war auch den Wenig-Lesern, den Zuhörern, den Knoblern, den Spielern, den Augen- und Ohrenmenschen möglich. Das erklärt die durchgängig hohe Motivation der Lernenden.

Die Arbeit im Medienverbund erleichterte es nicht nur, persönliche Vorlieben für das eine oder andere Medium zu entdecken, sie trug, da man nach der Lektüre des Buches mit der Handlung vertraut war, auch dazu bei, die besonderen Gestaltungsmittel jedes einzelnen Mediums zu bedenken. Das ermöglichte mindestens ansatzweise eine ästhetische Sensibilisierung.

Die Lernenden legten bei der wiederholten Begegnung mit dem Räuberroman einen *Leseweg* zurück (vgl. Schubert-Felmy 2001). Sie festigten oder erweiterten ihre Kenntnisse, weil sie an das jeweils Vorausgehende anknüpfen konnten. Dem Einsatz des Computerspiels, verbunden mit dem Spieltagebuch, galt in diesem Versuch unsere besondere Aufmerksamkeit. Er erwies sich als gelungen, denn der

Umgang mit dem Spiel erforderte auf vorgegebenen Bahnen ein eigenes Gestalten und Mitwirken sowie hohe Konzentration. Bei der Kombination der Handlungsstränge zu einem Ganzen war der Rückgriff auf das Leitmedium Buch für die Lernenden unerlässlich. Dass sie sich dabei als Experten erweisen konnten, stärkte ihr Selbstvertrauen und damit den Lernerfolg. Gleichzeitig machte sie dieser Rückgriff auf die Besonderheiten des Spiels aufmerksam.

Man sollte einen solchen Versuch, Literatur sukzessiv und multimedial zu vermitteln, selbst wenn man sich dabei auf zwei oder drei Medien beschränkt, auch mit anderen literarischen Stoffen wagen.

Primärliteratur

Lindgren, Astrid: Ronja Räubertochter. Hamburg: Oetinger, 1982

Niemann, Charlotte: Hörkassette. Astrid Lindgren. Ronja Räubertochter. Hamburg: Deutsche Grammophon, 1984

Ronja Räubertochter, CD-ROM. Hamburg: Oetinger, 2000

Sekundärliteratur

Abraham, Ulf: Übergänge. Literatur, Sozialisation und Literarisches Lernen. Wiesbaden 1998

Hintz, Ingrid: Das Lesetagebuch: intensiv lesen, produktiv schreiben, frei arbeiten. Bestandaufnahme und Neubesinnung einer Methode zur Auseinandersetzung mit Kinder- und Jugendbüchern im Deutschunterricht. Baltmannsweiler 2002

Josting, Petra: Medienkompetenz im Literaturunterricht. In: Rösch, Heidi (Hg.): Kompetenzen im Deutschunterricht. Beiträge zur Literatur-, Sprach- und Mediendidaktik. München 2005, 71-90

Kämper-van den Boogaart, Michael: Leseförderung oder Literaturunterricht: Zwei Kulturen in der Deutschdidaktik? Anmerkungen zu einem didaktischen Zielkonflikt. In: Didaktik Deutsch 5 (2000) H. 9, 4-22

Kernlehrplan für das Gymnasium – Sekundarstufe 1 in Nordrhein-Westfalen: Deutsch. Hg. Ministerium für Schule, Jugend und Kinder des Landes Nordrhein-Westfalen. Frechen 2004

Kliewer, Heinz-Jürgen: Texte für Hörer – im Deutschunterricht vernachlässigt. In: Praxis Deutsch 15 (1988) H. 88, 20-23

Köster, Juliane: Konstruktion und Hellsicht. Die produktive Leistung von Vergleichsaufgaben im Literaturunterricht der Sekundarstufe II. Würzburg 1995

Schubert-Felmy, Barbara: Astrid Lindgren. Ronja Räubertochter. Unterrichtsmodell in der Reihe EinFach Deutsch. Hg. Johannes Diekhans. Paderborn 1999

Schubert-Felmy, Barbara: Wege der Imagination – Lesewege. Augsburg 2001

Schubert-Felmy, Barbara/ Kristina Schubert: Medienintegrativer Deutschunterricht am Beispiel von Astrid Lindgrens „Ronja Räubertochter“. In: Frederking, Volker/ Petra Josting (Hgg.): Medienintegration und Medienverbund im Deutschunterricht. Baltmannsweiler 2005, 104-122

Wermke, Jutta: Hören – Horchen – Lauschen. In: Spinner, Kaspar H. (Hg.): Emotionale und imaginative Prozesse im Deutschunterricht. Frankfurt/ M. 1995, 199-215

Wermke, Jutta: Integrierte Medienerziehung im Fachunterricht: Schwerpunkt Deutsch. München 1997

Dr. Barbara Schubert-Felmy, Oldenburg Allee 49, 14052 Berlin
Kristina Schubert, Rubinweg 16b, 32425 Minden

Martin Leubner

Sonnenallee: Zur kombinierten Vermittlung von Texterschließungs- und Medienverbund-Kompetenzen (10. Jahrgangsstufe)

1. Einleitung

„Sieben Jahre nach dem Fall der Mauer", so erinnert sich Leander Haußmann, „rief mich Thomas Brussig an und fragte, ob ich nicht Lust hätte, einen Film über den Osten mit dem Titel *Am kürzeren Ende der Sonnenallee* zu machen. Drei Jahre später war der Film *Sonnenallee* fertig." (Haußmann 1999, 7) Für den Film wurde 1998 in Potsdam-Babelsberg ein Stück DDR mitsamt Mauer wieder aufgebaut: das kürzere Ende der Sonnenallee in Ost-Berlin, das durch die Mauer vom längeren Ende der Straße im Westen der Stadt getrennt war. Der Film, Leander Haußmanns Regie-Debüt, wurde 1999 zum Kassenschlager und erwarb sich schnell einen Ruf als Kultfilm über das Leben von Jugendlichen in der DDR. Ebenfalls 1999 erschien von Thomas Brussig unter dem Titel *Am kürzeren Ende der Sonnenallee* eine selbstständige Buch-Version des Sonnenallee-Stoffes. Dieses Werk wurde ebenfalls ein Publikumserfolg: Von der Hardcover-Ausgabe wurden 300.000 Exemplare verkauft, die Taschenbuchausgabe hat inzwischen fast diese Zahl erreicht. Es ist jedoch nicht nur eine Film- und eine Buch-Version des Sonnenallee-Stoffes erschienen: Durch eine Reihe weiterer Produktionen liegt ein vollgültiger Medienverbund vor. An erster Stelle ist das Drehbuch zu *Sonnenallee* zu nennen. Es ist von Haußmann und Brussig gemeinsam geschrieben worden; für das Drehbuch erhielten sie 1999 den höchstdotierten deutschen Preis für ein Film-Skript. Das Drehbuch ist in einem so betitelten *Buch zum Film* publiziert, das zusätzlich eine Reihe von Materialien enthält: Interviews und Hintergrundberichte zum historischen Kontext der siebziger Jahre, in denen *Sonnenallee* spielt (vgl. Abb. 1).

Zudem ist 1999 der Soundtrack des Films als CD veröffentlicht worden. 2000 erschien schließlich ein Hörbuch von *Am kürzeren Ende der Sonnenallee* auf CD mit Thomas Brussig als Rezitator. Seit 2003 ist der Film in einer DVD-Ausgabe mit verschiedenen Materialien wie einem *Making of* erhältlich. In das Internet ist zudem 1999 eine *Sonnenallee*-Homepage gestellt worden – unter anderem mit einem *Sonnenallee*-Jump'n'Run-Spiel (vgl. http://www.sonnenallee.de/, 23.07.2007).

Das Buch *Sonnenallee* von Brussig hat als aktueller Adoleszenzroman schnell den Weg in die Schulen gefunden. Im Rahmen der Vorbereitung für die Realschulabschlussprüfungen 2007 in Hamburg hat es *Sonnenallee* sogar zur „verbindlichen Lektüre" der zehnten Klassen gebracht (vgl. Abschlussprüfung 2007 Realschulabschluss). Mittlerweile liegen verschiedene Unterrichtsvorschläge und

Abb. 1: Die DDR der 1970er Jahre: Micha und sein T-Shirt mit selbst aufgetragenem Schriftzug *Rock & Pop*

Interpretationshilfen für Schüler(innen) aus unterschiedlichen Verlagen vor (vgl. Flad 2004); zudem ist eine gekürzte und vereinfachte *Easy Reader*-Ausgabe (bearbeitet von Iris Felter) erschienen (vgl. Gutknecht/Rapp 2007; Büsching o.J.; Lammers 2000; Krischel 2007). Der schnelle Erfolg des Werkes an Schulen ist verständlich; weniger verständlich sind die medialen Präferenzen: Warum sind eigentlich die didaktischen Bemühungen so einseitig auf das Buch konzentriert? Meines Erachtens ist gerade im Falle von *Sonnenallee* der didaktische Vorrang des Buches vor dem Film nicht angebracht. Zudem ist eine Beschränkung auf Buch *oder* Film nicht angemessen.

Vielmehr bietet sich ein Medienverbundunterricht einschließlich des Vergleichs von Film und Buch an, in dem zugleich die Kompetenzen zur Erschließung von erzählenden Texten systematisch gefördert werden. Diese *kombinierte Förderung von Narrations- und Medienverbundkompetenz* im Rahmen einer integrierten Medienverbunderziehung im Literaturunterricht lässt sich in einem Dreischritt anstreben, der im Folgenden näher begründet wird: erstens *Filmerschließung*, zweitens *Film-Buch-Vergleich* und drittens *Beschäftigung mit dem Medienverbund insgesamt*.

Die Förderung der Narrationskompetenz im Rahmen der genannten Kombi-Förderung von Kompetenzen ist insofern am Ende der Sekundarstufe I wichtig, als hier die Schüler(innen) ihre Kompetenz der systematischen Werkerschließung nach Vorgaben der Bildungsstandards (im Falle der nicht-gymnasialen Schüler(inne)n: abschließend) vertiefen sollen. Eine Berücksichtigung dieser Kompetenz bedeutet keine Zweckentfremdung des Medienverbundunterrichts; vielmehr erfährt er durch diese Berücksichtigung eine zusätzliche Begründung. Zugleich können im Falle von *Sonnenallee* unter einer unterhaltsam-komischen Oberfläche durch eine systematische Werkerschließung Formen der Identitätssuche von Jugendlichen freigelegt werden, die für Schüler(innen) eine Auseinandersetzung lohnen.

2. Der Medien-Dreischritt im Unterricht: Film – Buch – Medienverbund

Der Erfolg von *Sonnenallee* beruht nicht auf einer Medienverbundkonzeption, sondern auf den erzählten Geschichten: Es sind die Sonnenallee-Erzählungen in Film und Buch, die für Jugendliche attraktiv sind. Diese Annahme ist für die folgenden Vorschläge grundlegend, die bei der Konzeption einer Unterrichtseinheit mit Wünschen, Interessen und Anregungen der Schüler(inne)n in Einklang zu bringen wären (und meines Erachtens auch zu bringen sind): Die *Sonnenallee*-Erzählungen sollen im Mittelpunkt des Unterrichts stehen. Der Medienverbund als solcher und die weiteren Medienverbundelemente werden erst nach der Erschließung von Film und Buch und mit geringerer Gewichtung thematisiert. Für diese Schwerpunktsetzung spricht außer der angestrebten Förderung der Kompetenz, Erzählungen zu erschließen, auch die unten näher begründete Qualität der *Sonnenallee*-Erzählungen. Die systematische Auseinandersetzung mit dem *Sonnenallee*-Medienverbund soll allerdings keine bloße Ergänzung zur Beschäftigung mit den Erzählungen sein; zu bedenken ist, dass bereits der Vergleich der *Sonnenallee*-Erzählungen zentraler Teil der Medienverbunderschließung ist.

Im Folgenden soll vor allem die angestrebte Kombination von Erzähl- und Medienverbundunterricht als wesentliches Merkmal des hier skizzierten Unterrichtsmodells näher erläutert werden. Zunächst soll jedoch die grundlegende Frage erörtert werden, ob Film und Buch gleichrangig zu behandeln sind. Meines Erachtens bietet sich eine doppelte Vorrangsstellung des Filmes gegenüber dem Buch an: Das Buch sollte erst nach dem Film thematisiert werden und es sollte ihm insofern geringere Aufmerksamkeit geschenkt werden, als es vorzugsweise als Vergleichsobjekt dient; gegebenenfalls ist auch eine Beschränkung auf Auszüge aus dem Buch ausreichend, obgleich grundsätzlich natürlich die vollständige Behandlung von Ganzschriften wünschenswert ist.

Für diese Vorrangstellung des Filmes sprechen mehrere Gründe. Zunächst ist die Entstehungsgeschichte von Film und Buch zu nennen: In vielen Fällen folgt ein Film einem Buch; im Falle von *Sonnenallee* verhält es sich umgekehrt. Es bietet sich dementsprechend an, das Buch als Folgeprodukt des Filmes nach der Besprechung des Filmes zu behandeln. Den Schüler(inne)n wird auch dadurch deutlich, dass der Film kein Anhängsel zum Buch ist. Zusätzlich zu dem Aspekt *Entstehungsgeschichte* lassen sich drei weitere Gründe für die Vorrangstellung des Filmes anführen, die in dessen Qualitäten begründet liegen; in verschiedener Hinsicht ist der Film radikaler und anregender als das Buch:

1) Der Film ist unter dem Aspekt *Darstellungsverfahren* gelungen. Die Filmsprache ist gekonnt und originell. Zudem werden narrationsspezifische Verfahren eingesetzt, die mehr als den Normalfall filmischen Erzählens bieten: Es gibt einen Ich-Erzähler sowie zusätzlich mehrfach Innensicht und an einer Stelle einen subjektiv-verzerrten Blick des unter Drogeneinfluss stehenden Protagonisten Micha auf die Außenwelt. Das konventionell erzählende Buch hat dem wenig entgegenzusetzen.
2) Der Film ist als Komödie attraktiv, während die komischen Elemente im Buch weniger ausgeprägt sind. Im Film gibt es eine Fülle von komischen Effekten unterschiedlicher Komiktypen; der Film insgesamt zeichnet sich durch die Verbindung von einer Heiterkeit des Erzählens mit einer Ernsthaftigkeit in der Behandlung des (Adoleszenz-)Sujets aus.
3) Der Film erzählt, wie unten dargestellt, eine andere Geschichte als das Buch: Er zeigt, wie einer der Protagonisten sozusagen klein beigibt, indem er sich der

Stasi zuwendet, und demonstriert auf diese Weise die Verführbarkeit des Menschen. Das Buch wirkt im Vergleich dazu eher harmlos. Dieser Unterschied lässt den Film meines Erachtens besonders attraktiv für jugendliche Rezipienten erscheinen: Sie werden mit radikal unterschiedlichen und zugleich realistischen Alternativen des Umgangs mit autoritären Strukturen konfrontiert.

3. Die *Sonnenallee*-Erzählungen: Film-Erschließung und Film-Buch-Vergleich

Im Folgenden sollen die *Sonnenallee*-Erzählungen näher betrachtet werden: Was bieten diese Erzählungen – jede für sich und beide im Vergleich – für einen Narrations- und Medien-Unterricht am Ende der Sekundarstufe I? Für die Erschließung des Filmes bietet sich ebenso wie für die des Buches eine Fülle von Aspekten an: das Schicksal der jugendlichen Protagonisten, die Darstellung des gesellschaftlichen Alltags in der DDR, die komischen und satirischen Elemente der beiden Werke etc. Nicht zuletzt, weil im Unterricht Film und Buch miteinander in Bezug zu setzen sind und der Vergleich nicht mit einer Vielzahl von zu berücksichtigenden Aspekten befrachtet werden soll, ist eine Konzentration auf zentrale Aspekte angebracht. Welche Aspekte taugen nun für einen ergiebigen Zugriff auf Film und Buch?

3.1 Die Protagonisten Micha und Mario

Für den Unterricht bietet sich vor allem aus den folgenden vier Gründen eine Konzentration auf die beiden Protagonisten Micha und Mario an: (1) Sie stehen im Zentrum von Film und Buch. (2) Der Unterschied zwischen Film und Buch ist im Hinblick auf Micha und Mario markant, so dass der auf diese beiden Figuren fokussierte Vergleich zwischen Film und Buch ergiebig ist. (3) An Micha und Mario werden unterschiedliche Wege der Identitätsfindung unter den gegebenen gesellschaftlichen Bedingungen vorgeführt. In für den Adoleszenzroman typischer Weise erfolgt die Suche nach der eigenen Identität besonders in Auseinandersetzung mit dem anderen Geschlecht und mit der Gesellschaft. Eine Komplikation entsteht für die Protagonisten vor allem durch eine Auseinandersetzung mit der Staatsmacht, die durch Schule, Grenzpolizei und Stasi in Erscheinung tritt. In der Auseinandersetzung mit Micha und Mario können die Schüler(innen) den politischen Charakter der Filmkomödie erschließen, den Haußmann eigens betont: „Der ganze Film ist politisch, fast in jeder Szene werden die Figuren mit Politik konfrontiert." (Haußmann 1999, 12) Die Schüler(innen) können dabei eine zentrale Eigenart der ihnen zumeist nur vage bekannten DDR erörtern, die Brussig wie folgt beschreibt: „Das war ein politisiertes Leben. [...] Eigentlich wurde alles, was man tat, politisch gefärbt, egal, ob es gut oder schlecht war." (Haußmann, 1999, 23) (4) Aus *narrations-didaktischer* Perspektive spricht für die Konzentration auf die beiden Protagonisten zudem: Als Grundlage für die Auseinandersetzung mit diesen beiden Figuren bietet sich eine konsequente Verbindung der Figurenanalyse mit der Handlungsanalyse an. Die Handlungsanalyse sollte im Unterricht gezielt gefördert werden, weil sie die Schüler(inne)n beim Erfassen von Handlungsstrukturen unterstützt; indem die Schüler(inne)n Handlungsstrukturen erfassen, schaffen sie die Voraussetzungen für eine persönlich bedeutsame Interpretation – ohne dass die auch emotionale Annäherung an Figuren und Handlungen behindert wird. Durch die Konzentration auf die Erschließung zentraler Aspekte der Handlung hat der Unterricht einen klaren Kern; das in Teilen der didaktischen Literatur vorgeschlagene Abarbeiten eines Sammelsuriums unterschiedlicher Aspekte, die alle irgendwie von Bedeutung sind, kann unterbleiben.

Im Folgenden werden Grundzüge für eine schulische Handlungserschließung skizziert. Dabei wird die Handlung als Folge von Komplikationen und Auflösungsversuchen verstanden[1]; dieser Zugriff auf die Handlung führt zu einem differenzierten Verständnis zentraler Strukturen der *Sonnenallee*-Handlung und fördert zugleich die Fähigkeit der Schüler(inne)n zur Erschließung von Handlungen. Film- und Buch-Handlung, so zeigen die folgenden Ausführungen, lohnen eine genaue Erschließung. Drei Phasen werden dabei – mit teils markanten Unterschieden zwischen Film und Buch – deutlich:

1) Komplikationshandlung 1. Phase: Eine Gruppe von Jugendlichen, unter ihnen Micha und Mario, strebt – zunächst erfolglos – Beziehungen mit Mädchen an und demonstriert eine *Anti-Haltung*, eine potenzielle Oppositionshaltung gegen die – nicht als gefährlich dargestellte – Staatsmacht. Die Staatsmacht schränkt die Jugendlichen etwa durch das Verbot von bestimmter Musik ein – wobei die Musik sich für die Jugendlichen als ein wichtiges Medium des Protestes eignet (vgl. Abb. 2).
Weitere Einschränkungen resultieren aus FDJ-Aktivitäten und vor allem aus der unerwünschten mehrjährigen Militärverpflichtung. Mario tut sich eher durch Ablehnung hervor („Gestern wollten wir noch eine Widerstandsgruppe gründen und morgen gehen wir alle drei Jahre freiwillig zur Armee?! Spinnt ihr jetzt alle?"), während Micha sich – vor allem durch seine Verpflichtung zum dreijährigen Militärdienst – nach außen angepasster zeigt (ähnlich wie seine Mutter, die durch Überanpassung die Staatsmacht hintergehen möchte). Film und Buch weisen in der Darstellung dieser ersten Phase der Handlung, die sich

Abb. 2: Erwischt beim Hören verbotener Musik vom Abschnittsbevollmächtigten Horkefeld (der komödiengerecht mit der Tücke des Objekts zu kämpfen hat)

1 Zur didaktischen Erörterung des Komplikationsmodells vgl. Leubner/ Saupe 2006, 48-54. In den Bildungsstandards für den Mittleren Schulabschluss ist wenig glücklich vom Erfassen eines „Konfliktverlaufs" die Rede (14); der Begriff *Konflikt* sollte der Untersuchung von Handlungen in dramatischen Texten vorbehalten bleiben.

durch maßvolle Einschränkungen der Jugendlichen in der gewünschten Lebensführung und damit verbunden bei der Identitätssuche auszeichnet, keine markanten Unterschiede auf.

2) Verschärfung/ Steigerung der Komplikationen für die jugendlichen Protagonisten: Die Anti-Haltung von Mario, der zunächst die Autoritäten nur durch einen Schulstreich provoziert, wird durch seine neue Freundin verstärkt, die eine theoretisch begründete Anti-Haltung einnimmt (einen unpolitischen Existenzialismus, der allerdings gegen die herrschende Ideologie positioniert wird). Die Zuspitzung von Marios Komplikation ergibt sich durch den offenen Konflikt mit der Staatsmacht: Mario wird von der Schule verwiesen (in Film und Buch wegen unterschiedlicher unpolitischer Handlungen, die aber beide von den Herrschenden als politisch ausgelegt werden). Bei Micha kommt es zunächst nur zu einer harmlosen Verquickung von Anti-Haltung gegenüber der Staatsmacht und dem Wunsch nach einer Beziehung zu der angebeteten Miriam: Um Miriam zu imponieren – und auch um Mario zu schützen –, übernimmt er die Verantwortung für den Schulstreich von Mario, der als Angriff auf die Arbeiterklasse aufgefasst wird (vgl. Abb. 3).
Im Folgenden steigert sich seine Komplikation sozusagen innerlich beim Verfassen der für Miriam konzipierten Wunschbiographie: Er erkennt, dass er sich aus dem System mit seinen (militärischen) Verpflichtungen herausziehen muss (s.u.). In Film und Buch wird diese Phase im Wesentlichen gleich dargestellt.

Abb. 3: Schulstunde mit der von Mario manipulierten Parole

3) Auflösungsversuche: Formen des Ausstiegs und der Verweigerung. In Film und Buch lösen sich die Mädchen-Komplikationen positiv auf: Micha und Mario gewinnen die umworbenen Mädchen für sich. Unterschiede gibt es jedoch bei den Komplikationen, die von der Staatsmacht verursacht werden. Zunächst zum Film: Für Mario gibt es keine durchgängig positive Auflösung der Komplikationen. Er wendet sich schließlich der Stasi zu, weil er glaubt, dass er ansonsten keine sichere Existenz mit künftigem Kind haben könne. Die vorläufige Auflösung – der Ausstieg aus der Gesellschaft – wird auf diese Weise rückgängig gemacht. Mario muss sich verbiegen; die Staatsmacht verhindert eine geglückte Identitätsfindung. Bei Micha verhält es sich anders: Als Folge des Tagebuchschreibens für Miriam, das zu einer Form der Selbstvergewisserung wird, verweigert er schließlich den Dienst mit der Waffe (und nimmt damit seine ursprüngliche Bereitschaft zur völligen äußeren Anpassung zurück). Hier lässt sich von einer erfolgreichen Selbstfindung sprechen: Micha erkennt, dass er nur er

selber sein kann, wenn er sich dem Zugriff des Systems verweigert („Ick bin raus", so kommentiert er seine Verweigerung des Dienstes mit der Waffe – unbeeindruckt von der Drohung des für ihn zuständigen Militärangehörigen, dass er nun die „Diktatur des Proletariats" kennen lernen werde). Im Buch gibt es insgesamt eher positive Auflösungen. Beide Protagonisten nehmen einen ähnlichen Weg, indem an die Stelle von partiellen antiautoritären Ausbrüchen eine prinzipielle Abwendung von der – von Staat und Eltern gewünschten – Lebensplanung tritt, ohne dass dabei deutlich negative Konsequenzen sichtbar werden. Mario plant eine Art gewaltfreien Widerstand durch das Aufkaufen von Land und eine alternative Lebens- und Arbeitsform. Micha verschließt sich insofern gesellschaftlichen Erwartungen, als er den bereits zugesagten Besuch einer Eliteschule als Voraussetzung für ein Studium in der Sowjetunion verweigert.

Auf der Grundlage dieser Texterschließung lassen sich weitere Elemente der Handlungs-/ Figurenebene systematisch erschließen: die anderen Mitglieder der Clique von Micha und Mario, die Eltern von Micha und Mario, die verschiedenen Vertreter der Staatsmacht sowie insgesamt das von der DDR gezeichnete Bild. Eine differenzierte Zuordnung zur Gattung *Adoleszenzroman* hingegen ist im Unterricht weder möglich noch angebracht, denn aufgrund der genannten Merkmale folgt *Sonnenallee* nicht dem typischen Adoleszenzroman der Moderne; durch die klaren Faktoren für die dargestellten Probleme (die autoritäre Staatsmacht) fehlt vor allem der grundsätzliche „Dualismus zwischen dem leidenden, vereinzelten, entfremdeten Subjekt und der feindlichen Welt" (Wagner 2007, 428). Bezüge zum so genannten postmodernen Adoleszenzroman sind sogar noch schwächer ausgeprägt; am ehesten ließen sich solche Bezüge im intensiven Gebrauch von Komik finden.

3.2 Die Darstellungsebene: Erzähler und Perspektivierung

Für die Erschließung der Darstellungsebene im Rahmen eines Vergleichs von Film und Buch sind vor allem die narrationsspezifischen Darstellungsverfahren interessant, auch wenn die Filmsprache im Film *Sonnenallee* durchaus als originell gelten kann. Eine nähere Betrachtung verdienen – ganz im Sinne der *Bildungsstandards für den mittleren Schulabschluss* – der Erzähler und die Perspektivierung:

1) Zum Erzähler: Im Film tritt Micha als Ich-Ezähler in Ergänzung zum filmtypischen Zeigeakt auf; im Buch gibt es einen Er-Erzähler, der Kommentierungen vornimmt. Eine Berücksichtigung des Erzählers im Unterricht ist für die Werkerschließung erforderlich, weil in Buch und Film unterschiedliche Kommentierungen mit sehr verschiedenen Funktionen erfolgen. So heißt es im Film abschließend: „Es war einmal ein Land und ich hab' dort gelebt. Wenn man mich fragt, wie es war: Es war die schönste Zeit meines Lebens – denn ich war jung und verliebt." Der Film insgesamt legt dem Rezipienten allerdings eine Relativierung dieser Aussage nahe. Dagegen beurteilt der Erzähler im Buch am Ende der Erzählung nicht nur die DDR-Wirklichkeit negativer, sondern lässt den Re-

zipienten auch überlegen, ob die erzählte Geschichte nicht eine Beschönigung von historischer Wirklichkeit darstellt:

„Wer sich wirklich bewahren will, was geschehen ist, darf sich nicht den Erinnerungen hingeben. Die menschliche Erinnerung ist ein viel zu wohliger Vorgang, um das Vergangene festzuhalten; [...] Sie vollbringt beharrlich das Wunder, einen Frieden mit der Vergangenheit zu schließen, in dem sich jeder Groll verflüchtigt und der weiche Schleier der Nostalgie über alles legt, was mal scharf und schneidend empfunden wurde." (Brussig 2006, 156f.)

Im Zusammenhang mit dieser Thematisierung des Erzählers sollte (als Vertiefung) zugleich eine medienvergleichende Beschäftigung mit dem Erzähler in filmischen und literarischen Erzählungen erfolgen (grundlegende Funktionen von Erzählern in Literatur und Film, Ich- vs. Er-Erzähler, Erzählerkommentar).

2) Zur Perspektivierung: Die Perspektivierung in Film und Buch ist konventionell: Es werden die Handlungen der beiden Protagonisten fokussiert; zugleich erfahren wir teilweise mehr als die beiden Protagonisten (Aspekt quantitative Perspektivierung/ Wissen des Rezipienten im Verhältnis zum Wissen der Protagonisten). Interessanter ist die Sichtweise: Im Roman wird an wenigen Stellen Innensicht von Micha geboten; im Film wird an zwei Stellen Innensicht von Micha gezeigt (vgl. Abb. 4) – mit eher komischen Inhalten (Aspekt qualitative Perspektivierung).

Zudem wird das Mittel des subjektiven Blicks auf die Außenwelt verwendet, als Micha Miriam verzerrt wahrnimmt. Die Schüler(inne)n sollten diese Parallelen (auch unter dem Aspekt der Möglichkeiten des Erzählens in Film und Literatur) erkennen und zugleich die Frage nach den Funktionen der Innensicht diskutieren. (Hilft die Innensicht beim Verstehen des Werkes?)

Abb. 4: Micha unter Drogen: Innensicht (beim Öffnen einer Zimmertür erscheint Micha ein Indianer)

3.3 Komik als Element der Handlungs- und Darstellungsebene

Der Film *Sonnenallee* ist als *Mauer-Komödie* konzipiert und die vergnügliche Beschäftigung mit der Komik der Komödie sollte im Unterricht nicht zu kurz kommen. Sie lässt sich jedoch nicht einfach der Analyse der Handlungs- oder der Darstellungsebene zuordnen, weil die Komik auf Handlungs- *und* Darstellungsebene angesiedelt ist. In häufig ausnehmend komischer Weise werden unterschiedliche Typen von Komik genutzt: Charakter- bzw. Typenkomik, Situationskomik, Sprachkomik und Dialogkomik (vgl. Abb. 5).

Abb. 5: *Situationskomik: Der Regisseur als von der Schönheit Miriams geblendeter Fußgänger läuft komödiengerecht vor die Wand und prallt zurück.*

Zu berücksichtigen sind auch die teilweise mit Absicht überzogenen Elemente der Wirklichkeitsdarstellung mit mitunter komischer Wirkung: Kleidung, Sprache, Farben, Ambiente öffentlicher und privater Räume der DDR etc. Unerlässlich ist eine Bewertung der Komik im Film im Kontext der Darstellung der DDR: Findet hier eine Verharmlosung statt? Im Buch spielt die Komik – wohl auch medien- bzw. genrebedingt, denn Erzählungen können zwar komische Elemente aufweisen, aber eben keine Komödien sein – keine herausgehobene Rolle und verdient keine eigenständige Betrachtung.

3.4 Resümee und Vorschlag für Lernziele

Im Falle von *Sonnenallee* liegt ein Grenzfall einer Adaption vor: Das Buch ist kein herkömmliches Buch zum Film, das mit mehr oder weniger Freiheit dem Film verpflichtet ist. Brussig hat ein eigenständiges Werk geschrieben, das in Handlung und Darstellung teilweise wesentlich vom Film abweicht. Die aus didaktischer Perspektive mittlerweile etwas überholte Frage, ob eine gelungene Adaption im Sinne einer gelungenen Umsetzung des Originals vorliegt, stellt sich in diesem Fall also nicht.

Auf der Grundlage der Ausführungen zur Handlungs- und Darstellungsebene des *Sonnenallee*-Filmes und -Buches bieten sich folgende Lernziele für den Medienvergleich an: Im Rahmen einer vergleichenden Erschließung von Film und Buch sollen die Schüler(inne)n vor allem:

- die Identitätssuche der Protagonisten Micha und Mario besonders in Auseinandersetzung mit Gesellschaft/ Staatsmacht (und zudem in Auseinandersetzung mit dem anderen Geschlecht) erschließen können (Komplikationen und Auflösungsversuche);
- die Erschließung der Handlungsebene durch die Berücksichtigung narrationsspezifischer Darstellungsverfahren ergänzen können (vor allem des Erzählers und der Perspektivierung);
- bei der Erschließung von Handlung und Darstellung die komischen Elemente (vor allem im Film) analysieren und deren Funktion/ Wirkung erörtern können;
- auf dieser Grundlage eine eigene Deutung und Bewertung von Film und Buch sowie eine Bezugnahme der erzählten Handlung(en) auf die eigene Lebenswirklichkeit vornehmen können.

Die genannten Ziele sind begriffsorientiert: Die Schüler(inne)n sollen unter Nutzung von Begriffen die Handlungs- und Darstellungsebene erschließen. Der Unterricht trägt zur Vertiefung der Texterschließungskompetenz bei, indem Begriffe genutzt werden, die auch für die Erschließung anderer Erzählungen geeignet sind. Auf diese Weise wird die Fähigkeit zur selbstständigen Texterschließung gefördert, die die Bildungsstandards einfordern. Zu einer in der didaktischen Diskussion viel gescholtenen Verabsolutierung bzw. Verselbstständigung der Analyse kommt es dabei nicht: Die Analyse ist funktional in ein umfassendes Verstehen eingebunden, das auf eine persönlich bedeutsame Interpretation und Bezugnahme auf die eigene Lebenswirklichkeit zielt.

4. Der Medienverbund als Unterrichtsgegenstand

Die auf die Erschließung von Film und Buch folgende Auseinandersetzung mit dem Medienverbund sollte in zwei Schritten erfolgen. Zunächst sollten – zumindest teilweise in arbeitsteiliger Erarbeitung – die einzelnen Produktionen für sich behandelt werden, wobei das Drehbuch, der Soundtrack und das Buch zum Film größere Aufmerksamkeit als die übrigen Produktionen verdienen. Folgende Gesichtspunkte bieten sich dabei an:

- Drehbuch: Vergleich zum Film; Berücksichtigung der Aussagen von Brussig und Haußmann zu ihrer Kooperation;
- Soundtrack auf CD: Bedeutung der Musik für Film und Buch; Berücksichtigung der Musik-/ Jugendkultur der 1970er Jahre; vgl. These: „durch Musik ist der Film melancholischer geworden" (Haußmann);
- Buch zum Film: Komposition des Buches; einzelne Aufsätze (vgl. vor allem biographische Aussagen von Brussig und Haußmann unter der Fragestellung: Beitrag zu einem vertieften Verständnis des Filmes?); ggf. Berücksichtigung von Quellen (mit zeithistorischen Dokumenten), die in den Aufsätzen genannt werden; ggf. Berücksichtigung der *Ostalgie-Welle* Ende der 1990er Jahre;
- Audio-Fassung: Eigenarten/ Wirkung der Rezitation; Berücksichtigung des Medien-Typs *Hörbuch*;
- Internet-Auftritt: Aufbau des Internet-Auftritts; Berücksichtigung der Brussig-Site im Internet (Buch zum Film und Internet-Auftritt lassen sich von einer Gruppe erarbeiten);
- Film-DVD mit Materialien (*Making of ...*, Musikclip *The Letter* und weitere Extras): Frage nach dem Beitrag zu einem vertieften Verständnis des Filmes. Im Anschluss sollte das Verhältnis der Produktionen zueinander thematisiert werden (Folgeproduktion, eigenständige Interpretation etc.). Dabei sind ökonomische und insbesondere werbestrategische Gesichtspunkte des Medienverbunds zu berücksichtigen.[2]

2 Vgl. hierzu den Beitrag von Gudrun Marci-Boehncke in diesem Band.

5. Vorschläge für die Phasierung einer Unterrichtseinheit

Auf der Grundlage der genannten Prinzipien lässt sich eine Unterrichtseinheit in fünf Phasen konzipieren. In der folgenden Übersicht sind die bereits genannten Aspekte teilweise durch weitere ergänzt. Für die konkrete Unterrichtsplanung ist natürlich die Zusammenführung von didaktisch begründeten Schwerpunkten für den Unterricht mit den Interessen der jeweiligen Lerngruppe entscheidend. Zumindest unter dem Aspekt einer intensiven und auf ein Verstehen ausgerichteten Auseinandersetzung mit Micha und Mario dürfte im vorliegenden Fall diese Zusammenführung unproblematisch sein. Für die genauere Bestimmung der weiteren Schwerpunkte und die methodischen Entscheidungen, die das selbstständige Arbeiten der Schüler(innen) und ihre motivierte Zuwendung zu *Sonnenallee* ermöglichen sollen, besteht ein weiter Spielraum. Die adäquate Kombination von Problemorientierung, Erschließen von Strukturen der untersuchten Produktionen und persönlich bedeutsamer Deutung dieser Strukturen durch die Schüler(innen) freilich muss die Lehrperson garantieren.

I. Grundlagen/ Einführung

Zur Einführung bietet sich an: (1) gemeinsame Rezeption des Filmes (als genreadäquates Kinoerlebnis) und erste Eindrücke/ Hypothesen/ Vorschläge für den Unterricht; (2) Vorstellung des *Sonnenallee*-Medienverbunds im Überblick; (3) (Grob-)Planung der Unterrichtseinheit

II. Der Film *Sonnenallee* – Erschließung des Filmes

Problemstellung/ Grundlagen: Entwicklung von Fragestellungen/ Deutungshypothesen; Ergänzung: zur Entstehung von *Sonnenallee* (Kooperation von Brussig – Haußmann); historische Grundlagen (DDR der 1970er Jahre);
Handlung/ Figuren und Darstellung mit Schwerpunkt Identitätssuche von Micha und Mario (Komplikation in zwei Phasen und Auflösungsversuche); Darstellungsverfahren: v.a. Ich-Erzähler im Film (Funktion/ Leistungen);
Die Gattung: Sonnenallee *als (Mauer-)Komödie*: Analyse von Komiktypen und Erörterung: Komik des Filmes und historische Realität der DDR (Verharmlosung?; vgl. auch Aussagen von Haußmann);
Zur Unterrichtsorganisation/ Methodik: Die Filmerschließung sollte zumindest teilweise in Arbeitsgruppen erfolgen und das Methodenrepertoire Analyse, Produktions-/ Handlungsorientierung und Unterrichtsgespräch nutzen. Alle Schüler(innen) oder zumindest alle Arbeitsgruppen müssen den (preiswert erhältlichen) Film zur Verfügung haben; es bietet sich die Arbeit mit Screenshots an (um die flüchtigen Bilder für den Unterricht – Arbeitsblätter, Wandplakate etc. – dingfest zu machen).

III. Das Buch *Am kürzeren Ende der Sonnenallee* – Vergleich zum Film

Handlung (Schwerpunkt Micha und Mario): v.a. Abweichungen vom Film (Micha: Verweigerung der Elite-Ausbildung; Mario: keine Hinwendung zur Stasi);

Darstellung: v.a. Abweichungen vom Film: Erzähler: (i) Erzählerkommentare und ihre Funktionen (vgl. Schluss des Filmes und des Buches); (ii) grundlegender Vergleich: filmischer Zeigeakt vs. literarischer Erzählakt; zudem: Perspektivierung/ Innensicht;
Zum Verhältnis von Film und Buch: Entstehungsgeschichte (vom Drehbuch zum Film zum Buch); das Buch als eigenständiges Werk.

IV. Der Medienverbund im Überblick

Die einzelnen Produktionen (arbeitsteilige Erarbeitung): Drehbuch, Soundtrack auf CD, Audio-Fassung, *Buch zum Film*, Internet-Auftritt, Film-DVD;
Die Produktionen als (Medienverbund-)Einheit: das Verhältnis der Produktionen zueinander und der Medienverbund als Einheit.

V. Bewertung und Ausblick

Zur abschließenden Erörterung der erzählten Handlung(en) sollte ein Abgleich mit eigenen Lebensverhältnissen kommen (ggf. unter Einbeziehung von öffentlichen Reaktionen auf den Film und Rezensionen); vergleichend könnten andere Werke über die ehemalige DDR hinzugezogen werden, z.B. *Good bye, Lenin* (Wolfgang Becker 2003) oder *Das Leben der Anderen* (Florian Henckel von Donnersmark 2007). Zudem ist eine abschließende Bewertung der Medienverbundproduktionen im Vergleich wünschenswert. Als Ergänzung bietet sich ein Vergleich mit anderen Medienverbünden an (z.B. stärker kommerzielle Medienverbünde für Kinder und Jugendliche wie *Die Wilden Hühner* oder *Die Wilden Fußballkerle*; vgl. die Beiträge von Klaus Maiwald und von Gudrun Marci-Boehncke in diesem Band). Für unternehmungslustige Klassen sei schließlich als praktische Medienerziehung ein Ausflug nach Potsdam-Babelsberg mit einem Besuch der *Sonnenallee*-Filmkulisse empfohlen: Die Kulisse steht noch mitsamt Mauer und gehört inzwischen zur Studio-Tour in Babelsberg.

Primärliteratur

Brussig, Thomas: Am kürzeren Ende der Sonnenallee. 8. Aufl. Frankfurt/ M: Fischer, 2006 [EA 1999]
Brussig, Thomas: Am kürzeren Ende der Sonnenallee. Autorenlesung. 3 (Audio-)CDs. Steinbach: sprechende bücher, 2000
Sonnenallee. Film. Regie Leander Haußmann. 1999 (DVD 2003)
Sonnenallee. Soundtrack. Audio CD. Eastwest (Warner) 1999
Haußmann, Leander (Hg.): Sonnenallee. Das Buch zum Film. Berlin: Quadriga, 1999

Materialien für Lehrer(innen) und Schüler(innen)

Brussig, Thomas: Am kürzeren Ende der Sonnenallee. Jugendliteratur (Lernmaterialien). Stuttgart: Klett, 2004 (Easy Readers. Deutsche Ausgaben)
Büsching, Svenja: Thomas Brussig: „Am kürzeren Ende der Sonnenallee" – Unterrichtseinheit. In: lehrer-online. Ein Projekt von Schulen ans Netz e.V. (http://www.lehrer-online.de/dyn/9.asp?url=458355.htm, 23.07.2007)
Flad, Helmut (Hg.): Thomas Brussig: „Am kürzeren Ende der Sonnenallee". Berlin: Cornelsen, 2004 (LiteraNova)

Gutknecht, Günther/ Brigitte Rapp: Thomas Brussig: Am kürzeren Ende der Sonnenallee. Lehrerheft inklusive Schülerheft. Rot: Krapp & Gutknecht, 2001

Krischel, Volker (Bearb.): Thomas Brussig: Am kürzeren Ende der Sonnenallee. 4. Aufl. Hollfeld: Bange, 2007. (Königs Erläuterungen und Materialien)

Lammers, Michael: Thomas Brussig: Am kürzeren Ende der Sonnenallee. Freising: Stark, 2000. (Interpretationshilfe Deutsch. *Lernmaterialien*)

Sekundärliteratur

Abschlussprüfung 2007 Realschulabschluss. Regelungen für die zentralen schriftlichen Prüfungsaufgaben. Freie Hansestadt Hamburg. Behörde für Bildung und Sport. Amt für Bildung. Hamburg 2006 (http://fhh.hamburg.de/stadt/Aktuell/behoerden/bildung-sport/service/abschlusspruefungen/start.html, 23.07.2007)

Bildungsstandards für den Mittleren Schulabschluss. Beschluss der Kultusministerkonferenz vom 4.12.2003. Hg. Sekretariat der Ständigen Konferenz der Kultusminister der Länder in der Bundesrepublik Deutschland. Darmstadt 2004

Frederking, Volker/ Petra Josting (Hgg.): Medienverbund und Medienintegration im Deutschunterricht. Baltmannsweiler 2005. (Diskussionsforum Deutsch; 18)

Gansel, Carsten: Der Adoleszenzroman. Zwischen Moderne und Postmoderne. In: Lange, Günter (Hg.): Taschenbuch der Kinder- und Jugendliteratur (Bd. 1). 3. Aufl. Baltmannsweiler 2000, 359-398

Kaulen, Heinrich: Fun, Coolness und Spaßkultur? Adoleszenzromane der 90er Jahre zwischen Tradition und Postmoderne. In: Deutschunterricht 52 (1999) H. 5, 325-336

Leubner, Martin/ Anja Saupe: Erzählungen in Literatur und Medien und ihre Didaktik. Baltmannsweiler 2006

Wagner, Annette: Postmoderne im Adoleszenzroman der Gegenwart. Frankfurt/ M. 2007

PD Dr. Martin Leubner, Universität Flensburg, Institut für Germanistik, Auf dem Campus 1, 24943 Flensburg

Alice Bienk

Kreation eines Medienverbundes im Rahmen der filmischen Umsetzung von Kurzgeschichten von Andreas Steinhöfel in der Sekundarstufe II

1. Medienverbund und produktionsorientierte Textarbeit im Spannungsfeld von Kernlehrplänen und zentralen Kompetenzüberprüfungen

Zwei grundlegende Prämissen sind heutzutage kein Geheimnis mehr und bilden das Fundament des vorliegenden Ansatzes zur Konzeption einer schülerorientierten Unterrichtseinheit. Erstens: „Literatur ist nicht an das Medium Buch gebunden, sondern sie ist eine Formmöglichkeit eines oder mehrerer Medien." (Frederking/ Josting 2005, 7) Zweitens: Ein Großteil unserer Schülerinnen und Schüler (im Folgenden SuS) nimmt Literatur heute nicht mehr über das Buch, sondern über andere Medien auf; der Medienverbund ist auf dem Vormarsch (vgl. ebd., 8f.; Josting 2005, 72; Sahr 2005, 161). Das Vergnügen von Jugendlichen, Begegnungen mit geschätzten Figuren beliebig oft zu wiederholen und in unterschiedlicher medialer Bearbeitung zum Erlebnis werden zu lassen, kann für den Unterricht fruchtbar gemacht werden. Wichtig ist hierbei, nicht durch einen ausschließlich buchzentrierten Ansatz die Chance zu vergeben, an die unterschiedliche ästhetische Gestaltung eines Stoffes unterrichtlich anzuknüpfen (vgl. Josting 2005, 72) und verschiedene Gestaltungsformen eines Plots für die Förderung verschiedener Kompetenzen zu nutzen.

Die Kernlehrpläne in NRW reagieren letztendlich nicht ausreichend auf die Realität der multimedialen Literaturrezeption der SuS. Sie fordern zwar ein, dass die Relevanz für ausgewählte Themen und Gegenstände die „Lebenswirklichkeit der SuS zu berücksichtigen" (KLP, 22) hat und dass produktionsorientiert mit Texten und Medien gearbeitet werden solle (KLP, 38). Die Forderung der Reflexion *vielfältiger* medialer Stoffvermittlung, gar im Medienverbund, bleibt jedoch aus – auch in den Richtlinien der Sekundarstufe II. Ein weiteres Desiderat ist die Aufgabe der ausschließlichen (!) Printtextorientierung in Lernstandserhebungen und zentralen Abschlussprüfungen.

2. Skizzierung der Unterrichtssequenz

2.1 Der Medienverbund als Voraussetzung für die Produktion audiovisueller Texte

Die im Folgenden vorgestellte Unterrichtseinheit wurde geplant und durchgeführt in einem gymnasialen Literaturkurs mit dem Schwerpunkt *Film* im Jahrgang 12. In den vorangegangenen Unterrichtseinheiten des Schuljahres haben sich die SuS wechselweise analytisch mit dem Medium Film und seiner spezifischen Sprache auseinandergesetzt (vgl. Bienk 2006, 29ff.). Sie haben sich mit der Bearbeitung von Filmmaterial am PC vertraut gemacht sowie eigenständig handlungs- und produktionsorientiert kleine Filmeinheiten erstellt und bearbeitet. Mit dieser medialen Vorbildung hat der letzte Abschnitt des Kurses die Herstellung eines Medienverbundes auf der Basis der *Defender*-Kurzgeschichten von Andreas Steinhöfel zum Ziel. Realisiert werden soll dies in folgenden Schritten: Die SuS wählen jeder für sich eine ihm/ ihr zusagende Geschichte aus. Es erfolgt eine Textanalyse, die ggf. mit den SuS, deren Wahl gleich ausgefallen ist, abgeglichen und besprochen werden kann. Anschließend werden die SuS auf der Basis selbst gewählter Comics an das Medium herangeführt und setzen das erworbene analytische Wissen um, indem sie ihre Geschichte selbst in einen Comic transformieren. Aufgrund technischer Vorgaben wie z.B. die beschränkte Anzahl der zur Verfügung stehenden Kameras schließen sich die SuS für die Umsetzung der Kurzgeschichte/ des Comics in einen Film zu thematisch orientierten Kleingruppen zusammen. Eine besondere Heranführung an das Medium Film ist aufgrund des Vorwissens der SuS weder inhaltlich noch technisch vonnöten. Die Gruppen einigen sich auf eine Geschichte und die dazu gehörenden Comics (Preproduction) und realisieren Production und Postproduction (vgl. Bienk 2006, 158ff.) eigenständig und selbst organisiert. Es steht keine ergebnisfixierte Verfilmung im Vordergrund, sondern es wird Raum gelassen für Experimente, eigene Entscheidungen und Entfaltung von Kreativität. In der Präsentation und Reflexion der Endprodukte liegt der Fokus auf dem bei dieser Umsetzung entstehenden *natürlichen* Medienverbund – also die unterschiedliche mediale Präsentation ein und desselben Plots in Printtext, Storyboard/ Comic und audiovisuellem Text. Das bedeutet, dass handelnd-produktive Unterrichtsphasen mit analytisch-diskursiven alternieren.

Es erscheint noch eine Bemerkung zum Verhältnis von Storyboard und Comic sinnvoll. Scheinbar handelt es sich hierbei um zwei mediale Gestaltungsformen, die sich vor allem in ihrer Zielsetzung unterscheiden. Unter Storyboardzeichnungen versteht man häufig nur auf das Notwendigste reduzierte Skizzen, die illustrieren, was die Kamera sehen oder wie sie sich bewegen wird; oftmals werden sie ergänzt durch einen wie auch immer gearteten Text und eine Schemazeichnung des Sets von oben mit Kameraposition und Figurenarrangement. Diese Informationen gewährleisten, dass der Betrachter des in der Preproduction erstellten Materials begreift, worum es später im Film geht und wie es realisiert werden soll (vgl. Begleiter 2003, 18). Comics haben natürlich ein anderes Ziel:

> „Mit zu räumlichen Sequenzen angeordneten, bildlichen oder anderen Zeichen vermitteln sie Informationen, die eine ästhetische Wirkung beim Betrachter erzeugen sollen." (McCloud 2001, 17)

Die Gestaltungsmittel dieser beiden medialen Ausformungen sind aber – je nach Realisierung des jeweiligen Storyboards, das künstlerisch von der einfachen Skizze bis hin zum durchkomponierten (Farb)bild reichen kann – sehr ähnlich, wenn nicht gleich: Storyboards wie auch Comics übersetzen Zeit und Raum, Dialog und Handlung in (Bild)sprache (vgl. Begleiter 2003; 15; McCloud 2001, 102ff.). Außerdem ist der Comic als die moderne Form der Bildgeschichte des 20. Jahrhunderts seit seinen Anfängen eng mit der Entwicklung der visuellen und audiovisuellen Medien verbunden und ohne diese – wechselseitigen – Einflüsse kaum denkbar (vgl. Dolle-Weinkauff 2002, 17). Insofern erscheint es im Blick auf die Erstellung des o.g. Medienverbundes gerechtfertigt, das Storyboard bei der von den SuS durchgeführten Preproduction durch einen Comic zu ersetzen, zumal dadurch die Gelegenheit wahrgenommen werden kann, ein durch diese Lerngruppe überraschenderweise desavouiertes Medium einer neuen ästhetischen Bewertung zuzuführen.

2.2 Ziele der Unterrichtssequenz

Wenn Medien und Medienverbünde in die Schule gehören, weil sich mit ihnen „interessante didaktische und methodische Möglichkeiten eröffnen" (Haas 2005, 19), so stellt sich berechtigterweise die Frage nach einer konkreten Zielsetzung, die mit der Wahl solcher Unterrichtsgegenstände einhergeht. Im Literaturunterricht geht es einerseits darum, eine „stabile Lesemotivation" auszubilden (Frey/ Richter 2001, 116), andererseits geht es um die Vermittlung von *Lesekompetenz* und um die Frage, welche Rolle mediale Aspekte wie z.B. Bilder dabei spielen. Ziel ist es also, durch die Aufnahme von Medien und Medienverbünden in den Unterricht die Leseförderung medienintegrativ zu gestalten und damit mediale Elemente in den Lektüreprozess zu integrieren, die den Verstehensprozess fördern (vgl. Haas 2005, 21).

Ein weiteres Ziel ist die Entwicklung der *ästhetischen Kompetenz*, denn die SuS sind immer noch vorwiegend der Meinung, Literatur sei an das Medium Buch bzw. den Printtext gebunden. Sie sollen erkennen, dass Literatur im Medienverbund erscheinen kann, dass jede mediale Realisierung mit einer spezifischen Ästhetik arbeitet und dass dieser formalästhetische Eigenwert einer Präsentationsform einer gesonderten Bewertung bedarf (vgl. Josting 2005, 76). Hierbei sollen sie begreifen, dass man durchaus zu unterscheiden hat zwischen der Nachahmung eines Kunstwerks in verschiedenen Medien und einer eigenständigen Rezeption bzw. neuen, kreativen Ausbildung eines Kunstwerks in einem anderen Medium als dem kontaktgebenden. Es stellt sich also die Frage, inwieweit die SuS mit ihren medialen Produkten etwas Neues schaffen und nicht nur eine Reihung von Texten in verschiedener medialer Ausprägung herstellen, ob sie also in der Lage sind, „die Idee medial [zu] fassen" (Marci-Boehncke 2006, 13ff.) in Bezug auf Struktur und Bedeutungskonstituierung – und ob sie in der Lage sind, dies zu reflektieren.

Ein dritter Zielbereich ist die Entwicklung von *Medienkompetenz*. Dies meint nicht vordergründig das Wissen darum, wie man einen PC bedient oder einen Festplattenrecorder programmiert. Vor allem umfasst der Begriff den Vorgang, dass die SuS sich im Umgang mit Medientexten verschiedenster Präsentationsformen mit den jeweils spezifischen Zeichensystemen auseinandersetzen und daran ihre Analyse- und Verstehensfähigkeit ausbauen. Die vorliegende Reihe orientiert sich schwerpunktmäßig an der Durchführung und Reflexion der Bereiche Medienanalyse, Medienkritik und Mediengestaltung (vgl. Josting 2005, 77ff.).

Für die folgenden Ausführungen sei angemerkt, dass prinzipiell eine resümierende Würdigung der Fülle der Ergebnisse erfolgt – aufgrund der vorgegebenen Einschränkung der Ausführungen erfolgen *muss* – und ein Beispiel aus der Vielfalt der hervorragenden Realisierungen exemplarisch zur Veranschaulichung herausgegriffen wird.

3. Auswahl des Printtextes

Da der Deutschunterricht sowohl Texte berücksichtigen muss, die im Alltag der Schüler vorhanden sind und Bedeutung für sie haben, als auch solche, mit denen sie in der Freizeit wenig oder gar nicht in Berührung kommen (vgl. ebd., 86), wurde den SuS die ihnen unbekannte Kurzgeschichten-Sammlung *Defender* von Andreas Steinhöfel vorgeschlagen, die ausreichend bedeutungskonstitutive und strukturelle Ansatzpunkte für eine mediale Umsetzung in zwei- und mehrfach codierte Texte, wie Comic und Film es sind, bietet. Es handelt sich hierbei strukturell und inhaltlich um ein äußerst attraktives Werk, welches seinen Anspruch durch ausgefeilte intertextuelle Bezüge entfaltet, die hier freilich nur angedeutet werden können. Die Geschichtensammlung ist nicht nur qua Personeninventar und Untertitel mit dem Roman *Die Mitte der Welt* desselben Autors verbunden, sondern die Erzählungen weisen auch Referenzen untereinander auf. So beziehen sich die Geschichten *Sandmann* und *Defender* rahmenbildend aufeinander, wobei *Sandmann* gleichsam eine inhaltlich verweisträchtige Vorschau auch auf andere Geschichten des Bandes liefert. Inhaltlich werden für Heranwachsende zentrale Lebensmomente literarisch gestaltet, die auch für SuS der Sekundarstufe II von Bedeutung sind. Wichtig ist ebenfalls, dass die Texte reich an *visuellen Impulsen* sind, die genügend Material für eine szenische Umsetzung bieten. Ein weiterer interessanter Aspekt der Texte ist ihr intermedialer Gehalt, der bei dem studierten Medienwissenschaftler Steinhöfel nicht überrascht und sie für das geplante Vorhaben besonders geeignet erscheinen lässt. Über die explizite Systemerwähnung des Comics durch den Protagonisten und Erzähler Johannes in der Geschichte *Defender* wird das Medium dem Leser in seiner minderen literarischen Qualität vor Augen geführt. Gleichzeitig erfährt es aber durch seine sowohl intra- wie extradiegetische Metaisierung eine Aufwertung (vgl. Rajewsky 2002, 82f.), da Johannes die lebensrettenden Charaktereigenschaften des Comic-Helden Defender auf sich zu übertragen vermag und somit auf emotionaler Basis befähigt wird, im Leben zu bestehen (vgl. Steinhöfel 2003, 153, 156). In der Geschichte *Herbstastern* wird die explizite Systemerwähnung des Mediums Radio erzähltechnisch fruchtbar gemacht für die Evokation einer bestimmten, dem Leser vertrauten Geräuschkulisse. Innerhalb dieser expliziten Systemerwähnung wird durch eine intermediale Einzelreferenz auf das Medium Kinofilm und die dazugehörige Filmmusik verwiesen, die wiederum dazu dient, das Verhältnis der beiden Brüder näher zu beleuchten (vgl. Steinhöfel 2003, 31f., 37). Auf die Systemkontamination qua Translation (vgl. Rajewsky 2002, 127ff.) in der Geschichte *Interview* wird im Folgenden eingegangen. Festzuhalten bleibt, dass Steinhöfels Geschichten, explizit als Jugendliteratur ausgewiesen, durchaus genügend Potenzial – sowohl intramedial-printtextbezogen als auch intermedial-medienverbundbezogen – bieten, um sie als Gegenstand für einen Literaturkurs der Sekundarstufe II zu verwenden.

Die SuS begründen die Wahl einer Kurzgeschichte zunächst mit der Thematik, die sie anspricht: Opfer-Täter-Problematik, Homosexualität, Außenseitertum, wie Lebensziele überhaupt gefunden und erreicht werden können etc. Neben diesen thematisch interessanten Feldern werden immer wieder Parallelen zur eigenen Lebenswelt gezogen, sei es in Bezug auf das Außenseitertum, wie es in der Geschichte *Die Katze* aufgefächert wird, sei es die fehlende Lebensperspektive zu Beginn der *Defender*-Geschichte. Ebenso ist die Wahrnehmung struktureller Texteigenschaften Grundlage für die Auswahl der SuS: Die oben ausgeführten intertextuellen Bezüge innerhalb der Sammlung werden durchaus wahrgenommen. Wichtig ist vor allem, dass die SuS ausnahmslos thematisieren, wie die eine oder andere Geschichte sofort *Bilder im Kopf* entstehen lässt; die Umsetzung des Printtext-Plots in den Medienverbund ist immer als Auswahlkriterium präsent. Wichtig für die Wahl der Geschichte *Interview* ist für einen Schüler die Verbindung der Erzählstruktur der Geschichte mit der filmischen Erzählstruktur der Verhöre aus dem Film *Inside Man* (USA 2006):

> „Die Erzählstruktur [der Geschichte] hat mich besonders angesprochen, wobei das als Monolog präsentierte Interview sehr interessant ist, da das Gegenüber, der Gesprächspartner/ Fragensteller nicht oder nur indirekt in Erscheinung tritt. Durch diese Präsentationsweise enthält der Text viele Leerstellen, die eine beschränkte Einsicht in die beschriebene Situation gewährleisten, zudem bleiben auch Dinge im Verborgenen. Die filmische Umsetzung erscheint mir machbar. Besonders spricht mich diese Geschichte an, da sie Passagen aus den Verhören das Films *Inside Man* ähnelt, der zu meinen Lieblingsfilmen zählt. Die Auslassungen, thematischen Sprünge, die direkte Hinwendung des Sprechers an den Leser [sic!]/ Zuschauer, wobei der Interviewpartner unsichtbar bleibt, spontane Gefühlsausbrüche des Sprechers und ungeahnte Wendungen in Bezug auf Thema und Atmosphäre sind in Film und Geschichte ähnlich."
> (Simon Kemper im Unterrichtsgespräch)

Simon erfasst hier assoziativ eine intermediale, filmbezogene Modifikation des literarischen Systems: Beschränkung auf den Figurenmonolog, vorgetäuschte Oralität, Ausrichtung auf ein bestimmtes Publikum und das offene Ende entsprechen der Konstruktion eines neuen, film- und fernsehbezogenen Erzählschemas, das eine Systemkontamination qua Translation darstellt (vgl. Rajewsky 2002, 130ff.). Simon macht diese intuitive Erkenntnis der Intermedialität zur ästhetischen Grundlage seiner subjektiven Wahl.

4. Umsetzung des Printtextes in einen Comic

Die SuS führen zunächst in Einzelarbeit eine Analyse der Kurzgeschichte mittels Leitfragen durch. Im Anschluss daran bringen sie von ihnen favorisierte Comics mit in den Unterricht, anhand derer Untersuchungen über Symbolhaftigkeit, Erzähltechnik (Induktion, Anzahl der Bilder), Zeitgestaltung, Bewegungsdarstellung, Darstellung von Emotionen, Panel- und Sprechblasengestaltung angestellt werden (vgl. ausführlich dazu McCloud 2001). Problematisch erweist sich die ästhetische Vorverurteilung des Mediums als Triviallektüre durch eine Schülerschaft des gymnasial-bildungsbürgerlichen Milieus. Schwerpunktmäßig wenig sozialisiert mit dem Comic, und wenn, durch *Micky Maus*-Heftchen und *Asterix und Obelix*, wird das Medium bis auf wenige Ausnahmen auch aktuell kaum rezipiert. Allein ein Schüler liest Star-Trek-Comics und hat somit Erfahrungen mit einem Medienverbund. Ziel ist hier also, einen neuen Blick auf die ästhetischen Gestaltungsmöglichkeiten des Mediums zu initiieren.

Am Ende der analytischen Auseinandersetzung versuchen die SuS eine Definition des Mediums mittels Pyramidendiskussion, wobei alle End-Definitionen mindestens implizit die auch bei McCloud genannten Elemente „Bild", „Geschichte" und „Abfolge" enthalten (McCloud 2001, 17). Interessant erweist sich ein Aspekt der Definition der Schülergruppe Torben Zimmermann/ Laura Schleich/ Sonja Kötter/ Simon Kemper: „Ein Comic ist eine *punktuelle*, bildliche Darstellung einer Handlung [...]", wobei „punktuell" als Definition in Abgrenzung zum Medium Film aufgefasst wird, der 24 Einzelbilder pro Sekunde liefert, der Comic hingegen ein Bild aus diesen 24 fixiere. Auch die Fachliteratur verweist auf solcherlei intermediale „Verwandtschaften" (vgl. McCloud 2001, 15ff.).

In Bezug auf das Ziel der Verbesserung der *Lesekompetenz* und der Ausprägung der *Medienanalyse* lässt sich beobachten, dass die Umsetzung des Ausgangstextes in den Comic den Leseprozess intensiviert. Bei Fragen der Umsetzung wird der Ausgangstext immer wieder herangezogen und werden seine Veränderungen verifiziert. Die SuS entwickeln ein Gespür dafür, welche Formen der Umsetzung dem Text gerecht werden und welche nicht. SuS, die dieselbe Kurzgeschichte gewählt haben, tauschen sich darüber aus, *was machbar* ist und was nicht. Die eigene Textkompetenz kann hier bewusst wahrgenommen und in der Anwendung als Teil der eigenen Persönlichkeit begriffen werden. Damit ist ein großer Glücksfall gegeben, weil somit die SuS selbst die Beliebigkeit des eigenen Tuns einschränken und dies nicht als Restriktion seitens der Lehrerin begriffen wird. Diese Selbstregulation ist der fortgeschrittenen Altersstufe zuzuschreiben sowie der Erkenntnis, dass die Anwendung gesicherter Kenntnisse z.B. bezüglich Erzählkategorien durchaus auch außerhalb des Deutschunterrichts angewendet werden können. Wie die SuS *ästhetische Kompetenz* erlangen können, sei im Folgenden an Auszügen aus Diana Brauns Comic zu Steinhöfels Kurzgeschichte *Defender* sowie dem Kommentar der Schülerin dazu illustriert.

Zunächst einmal haben alle SuS den Ausgangstext gekürzt: sei es faktisch, so wie Diana für sie weniger relevante Charaktere wie Defenders Mutter oder andere Bekannte gestrichen hat, oder interpretatorisch, indem Diana die Protagonisten Mimi Kaminski und Horst Janner – also die emotionale und die intellektuelle Bezugsperson des Protagonisten – *vermischt* und letzteren statt ersterer sterben lässt. Sie fokussiert damit die Aufmerksamkeit auf Defenders Entwicklung und die Tragfähigkeit seiner Wandlung vom Straßenkind zu einem in der Gesellschaft lebensfähigen Menschen. Auffällig ist die vollzogene Stilisierung der Figuren (vgl. Abb. 1), deren hoher Abstraktionsgrad die Geschichte als *universelles Beispiel* erscheinen lässt.

Abb. 1: Defender begegnet Hosianna

Außerdem findet sich eine Fülle visueller Metaphern, wie etwa die Geruchslinien oder die Defender umsurrenden Fliegen. Allein die Kopfbedeckung weist den jeweiligen sozialen Status der dargestellten Personen aus. Die Panelgestaltung greift weitere interpretatorische Aspekte auf. Defenders Haltlosigkeit als Straßenkind wird gekennzeichnet dadurch, dass das Panel unter ihm offen ist. Hosianna hat durch die Nutzung seines Intellekts seinen Horizont erweitert, ihm sind keine Grenzen gesetzt und er steht mit beiden Beinen im Leben. Dementsprechend sind die Panels unter ihm geschlossen und über seinem Kopf nach oben hin offen. Mit der Entwicklung Defenders wandelt sich die Panelgestaltung; je mehr er seinen Horizont erweitert und sein Leben in die Hand nimmt, ähnelt sein Panel dem Hosiannas (vgl. Abb.2). Das plötzliche Auftauchen des intellektuellen Ziehvaters in Defenders Leben und der damit verbundene bedeutsame Einschnitt wird durch den spitzen Paneleinschnitt visualisiert (vgl. Abb. 1). Defenders ablehnende Haltung spiegelt sich in der Sprechblasengestaltung und der aus dem kontaktgebenden Medium übernommenen Straßensprache wieder. Der Comic zitiert immer wieder in gekürzter oder veränderter Form den Printtext. Bezüglich der Umsetzung der personalen Ich-Erzählhaltung findet ein ständiges Zusammenspiel von auktorialer Außenperspektive und personaler Innenperspektive statt, wobei Dianas Comic stets bemüht ist, die Perspektive des personalen Ich-Erzählers des Printtextes beizubehalten. Die starke Emotion Defenders, die er angesichts des Todes Hosiannas empfindet, wird hier comic-spezifisch durch Hintergrundgestaltung und Bewegungslinien sowie die Sprechblasengestaltung symbolisiert.

Abb. 2: Defender fürchtet um Hosianna

Es zeigt sich in diesen sehr gekürzten Beispielen, dass sowohl inhaltlich als auch strukturell von Diana etwas Neues erschaffen wird, indem durch das kontaktnehmende Medium Comic die Leerstellen des kontaktgebenden Mediums Printtext ausgefüllt werden, und zwar mit comic-spezifisch visuellen und sprachlichen Mitteln. Diese Leerstellenfüllung, die im Kopf der Schülerin aufgrund ihres Weltwissens, ihrer Imagination und ihrer Erfahrungen entsteht, macht die kunstvolle Neuschöpfung eines intermedial bezogenen Textes aus (vgl. Marci-Boehnke 2006, 19). Vor allem gelingt es Dianas Comic-Fassung der Defender-Geschichte, relevante Inhaltselemente zu visualisieren und damit zu verschlüsseln. Solche bildlichen Verweise auf einen von der Autorin gewählten interpretatorischen Ansatz sind nur von aufmerksamen Leser(inne)n zu entschlüsseln und verweisen auf Gehalt und Anspruch, die dem Medium durchaus inhärent sind.

In der Reflexion der Schülerprodukte wird deutlich, dass der handelnde Umgang mit dem vormals verpönten Medium weitaus mehr Verständnis dafür erschließt als nur das Reden über Comics. In der Verständigung darüber, dass ein guter Comic dem Leser nicht alles abnimmt, sondern ihn zur induktiven Handlungserschließung herausfordert, zeigt sich, dass sich die Perspektive der SuS auf das Medium verändert hat und dass sie in der Lage sind, eigenständig Kriterien für eine Beurteilung entwerfen zu können. Unter diesem Blickwinkel wird auch die Bewertung des Mediums in der Kurzgeschichte Steinhöfels thematisiert, wobei die SuS feststellen, dass hier zwar der triviale Aspekt des Mediums scheinbar in den Vordergrund gespielt wird, jedoch der Comic das Medium der Unmittelbarkeit und der Emotion darstellt und wie das Buch als Medium des Intellekts unabdingbar nötig ist für die Herausbildung einer gesunden, lebensfähigen Persönlichkeit. Die SuS stellen fest, dass das Medium Comic ohne Weiteres in der Lage ist, literarische Erzählqualitäten zu transformieren und eigenständig zu einem Ganzen zu verbinden (vgl. Perschon 1994, 53). Damit wird klar, dass Literatur nicht zwingend printtextgebunden sein muss.

5. Umsetzung des Comics in einen Film

Es stellt sich nun die Frage, inwieweit durch die Visualisierung des Comics weitere Leerstellen entstanden sind (vgl. Marci-Boehncke 2006, 19), die durch die Transformation ins Medium Film gefüllt werden können. Verdeutlicht wird dies an Auszügen aus dem auf den Comic-Adaptionen der *Defender*-Geschichte der Schülerinnen Diana Braun und Farideh Eger basierenden, in Gruppenarbeit entstandenen *Defender*-Film und dem Kommentar der Schülergruppe dazu. Rekurriert wird auf die Comic-Sequenz, die zeigt, wie sich Defender an die Welt der Bücher annähert (vgl. Abb. 3).

Die in der Panelsequenz manifest werdende erzählte Zeit wird durch zeitstrukturierende Anmerkungen des personalen Ich-Erzählers präzisiert, wobei die Blocktexte als narratives Textelement neben der Bildfolge strukturierende Funktion übernehmen (vgl. Perschon 1994, 45). Die sich im „Rinnstein" (McCloud 2001, 74) ereignende Entwicklung Defenders, welche im Printtext ausführlich beschrieben wird, ergänzt sich die Leserschaft durch Induktion. Im Film werden den Pa-

Abb. 3: Defender lernt die Welt der Bücher und des Wissens kennen.

nels entsprechende Standbilder eingefangen, die durch 360°-Schwenks durch die Bibliothek verbunden werden. Diese Montagetechnik ist als visuelle Metapher für das Voranschreiten der Zeit des Entwicklungsprozesses zu verstehen. Zwischen den Standbildern hat sich die Gruppe für die Einstellungskonjunktion *Blättereffekt* entschieden. Auch diese explizite Systemerwähnung visualisiert die verstreichende Zeit und verdeutlicht, dass nun neue Kapitel in Defenders Leben aufgeschlagen werden. Die durch den „Rinnstein" entstandenen Leerstellen werden mit filmspezifischen Mitteln interpretatorisch gefüllt, die teilweise wiederum auf das Medium Buch rekurrieren. Bezüge zum Printtext wie auch zum Comic stellt die Gruppe immer wieder her. Im Vorspann wird eine dem Comic zuzuordnende Titelschrift verwendet, die auch auf die Herkunft des Namens Defender verweist. Die gewählte Farbe Grün steht symbolisch für die Hoffnung und charakterisiert damit vorausdeutend den Protagonisten. Das im Abspann visualisierte Zitat wird im Buch, im Comic und im Film zitiert und ist nach Meinung der Gruppe für die zentrale Aussage der Geschichte entscheidend. Resümierend und die Texte des Medienverbundes verknüpfend findet es sich deswegen in Printform am Ende einer jeden medialen Präsentation (vgl. Abb. 4).

Abb. 4: Steinhöfel 2003, 197; Diana Braun Schlussbild der Comic-Adaption; Screenshot des Abspanns des Films der Gruppenarbeit

> „Ich weiß, dass etwas Glück dazu gehört, um auf Menschen wie Hosianna oder Mimi Kaminski zu stoßen. Und ich begreife, dass nicht jeder Mensch – Menschen wie Eva, Menschen wie meine Mutter – dieses Glück hat, auf die passenden anderen zu treffen. Und dass wir die verdammte Pflicht und Schuldigkeit haben, das niemals zu vergessen."

Filme sind dem Comic verwandt, weisen aber, als mehrfach codierte Texte, zusätzlich den Code des Auditiven auf (vgl. Bienk 2006, 83ff.). Auch hier nutzt die Gruppe dieses mediale Potenzial, denn die Sterbeszene Hosiannas sowie der Abspann werden begleitet von Beethovens fünfter Symphonie,

> „welche auch als Schicksalssymphonie bekannt wurde. Er schrieb sie in einer für ihn sehr schwierigen Zeit, in der er aufgrund einer Bleivergiftung sein Gehör fast völlig verloren hatte. Beethoven kommentiert die ersten Töne des Stückes mit ‚So klopft das Schicksal an die Pforte'. Dies soll in unserem Film noch einmal die vielen Schicksalsschläge unterstreichen, die Defender erleiden musste. Ambivalent dazu lässt sich diese Symphonie ebenfalls als Umbruch im Leben des Protagonisten deuten, der vom Schicksal so bestimmt war, um ihn auf den Weg in die Selbstständigkeit zu entlassen." (Kommentar zum Film von Diana, Farideh, Simon Ke., Simon Oe.)

In der allgemeinen Reflexion wird deutlich, dass Comics als zweifach codierte Texte und Filme als mehrfach codierte Texte jeweils andere ästhetische Gestaltungsmittel benutzen. Während Comics Handlung symbolhaft vermitteln, verwenden Filme hierzu eine Vielzahl filmsprachlicher Mittel: Der Ton z.B. ist ein wesentliches Element, Emotionen zu verdeutlichen oder Spannung zu erzeugen. Da Musik, Geräusche, Stimmen usw. im Comic nicht akustisch dargestellt werden können, bedient sich dieser auch hier der Verschriftlichung bzw. Verbildlichung akustischer Elemente. Der Spannung erzeugende Effekt geht allerdings nicht verloren, da die visualisierten Geräusche dem Leser bekannt sind und durch Assoziationen Spannung und Emotionen evozieren. Bestimmte Elemente des Comics lassen sich in filmspezifische Techniken übertragen und stellen strukturell intermediale Bezüge her. Jedes Medium benutzt zur Darstellung von Handlungssträngen allerdings auch entsprechend andere Möglichkeiten der medialen Umsetzung.

6. Schlussreflexion

Die SuS reflektieren den von ihnen generierten Medienverbund nicht ohne Stolz auf die Produkte. Ihnen bekannte Medienverbünde empfinden sie oftmals als trivial und der einfachen Unterhaltung zugehörig. Sie erkennen die kommerziell-ökonomische Zielorientierung gängiger Produkte und stellen sie einer ästhetisch-künstlerischen Verwirklichung gegenüber. Deutlich wird, dass sie sich selbst nicht als *echte* Künstler wahrnehmen; sie thematisieren aber, dass ihre Produkte anderen, eher literarisch-ästhetischen Zielen verpflichtet sind als kommerziellen. Der Einsatz von Medien in diesem Literaturkurs ermöglicht sinnliche Erfahrungen und im aktiven Handeln der SuS wird ein Spielraum aufgebaut, in dem die Interpreten in Freiheit agieren und reagieren können. Hier hat der Einsatz von Medien als (Ver)mittler sein volles Recht, da ein Raum eröffnet wird, in dem sich Verstehen ereignet (vgl. Haas 2005, 27) und in dem die Bedeutung und die Möglichkeiten des Begriffs *Intermedialität* aus der eigenen Rezeptionsbetrachtung erfahren werden (vgl. Marci-Boehncke 2006, 24). Die anfangs konstatierte negative Haltung der SuS dem Medium Comic – und teilweise auch dem Medium Film – gegenüber hat eine Wandlung erfahren. Dabei wird mit Hilfe der *Medienanalyse*, *Medienkritik* und *Mediengestaltung* sowie des komparatistischen Blicks darauf die *Lesekompetenz* genauso wie die *ästhetische Kompetenz* gestärkt. Dies wirkt einem unkritischen und passiven Konsumieren entgegen (vgl. Meier 1992, 607).

Primärliteratur

Braun, Diana/ Farideh Eger/ Simon Kimmeskamp/ Simon Oesterreich: Defender. Film zur Kurzgeschichte von A. Steinhöfel basierend auf den Comic-Adaptionen zur Kurzgeschichte von Diana Braun und Farideh Eger mit schriftlichem Kommentar. Erstellt im Literaturkurs Film Jg. 12 des Maria-Wächtler-Gymnasiums Essen, SJ 2006/ 2007 [Nicht veröffentlicht]

Braun, Diana: Defender. Comic zur Kurzgeschichte von A. Steinhöfel mit schriftlichem Kommentar. Erstellt im Literaturkurs Film Jg. 12 des Maria-Wächtler-Gymnasiums Essen, SJ 2006/ 2007 [Nicht veröffentlicht]

Lee, Spike: Inside Man (USA 2006)

Steinhöfel, Andreas: Defender. Geschichten aus der Mitte der Welt. Frankfurt/ M.: Fischer, 2003

Sekundärliteratur

Begleiter, Marcie: Storyboards. Vom Text zur Zeichnung zum Film. Frankfurt/ M. 2003

Bienk, Alice: Filmsprache. Einführung in die interaktive Filmanalyse. Buch und DVD. Marburg 2006

Dolle-Weinkauff, Bernd: Schrift und Bild als Lesevorgabe im Comic. In: Deutschunterricht 55 (2002) H. 2, 17-20

Frederking, Volker/ Petra Josting: Der Vielfalt eine Chance ... Medienintegration und Medienverbund im Deutschunterricht. In: Frederking, Volker/ Petra Josting (Hgg.): Medienintegration und Medienverbund im Deutschunterricht. Baltmannsweiler 2005 (Diskussionsforum Deutsch; 18), 1-18

Frey, Ute/ Karin Richter: Didaktik der Kinder- und Jugendliteratur, Leseförderung in der „Mediengesellschaft" und Entwicklung von Medienkompetenz. In: Kinder- und Jugendliteraturforschung 2000/ 2001. Stuttgart 2001, 116-131

Haas, Gerhard: Produktives Handeln mit Literatur als medialer Prozess. In: Frederking, Volker/ Petra Josting (Hgg.): Medienintegration und Medienverbund im Deutschunterricht. Baltmannsweiler 2005. (Diskussionsforum Deutsch; 18), 19-27

Josting, Petra: Medienkompetenz im Literaturunterricht. In: Rösch, Heidi (Hg.): Kompetenzen im Deutschunterricht. Beiträge zur Literatur-, Sprach- und Mediendidaktik. München 2005, 71-90

Marci-Boehncke, Gudrun: Intermedialität – Der Rezipient gestaltet das Medium. In: Marci-Boehncke, Gudrun/ Matthias Rath: BildTextZeichen lesen. Intermedialität im didaktischen Diskurs. München 2006, 13-25

McCloud, Scott: Comics richtig lesen. Hamburg 2001

Meier, Bernhard: Was machen mit Comics? In: Deutschunterricht 45 (1992) H. 12, 599-607

Ministerium für Schule, Jugend und Kinder des Landes Nordrhein-Westfalen (Hg.): Kernlehrplan für das Gymnasium – Sekundarstufe I in Nordrhein-Westfalen. Deutsch. Frechen 2004

Perschon, Erich: Sind die Geschichten nicht im Kopf, so sind sie nirgendwo. Anmerkungen und Analysen zur Erzähltechnik im Comic. In: Informationen zur Deutschdidaktik 18 (1994) H. 3, 44-67

Rajewsky, Irina O.: Intermedialität. Tübingen [u.a.] 2002

Sahr, Michael: Vom Bilderbuch zum Film: Medienorientierter Umgang mit Bilderbüchern in der Schule. In: Franz, Kurt/ Günter Lange (Hgg.): Bilderbuch und Illustration in der Kinder- und Jugendliteratur. Baltmannsweiler 2005, 159-174

Alice Bienk, Friedrichstr. 63, 45468 Mülheim an der Ruhr

Verzeichnis der Autorinnen und Autoren

Abraham, Prof. Dr. Ulf: Inhaber des Lehrstuhls für Didaktik der deutschen Sprache und Literatur an der Otto-Friedrich-Universität Bamberg. *Arbeitsschwerpunkte*: Literaturdidaktik und literarisches Lernen, Schreibaufgaben, Medien im Deutschunterricht; Mitherausgeber von *Praxis Deutsch*.

Ammann, Dr. phil. Daniel: Dozent für Medienbildung und Mitarbeiter des Schreibzentrums an der Pädagogischen Hochschule Zürich. *Arbeitsschwerpunkte*: Medienpädagogik, narrative Kinder- und Jugendmedien (Film, Fernsehen, Kindersoftware), Medientheorie, Literalität und digitale Medien, kreatives und wissenschaftliches Schreiben.

Bienk, Alice: Studienrätin am Maria-Wächtler-Gymnasium in Essen für die Fächer Deutsch und Französisch. Moderatorin für das Fach Deutsch im Rahmen des Kompetenzteams und seit 2003 Lehrbeauftragte der Universität Duisburg-Essen in der Germanistik und Bildungswissenschaften. *Arbeitsschwerpunkte*: Medienintegrativer Unterricht, Entwicklung von kumulativ angelegten Curricula (Schwerpunkt Filmsprache).

Börder, Mette: Lehrerin an einer Grundschule. *Arbeitsschwerpunkte*: Neue Medien im Deutschunterricht der Grundschule, produktions- und rezeptionsästhetische Forschung zu Hörbüchern für Kinder.

Drummer, Dr. phil. Almut: Wissenschaftliche Mitarbeiterin am Lehrstuhl für Didaktik der deutschen Sprache und Literatur an der Universität Würzburg und Lehrerin an einer Grundschule. *Arbeitsschwerpunkte*: Literatur-, Schreib- und Gesprächsdidaktik, insbesondere Methoden zum Ausbau einer Gesprächskultur im Bereich Literatur, Leseförderung in Förderzentren, Werkstattarbeit für literarisches Arbeiten und Schreiben.

Hengst, Prof. Dr. Heinz: Professor für Sozial- und Kulturwissenschaften im Fachbereich Sozialwesen der Hochschule Bremen (Pensionierung 2005). *Arbeitsschwerpunkte*: Kindheit, Kinderkultur und Generationenverhältnis unter besonderer Berücksichtigung von Medien, Konsum und internationaler Perspektive; zahlreiche Veröffentlichungen zu diesem Themenkomplex. Letzte Buchpublikation *Kindheit soziologisch* (2005 hrsg. mit Helga Zeiher).

Josting, Prof. Dr. Petra: Professorin für Germanistik/ Medien- und Literaturdidaktik an der Universität Duisburg-Essen (FB Geisteswissenschaften/ Germanistik). Redaktionsmitglied der Zeitschrift *kjl&m*; Mitherausgeberin des Jahrbuchs *Medien im Deutschunterricht* und der Reihe *Medien im Deutschunterricht – Beiträge zur Forschung*. *Arbeitsschwerpunkte*: Literatur- und Mediendidaktik, Kinder- und Jugendliteraturforschung.

Kümmerling-Meibauer, apl. Prof. Dr. Bettina: Deutsches Seminar, Universität Tübingen. *Arbeitsschwerpunkte*: jüdische Kinderliteratur, Bilderbuchforschung, Kanonbildung in der Kinderliteratur, skandinavische Kinderliteratur.

Leubner, PD Dr. Martin: Wiss. Oberassistent an der Universität Flensburg. *Arbeitsschwerpunkte*: kompetenzorientierter Literaturunterricht (besonders: begriffsorientierte Erschließung von Erzählungen in Literatur und Medien), integrierte Medienerziehung im Deutschunterricht (Film und Neue Medien), Aufgabenkultur im Literaturunterricht (Konzeption einer Systematik für Aufgabenstellungen).

Maiwald, Prof. Dr. Klaus: Inhaber des Lehrstuhls für Didaktik der deutschen Sprache und Literatur an der Universität Augsburg. *Arbeitsschwerpunkte*: Schreibdidaktik, Mediendidaktik Deutsch, Didaktik der Kinder- und Jugendliteratur.

Marci-Boehncke, Prof. Dr. Gudrun: Professorin für deutsche Literatur und ihre Didaktik an der Pädagogischen Hochschule Ludwigsburg. *Arbeitsschwerpunkte*: Kinder- und Jugendliteratur und -medienforschung, Leseforschung, interkulturelle Rezeptionsforschung.

Müller, Prof. Dr. Karla: Professorin für Didaktik der deutschen Sprache und Literatur an der Universität Passau. *Arbeitsschwerpunkte*: Hören, Hörmedien, Mündlichkeit, Kinder- und Jugendliteratur, literaturgeschichtlicher Unterricht, Schulbuchkonzeption.

Naujok, Dr. Natascha: Vertretungsprofessorin für Allgemeine Grundschulpädagogik an der Martin-Luther-Universität Halle-Wittenberg. *Arbeitsschwerpunkte*: Schülerinteraktion, Lese- und Mediensozialisation, Mentoring an Grundschulen, Interpretative Unterrichtsforschung und qualitative Methoden.

Pantos, Regina: Seit 1971 Dozentin an der 1. Staatlichen Fachschule für Sozialpädagogik Berlin mit den Schwerpunkten Kommunikation und Sprache, Kinder- und Jugendliteratur, Medien- und Theaterpädagogik. Fachbereichsleiterin. Seit 2007 freigestellt aufgrund von Altersteilzeit. Ehrenamtliche Vorsitzende der AG Jugendliteratur und Medien (AJuM) der GEW und des Arbeitskreises für Jugendliteratur (AKJ) e.V. München.

Roth, Mag. phil. Caroline: Universitätsassistentin an der Alpen-Adria-Universität Klagenfurt (Österreich) am Institut für Medien- und Kommunikationswissenschaft im Arbeitsbereich ‚Neue Medien – Technik – Kultur'. Arbeitet z.Zt. an einer Dissertation zum Thema *Aneignung von crossmedialen Inszenierungen*. *Arbeitsschwerpunkte*: Neue Medien, Jugendkulturen, Medienkindheit, Identität, Geschlecht, qualitative Forschungsmethoden.

Schilcher, PD Dr. Anita: Mitarbeiterin im Fach Didaktik der deutschen Sprache und Literatur an der Universität Passau. *Arbeitsschwerpunkte*: Kinder- und Jugendliteraturforschung, geschlechterdifferenzierender Literaturunterricht, Schreibdidaktik.

Schubert, Kristina: Oberstudienrätin für Deutsch und ev. Religion am Bessel-Gymnasium in Minden. *Arbeitsschwerpunkte*: Medienintegrativer Deutschunterricht, Schulcurriculum.

Schubert-Felmy, Dr. Barbara: Ehemals Fachleiterin und Fachdezernentin für Deutsch sowie Lehrbeauftragte für Fachdidaktik Deutsch an den Universitäten Bielefeld, Osnabrück und an der Humboldt-Universität Berlin. *Arbeitsschwerpunkte*: Bedeutung der Vorstellungsbilder für den Prozess der Erschließung von Literatur.

Wonsowitz, Petra: Medienpädagogin, Online-Redakteurin, Fa. DigiVision/ Digi-Online GmbH, Köln. *Arbeitsschwerpunkte*: redaktionelle und medienpädagogische Arbeit mit audiovisuellen und digitalen Medien mit Konzentration auf Medienkompetenz und Bildung sowie auf die Projektentwicklung und -leitung webgestützter Informations- und Lernsysteme mit den Schwerpunkten Jugend-, Erwachsenen-, Weiterbildung und E-Learning.